Carlos Castaneda

Reise nach Ixtlan

Die Lehre des Don Juan

S. Fischer

Josef M. [illegible]
26.05.75

Aus dem Amerikanischen
von Nils Lindquist

Deutsche Ausgabe

Umschlagentwurf Hannes Jähn
Satz W. Hädicke, Stuttgart
Druck Poeschel & Schulz-Schomburgk, Eschwege
Einband J. Spinner, Ottersweier
Printed in Germany 1975
ISBN 3 10 010202 9

Inhalt

Einleitung

Am Samstag, dem 22. Mai 1971, fuhr ich nach Sonora, Mexiko, um Don Juan Matus zu besuchen, einen Yaqui-Indianer und Zauberer, den ich seit 1961 kannte. Ich glaubte, daß mein Besuch an diesem Tag sich in nichts von den unzähligen Malen unterscheiden würde, die ich ihn in den zehn Jahren, seit ich sein Lehrling geworden war, besucht hatte. Die Ereignisse, die sich an diesem und den folgenden Tagen zutrugen, waren für mich jedoch folgenschwer. Bei dieser Gelegenheit endete meine Lehrzeit. Es war kein willkürlicher Rückzug meinerseits, sondern ein Auseinandergehen im guten.

Die Fallgeschichte meiner Lehrzeit habe ich bereits in zwei Büchern dargestellt: *The Teachings of Don Juan* und *A Separate Reality*.

In beiden Büchern ging ich von der Grundannahme aus, daß es, wenn man lernte, ein Zauberer zu sein, hauptsächlich auf die durch Einnahme psychotroper Pflanzen hervorgerufenen Zustände einer anderen Realität ankäme.

Was dies betraf, so war Don Juan ein Experte im Gebrauch dreier solcher Pflanzen: *Datura inoxia*, allgemein bekannt als Stechapfel; *Lophophora williamsii*, bekannt als Peyote; und ein halluzinogener Pilz der Gattung *Psilocybe*.

Meine durch diese Psychotropica bewirkte Wahrnehmung der Welt war so bizarr und eindrucksvoll gewesen, daß ich annehmen mußte, solche Zustände seien der einzige Weg zum Verständnis und Erlernen dessen, was Don Juan mich zu lehren versuchte.

Diese Annahme war falsch.

Um Mißverständnissen über meine Arbeit mit Don Juan vorzubeugen, möchte ich an dieser Stelle folgende Fragen klären.

Bisher habe ich noch keinen Versuch gemacht, Don Juan einem bestimmten kulturellen Milieu zuzuordnen. Die Tatsache,

---

*Die Lehren des Don Juan, Frankfurt 1971, 1973; Eine andere Wirklichkeit, Frankfurt, 1973.

daß er sich selbst als Yaqui-Indianer ansieht, bedeutet nicht, daß das, was er über Zauberei weiß, bei den Yaqui-Indianern allgemein bekannt ist oder von ihnen praktiziert wird.

Alle Gespräche, die während meiner Lehrzeit zwischen Don Juan und mir stattfanden, wurden auf Spanisch geführt, und nur durch seine gründliche Kenntnis dieser Sprache war es mir möglich, die komplexen Erläuterungen seines Glaubenssystems zu erfassen.

Ich habe mir angewöhnt, dieses System als Zauberei zu bezeichnen und Don Juan einen Zauberer zu nennen, denn dies waren die von ihm selbst gebrauchten Begriffe.

Da es mir möglich war, den größten Teil dessen aufzuschreiben, was zu Beginn der Lehrzeit gesagt wurde, wie auch alles, was in den späteren Phasen zur Sprache kam, sammelte ich ein umfangreiches Feldmaterial. Um diese Aufzeichnungen lesbar zu machen und dennoch die dramatische Einheit der Lehren Don Juans zu wahren, mußte ich sie redigieren, aber das auf diese Weise Ausgelassene ist, wie ich glaube, unwichtig für das, worauf es mir ankommt.

Bei meiner Arbeit mit Don Juan beschränkte ich mich darauf, in ihm nur einen Zauberer zu sehen und an seinem Wissen *teilzuhaben.*

Bevor ich zum Thema komme, muß ich noch die Grundprämisse der Zauberei erklären, wie Don Juan sie mir darlegte. Für einen Zauberer, sagte er, sei die Welt des alltäglichen Lebens nicht wirklich oder so, wie wir dies annehmen. Für einen Zauberer sei die Wirklichkeit oder die Welt, die wir alle kennen, nur eine Beschreibung.

Um diese Prämisse zu begründen, gab Don Juan sich alle Mühe, mich davon zu überzeugen, daß das, was in meinen Augen die wirklich vorhandene Welt war, nur eine Beschreibung der Welt sei; eine Beschreibung, die mir seit dem Augenblick meiner Geburt eingehämmert worden sei.

Jeder, der mit einem Kind in Kontakt komme, erklärte er, sei ein Lehrer, der unaufhörlich die Welt erkläre, bis zu dem Augenblick, wo das Kind die Welt so wahrnehmen könne, wie sie ihm erklärt wird. Nach Don Juan haben wir keine Erinnerung an diesen folgeschweren Augenblick, einfach weil wir keinen Bezugsrahmen hatten, in dem wir ihn mit etwas anderem hätten vergleichen können. Doch von diesem Augenblick an ist das Kind ein *Mitglied.* Es kennt die Beschreibung der Welt; und es erreicht, glaube ich, die *volle Mitgliedschaft,* wenn es in der Lage ist, alle seine Wahrnehmungen so zu deuten, daß sie mit dieser Beschreibung übereinstimmen und sie dadurch bestätigen.

Für Don Juan besteht die Wirklichkeit unseres alltäglichen Lebens daher aus einem endlosen Fluß von Wahrnehmungsinterpretationen, welche wir, die Individuen, denen eine bestimmte Mitgliedschaft gemeinsam ist, gemeinsam anzustellen gelernt haben.

Die Vorstellung, daß die Wahrnehmungsinterpretationen, welche die Welt konstituieren, im Fluß begriffen sind, stimmt mit der Tatsache überein, daß sie ununterbrochen stattfinden und selten, wenn überhaupt, in Frage gestellt werden. Tatsächlich wird die Realität der Welt, wie wir sie kennen, als so feststehend angesehen, daß die Grundprämisse der Zauberei, nämlich daß unsere Realität nur eine von vielen möglichen Beschreibungen ist, kaum eine Chance hat, als ernsthafte These akzeptiert zu werden.

Im Fall meiner Lehrzeit kümmerte sich Don Juan glücklicherweise überhaupt nicht darum, ob ich seine Behauptung als seriös akzeptieren konnte, und trotz meines Widerstands, meines Unglaubens und meiner Unfähigkeit, zu verstehen was er sagte, erläuterte er seine Feststellungen immer wieder. Als Lehrer der Zauberei war Don Juan also bestrebt, mir von unserem ersten Gespräch an die Welt zu beschreiben. Meine Schwierigkeiten, seine Begriffe und Methoden zu erfassen, rührten von der Tatsache her, daß die Einheiten seiner Beschreibung meinen eigenen fremd und mit ihnen unvereinbar waren.

Er war davon überzeugt, daß er mich "Sehen" lehrte, im Gegensatz zum bloßen "Schauen", und daß der erste Schritt zum Sehen darin bestünde, "die Welt anzuhalten".

Jahrelang hatte ich die Vorstellung, "die Welt anzuhalten", als kryptische Metapher aufgefaßt, die in Wirklichkeit nichts besagte. Erst im Verlauf einer formlosen Unterhaltung gegen Ende meiner Lehrzeit geschah es, daß ich ihre Tragweite und ihre Bedeutung als eines der wichtigsten Elemente von Don Juans Wissen voll erfaßte.

Don Juan und ich hatten uns in einer entspannten und unstrukturierten Form über dies und jenes unterhalten. Ich hatte ihm von einem meiner Freunde und von dessen Problem mit seinem neunjährigen Sohn erzählt. Das Kind, das die letzten vier Jahre bei der Mutter verbracht hatte, lebte damals bei meinem Freund, und nun erhob sich die Frage, was künftig mit ihm geschehen sollte. Wie mein Freund meinte, war das Kind in der Schule ein Versager; es fehlte ihm an Konzentration, und es interessierte sich für gar nichts. Es neigte zu Wutanfällen, zerstörerischem Verhalten und lief oft von zu Hause fort.

"Sicher hat dein Freund ein Problem", sagte Don Juan lachend.

Ich wollte fortfahren, ihm all die "fürchterlichen" Sachen zu erzählen, die das Kind angestellt hatte, aber er unterbrach mich.

"Du brauchst mir nicht noch mehr über diesen armen Jungen zu sagen", meinte er. "Es ist unnötig, daß wir, du oder ich, seine Taten irgendwie beurteilen."

Dies brachte er unvermittelt und mit Entschiedenheit vor, aber dann lächelte er.

"Was soll mein Freund denn tun? " fragte ich.

"Das Schlimmste, was er tun kann, ist, das Kind zu zwingen, mit ihm übereinzustimmen", sagte Don Juan.

"Was meinst du damit? "

"Ich meine, daß das Kind nicht von seinem Vater geschlagen oder erschreckt werden sollte, wenn es sich nicht so verhält, wie er will."

"Wie kann er ihm etwas beibringen, wenn er nicht streng mit ihm ist? "

"Dein Freund sollte jemand anderen das Kind verhauen lassen."

"Er kann nicht zulassen, daß jemand anderes seinen Jungen anrührt", sagte ich, von diesem Vorschlag überrascht.

Don Juan fand meine Reaktion anscheinend spaßig und kicherte.

"Dein Freund ist kein Krieger", sagte er. "Wäre er einer, dann wüßte er, das Schlimmste, was man tun kann, ist, einen Menschen direkt zu zwingen."

"Aber was tut ein Krieger, Don Juan? "

"Ein Krieger geht strategisch vor."

"Ich verstehe immer noch nicht, was du meinst."

"Ich meine, daß dein Freund, wenn er ein Krieger wäre, seinem Kind helfen würde, *die Welt anzuhalten.*"

"Wie sollte mein Freund dies tun? "

"Er bräuchte persönliche Kraft. Er müßte ein Zauberer sein."

"Aber das ist er nicht."

"In diesem Fall muß er sich gewöhnlicher Mittel bedienen, um seinem Sohn zu helfen, seine Vorstellung von der Welt zu verändern. Dies ist zwar nicht *die Welt anhalten,* aber es wirkt geradeso."

Ich bat ihn, das Gesagte zu erklären.

"Wenn ich dein Freund wäre", sagte Don Juan, "würde ich jemanden anheuern, der den kleinen Kerl verhaut. Ich würde dafür jemanden aus der Gosse auflesen, der so schlimm wie irgend möglich aussieht."

"Um einen kleinen Jungen zu erschrecken? "

"Nicht nur um einen kleinen Jungen zu erschrecken, du Narr." Der kleine Kerl muß *angehalten* werden, und dies würde nicht erreicht, wenn sein Vater ihn schlägt.

Wenn man seine Mitmenschen *anhalten* will, dann muß man sich immer außerhalb des Kreises befinden, der sie bedrückt. "Auf diese Weise kann man den Druck immer dirigieren."

Die Vorstellung war grotesk, aber irgendwie sprach sie mich an.

Don Juan stützte das Kinn in die linke Hand. Den linken Arm stützte er auf einer Holzkiste, die als flacher Tisch diente, gegen seine Brust. Seine Augen waren geschlossen, aber die Augäpfel bewegten sich. Ich hatte den Eindruck, als blickte er mich durch die geschlossenen Augenlider an. Der Gedanke beängstigte mich.

"Erzähl' mir mehr darüber, was mein Freund mit seinem Jungen tun sollte", sagte ich.

"Sag ihm, er soll sich aus der Gosse sehr sorgfältig einen scheußlich aussehenden kaputten Typ auswählen", fuhr er fort. "Sag ihm, er soll sich einen jungen besorgen. Einen, der noch einige Kraft besitzt."

Dann entwarf Don Juan eine seltsame Strategie. Ich sollte meinem Freund auftragen, diesen Mann zu veranlassen, ihm nachzugehen oder an einer Stelle auf ihn zu warten, wo er mit seinem Sohn vorübergehen würde. Auf ein verabredetes Zeichen hin, das jedesmal gegeben werden sollte, wenn das Verhalten des Jungen zu beanstanden war, sollte der Mann aus einem Versteck hervorspringen, das Kind packen und es aus Leibeskräften versohlen.

"Nachdem der Mann den kleinen Jungen erschreckt hat, muß dein Freund ihm auf jede Weise helfen, sein Vertrauen wiederzugewinnen. Wenn er dieses Verfahren drei- oder viermal anwendet, dann versichere ich dir, daß das Kind in jeder Hinsicht eine andere Einstellung haben wird. Es wird seine Vorstellung von der Welt ändern."

"Was aber, wenn die Angst ihm Schaden zufügt?"

"Angst fügt einem nie Schaden zu. Was dem Geist schadet, ist, immer jemanden hinter sich zu haben, der einen schlägt und einem sagt, was man tun oder lassen soll.

Wenn der Junge sich dann besser führt, dann mußt du deinem Freund auftragen, noch ein letztes für ihn zu tun. Er muß eine Möglichkeit finden, sich eine Kinderleiche zu beschaffen – vielleicht in einem Krankenhaus oder in der Praxis eines Arztes. Er muß den Jungen die Leiche an irgendeiner Stelle, den Bauch ausgenommen, mit der linken Hand berühren lassen. Nachdem er dies getan hat, wird er *erneuert* sein. Die Welt wird für ihn nicht mehr das sein, was sie war."

Da erkannte ich, daß Don Juan in den Jahren unserer Bekanntschaft bei mir dieselbe Taktik, wenn auch in anderem Maßstab angewandt hatte, die mein Freund bei seinem Sohn einsetzen sollte. Ich fragte ihn danach. Er sagte, er habe immer nur versucht, mich zu lehren, "die Welt anzuhalten".

"Noch hast du es nicht", sagte er lächelnd. "Bei dir scheint nichts zu wirken, weil du so starrköpfig bist. Wärest du weniger starrköpfig, dann hättest du die *Welt* schon lange mit Hilfe einer der Techniken *angehalten*, die ich dich gelehrt habe."

"Welche Techniken, Don Juan?"

"Alles, was ich dir erzählte, war eine Technik, um *die Welt anzuhalten.*"

Einige Monate nach diesem Gespräch gelang Don Juan das, was er sich vorgenommen hatte, nämlich mich zu lehren, "die Welt anzuhalten".

Dieser gewaltige Moment in meinem Leben zwang mich, die Arbeit von zehn Jahren im einzelnen zu überprüfen. Es wurde mir klar, daß meine ursprüngliche Annahme über die Rolle der psychotropen Pflanzen falsch gewesen war. Sie waren nicht das Wesentliche an der Weltbeschreibung des Zauberers, vielmehr waren sie nur ein Hilfsmittel, um die Beschreibung sozusagen zu zementieren, die ich anders nicht hätte aufnehmen können. Mein beharrliches Festhalten an meiner Normalversion der Realität machte mich fast taub und blind für Don Juans Ziele. Der Gebrauch der psychotropen Pflanzen war daher nur durch meinen Mangel an Sensibilität erforderlich.

Bei der Überarbeitung meiner gesamten Feldnotizen wurde mir bewußt, daß Don Juan mir den größten Teil der neuen Beschreibung ganz zu Beginn unserer Verbindung durch das gegeben hatte, was er die "Techniken zum Anhalten der Welt" nannte. In meinen ersten beiden Büchern schied ich diese Teile meiner Feldnotizen aus, weil sie sich nicht auf den Gebrauch der psychotropen Pflanzen bezogen. Ich habe sie nun wieder an ihren rechtmäßigen Platz in der Gesamtheit der Lehren Don Juans gestellt, und sie umfassen die ersten siebzehn Kapitel dieses Buches. Die letzten drei Kapitel enthalten die Feldnotizen über Ereignisse, die darin gipfelten, daß ich "die Welt anhielt".

Zusammenfassend kann ich sagen, daß es, als ich meine Lehrzeit begann, für mich eine andere Realität gab, d.h. daß es eine der Zauberei zugehörige Beschreibung der Welt gab, die ich nicht kannte.

Don Juan lehrte mich als Zauberer und als Lehrer diese Beschreibung. Die zehnjährige Lehrzeit, die ich durchmachte, bestand daher in der Entfaltung dieser unbekannten Realität durch ihre andauernde Beschreibung, wobei immer komplexer Teile hinzutraten, je weiter ich fortschritt.

Die Beendigung der Lehrzeit bedeutete, daß ich auf überzeugende und authentische Weise eine neue Beschreibung der Welt kennengelernt hatte und dadurch fähig geworden war, eine neue Wahrnehmung der Welt zu entwickeln, die der neue

Beschreibung entsprach. Mit anderen Worten, ich hatte die *Mitgliedschaft* erlangt.

Don Juan sagte, daß man, um zu "sehen", zuerst die Welt anhalten müsse. "Die Welt anhalten" war tatsächlich eine zutreffende Bezeichnung für bestimmte Bewußtseinszustände, in denen die Realität des alltäglichen Lebens verändert ist, weil der Strom der Interpretationen, der für gewöhnlich ununterbrochen fließt, durch eine Reihe ihm fremder Umstände unterbrochen ist. In meinem Fall bestanden diese meinem normalen Interpretationsfluß fremden Umstände in der zur Zauberei gehörigen Beschreibung der Welt. Für das "Anhalten der Welt" stellte Don Juan die Bedingung, daß man überzeugt sein mußte; mit anderen Worten, man mußte die neue Beschreibung in einem totalen Sinn erlernen, um sie gegen die alte auszuspielen und dadurch die uns allen gemeinsame dogmatische Sicherheit zu zerbrechen, daß die Gültigkeit unserer Wahrnehmungen oder unserer Wirklichkeit der Welt nicht bezweifelt werden könne.

Der nächste Schritt nach dem "Anhalten der Welt" war das "Sehen". Damit meinte Don Juan das, was ich als "Reagieren auf Wahrnehmungsreize einer Welt außerhalb der Beschreibung, die wir als Realität zu bezeichnen gelernt haben", klassifizieren möchte.

Ich bin davon überzeugt, daß all diese Schritte nur im Sinn der Beschreibung verstanden werden können, der sie angehören; und da es eine Beschreibung war, die er mir von Anfang an zu vermitteln trachtete, darf ich nur seine Lehren als einzigen Zugang zu ihr gelten lassen. Darum lasse ich auch Don Juans Worte für sich selbst sprechen.

C. Castaneda, 1972

Erster Teil

“Die Welt anhalten”

1. Bestätigungen durch die Welt um uns her

"Soviel ich weiß, verstehen Sie sehr viel von Pflanzen, Señor," sagte ich zu dem alten Indianer mir gegenüber.

Ein Freund von mir hatte uns zusammengebracht und dann den Raum verlassen, und wir hatten uns miteinander bekannt gemacht. Der alte Mann hatte mir gesagt, sein Name sei Juan Matus.

"Hat Ihr Freund Ihnen das gesagt? " fragte er beiläufig.

"Ja, hat er."

"Ich sammle Pflanzen, oder besser, sie erlauben mir, sie zu sammeln", sagte er sanft.

Wir befanden uns im Warteraum einer Busstation in Arizona. Ich bat ihn in sehr höflichem Spanisch, ob er mir erlaube, ihn zu befragen. Ich sagte: "Würde der Herr [caballero] mir gestatten, ihm einige Fragen zu stellen? "

Caballero, abgeleitet von dem Wort *caballo*, Pferd, bedeutete ursprünglich Reiter oder berittener Adliger.

Er sah mich fragend an.

"Ich bin ein Reiter ohne Pferd", sagte er mit breitem Lächeln und fügte hinzu: "Ich sagte Ihnen doch, ich heiße Juan Matus."

Ich mochte sein Lächeln. Ich dachte bei mir, daß er offenbar ein Mann sei, der Direktheit bevorzugte, und so beschloß ich, ihm geradeheraus eine Frage zu stellen.

Ich erzählte ihm, daß ich mich für das Sammeln und das Studium medizinischer Pflanzen interessierte. Mein besonderes Interesse, sagte ich, gelte dem Gebrauch des halluzinogenen Kaktus Peyote, den ich eingehend an der Universität von Los Angeles studiert hätte.

Ich meinte, dies sei eine sehr seriöse Einführung. Sie klang doch sehr zurückhaltend und sogar für mich selbst glaubhaft.

Der alte Mann schüttelte langsam den Kopf, und durch sein Schweigen ermutigt, fügte ich hinzu, es würde zweifellos für uns beide von Nutzen sein, wenn wir zusammenkämen, um uns über Peyote zu unterhalten.

In diesem Augenblick hob er den Kopf und sah mir offen in die Augen. Es war ein unheimlicher Blick. Doch war er keineswegs drohend oder furchteinflößend. Es war ein Blick, der mir durch und durch ging. Sofort war meine Zunge wie gelähmt, und ich konnte nicht fortfahren, meine selbstbewußten Reden zu schwingen. Dies war das Ende unserer Begegnung. Aber er ließ mich nicht ganz ohne Hoffnung. Er meinte, ich könne ihn vielleicht irgendwann bei sich zu Hause besuchen.

Die Wirkung von Don Juans Blick ließe sich schwer ermessen, wenn nicht alle meine Erfahrungen für die Einzigartigkeit des Vorgangs sprächen. Als ich mit dem Studium der Anthropologie begann und dadurch Don Juan begegnete, war ich bereits ein Experte im "Sich-Durchlavieren". Schon Jahre vorher war ich von zu Hause fortgegangen, und in meinen Augen bedeutete dies, daß ich imstande war, selbst für mich zu sorgen. Immer wenn ich abgewiesen wurde, konnte ich mich für gewöhnlich irgendwie einschmeicheln, Konzessionen machen, diskutieren, wütend werden, und wenn sonst nichts half, pflegte ich zu jammern und zu klagen; mit anderen Worten, je nach den Umständen wußte ich mir immer zu helfen, und noch nie hatte mich ein Mensch so schnell und so endgültig gebremst wie Don Juan an diesem Nachmittag. Es ging aber nicht nur darum, daß ich zum Schweigen gebracht wurde; es hatte in meinem Leben Gelegenheiten gegeben, bei denen ich unfähig gewesen war, auch nur ein Wort an meinen Gegner hervorzubringen, weil ich tief innen irgendwie Respekt für ihn empfand, und mein Ärger und meine Frustration sich dennoch in meinen Gedanken äußerten. Don Juans Blick jedoch hatte mich derart betäubt, daß ich nicht mehr zusammenhängend denken konnte.

Ich wurde von diesem ungeheuren Blick regelrecht angezogen und ich beschloß, mich auf die Suche nach ihm zu machen.

Ich bereitete mich nach dieser ersten Begegnung sechs Monate lang vor und las alles über den Gebrauch von Peyote bei den Indianern Amerikas, besonders über den Peyote-Kult der Prairie-Indianer. Ich machte mich mit allen verfügbaren Werken vertraut, und als ich glaubte bereit zu sein, fuhr ich zurück nach Arizona.

Samstag, 17. Dezember 1960

Nach langem, anstrengendem Umherfragen bei den am Ort wohnenden Indianern fand ich sein Haus. Es war früher Nachmittag, als ich ankam und vor dem Haus parkte. Ich sah Don Juan auf einer hölzernen Milchbütte sitzen. Er schien mich zu erkennen und grüßte mich, als ich aus dem Wagen stieg.

Einige Zeit tauschten wir gesellschaftliche Höflichkeiten aus, und dann bekannte ich ihm unumwunden, daß ich ihm gegenüber unredlich gewesen sei, als wir uns das erstemal begegneten. Ich hatte geprahlt, viel über Peyote zu wissen, während ich in Wirklichkeit nichts darüber gewußt hatte.

Er sah mich lange an. Seine Augen blickten sehr freundlich.

Ich sagte ihm, daß ich mich sechs Monate lang mit Hilfe von Büchern auf unsere Zusammenkunft vorbereitet hatte und diesmal tatsächlich viel mehr wisse.

Er lachte. Offenbar fand er an dem, was ich gesagt hatte, irgend etwas lustig. Er lachte mich aus, und ich war ein wenig verwirrt und gekränkt.

Er schien mein Unbehagen zu bemerken und versicherte mir, daß es, auch wenn ich gute Absichten gehabt haben sollte, ganz unmöglich gewesen sei, mich auf unsere Begegnung vorzubereiten.

Ich fragte mich, ob es schicklich sei, mich nach der versteckten Bedeutung dieses Satzes zu erkundigen, aber ich tat es dann doch nicht; er aber schien zu spüren, was ich empfand, und fuhr fort zu erklären, was er gemeint hatte.

Meine Bemühungen, sagte er, erinnerten ihn an eine Geschichte, die von Menschen handelte, die ein gewisser König einst hatte verfolgen und töten lassen. In dieser Geschichte, sagte er, unterschieden sich die Verfolgten in nichts von ihren Verfolgern, außer, daß sie bestimmte Wörter hartnäckig in einer nur ihnen eigentümlichen Weise aussprachen; diese Schwäche wurde ihnen natürlich zum Verhängnis. Der König stellte an kritischen Stellen Straßensperren auf, wo ein Beamter jeden Vorbeigehenden aufforderte, ein Schlüsselwort auszusprechen. Diejenigen, die es so aussprechen konnten, wie der König es tat, blieben am Leben, diejenigen aber, die es nicht konnten, wurden sofort getötet. Die Pointe der Geschichte lief darauf hinaus, daß eines Tages ein junger Mann beschloß, sich auf das

Passieren der Straßensperre vorzubereiten, indem er lernte, das Schlüsselwort so auszusprechen, wie der König es wünschte.

Mit breitem Lächeln sagte Don Juan, der junge Mann habe tatsächlich sechs Monate gebraucht, bis er die Aussprache beherrschte. Und dann kam der Tag der großen Prüfung; der junge Mann erreichte sehr zuversichtlich die Straßensperre und wartete darauf, daß der Beamte ihn aufforderte, das betreffende Wort auszusprechen.

An dieser Stelle machte Don Juan eine sehr dramatische Pause und sah mich an. Diese Unterbrechung seiner Erzählung wirkte einstudiert und erschien mir etwas abgeschmackt, aber ich spielte mit. Eine etwas andere Version dieser Geschichte kannte ich bereits. Dabei ging es um die Juden in Deutschland und darum, wie man an der Aussprache bestimmter Wörter feststellen konnte, wer Jude war. Ich kannte auch die Pointe: der junge Mann wurde erwischt, weil der Beamte das Schlüsselwort vergessen hatte und ihn aufforderte, ein anderes auszusprechen, das ganz ähnlich klang, dessen richtige Aussprache der junge Mann jedoch nicht gelernt hatte.

Don Juan schien darauf zu warten, daß ich fragte, wie es weiterging, und so tat ich es.

“Und was geschah mit ihm? ” fragte ich, wobei ich versuchte, mich naiv zu geben und an der Geschichte interessiert zu sein.

“Der junge Mann, der ein schlauer Fuchs war”, sagte er, “erkannte, daß der Beamte das Schlüsselwort vergessen hatte, und noch bevor dieser etwas sagen konnte, gestand er, daß er sich sechs Monate lang vorbereitet hatte.”

Wieder machte er eine Pause und sah mich mit boshaft glitzernden Augen an. Diesmal hatte er mich überrascht. Das Geständnis des jungen Mannes war ein neues Element, und ich konnte mir das Ende der Geschichte nicht mehr vorstellen.

“Nun, was passierte dann? ” fragte ich ganz neugierig.

“Der junge Mann wurde natürlich sofort getötet”, sagte er und brach in ein dröhnendes Lachen aus.

Die Art, wie er mein Interesse gefangen hatte, gefiel mir; vor allem gefiel es mir, wie er diese Geschichte mit meinem Fall in Verbindung gebracht hatte. Offensichtlich hatte er sie sogar so aufgebaut, daß sie auf mich zutraf. Auf sehr feine und kunstvolle Weise machte er sich über mich lustig. Ich stimmte in sein Lachen ein.

Dann sagte ich ihm, daß ich, ganz gleich wie töricht es klingen mochte, wirklich daran interessiert sei, etwas über Pflanzen zu lernen.

"Ich möchte jetzt sehr gern ein Stück gehen", sagte er.

Ich glaubte, daß er absichtlich das Gesprächsthema wechselte, um mir nicht antworten zu müssen. Ich wollte ihm nicht durch mein Beharren lästig werden.

Er fragte mich, ob ich ihn auf eine kurze Wanderung in die Wüste begleiten wolle. Ich beeilte mich ihm zu sagen, daß ich nichts lieber täte als dies.

"Das wird keine fröhliche Landpartie", warnte er.

Ich sagte ihm, ich hätte ganz ernsthaft vor, mit ihm zu arbeiten. Ich sagte, daß ich Informationen, alle möglichen Informationen über den Gebrauch medizinischer Pflanzen benötigte und daß ich bereit sei, ihn für seine Mühe und seinen Zeitaufwand zu bezahlen.

"Sie werden für mich arbeiten", sagte ich "und ich werde Ihnen einen Lohn bezahlen."

"Wieviel würdest du mir bezahlen? " fragte er – in seiner verbindlichen Art war er bereits zu einer vertrauteren Anrede übergegangen.

Ich bemerkte einen Anflug von Habgier in seiner Stimme.

"Was immer du für angemessen hältst", sagte ich.

"Belohne mich für meine Zeit . . . mit deiner Zeit", sagte er.

Mir schien, daß er ein höchst wunderlicher Mensch war. Ich sagte, ich verstehe nicht, was er meinte. Er antwortete, es gebe über Pflanzen nichts zu sagen, daher sei es für ihn unvorstellbar, von mir Geld anzunehmen.

Er sah mich durchdringend an.

"Was machst du da in deiner Tasche? " fragte er mißbilligend. Spielst du mit deinem Stecken? "

Er bezog sich darauf, daß ich mir auf einem kleinen Block in den riesigen Taschen meiner Windjacke Notizen machte.

Als ich ihm dies sagte, lachte er herzlich.

Ich sagte, ich wolle ihn nicht stören, indem ich vor seinen Augen schriebe.

"Wenn du schreiben willst, dann schreib", sagte er. "Du störst mich nicht."

Wir wanderten durch die nahebei gelegene Wüste, bis es fast dunkel war. Die ganze Zeit zeigte er mir keinerlei Pflanzen, auch sprach er nicht über sie. Wir machten einen Augenblick halt, um uns unter ein paar großen Büschen auszuruhen.

"Pflanzen sind etwas sehr Sonderbares", sagte er, ohne mich anzusehen. "Sie sind lebendig, und sie empfinden."

Im gleichen Augenblick, als er dies sagte, schüttelte ein starker Windstoß die Büsche des uns umgebenden Wüsten-Chaparral. Sie raschelten.

"Hörst du das? " fragte er mich und legte die rechte Hand ans Ohr, wie um besser zu hören. "Die Blätter und der Wind stimmen mir zu."

Ich lachte. Mein Freund, der uns miteinander bekannt gemacht hatte, hatte mir schon geraten, mich vorzusehen, weil der alte Mann sehr exzentrisch sei. Die Zustimmung der Blätter hielt ich für eine seiner exzentrischen Launen.

Wir wanderten noch einige Zeit umher, aber noch immer zeigte er mir keine Pflanzen, noch pflückte er welche. Er streifte nur durch die Büsche, wobei er sie sanft berührte. Dann blieb er stehen, setzte sich auf einen Felsblock und sagte, ich solle es mir bequem machen und mich umschauen.

Ich bestand darauf, mit ihm zu sprechen. Ich ließ ihn nochmals wissen, daß mir viel daran liege, etwas über Pflanzen, besonders über Peyote zu erfahren. Ich überredete ihn, gegen eine gewisse finanzielle Vergütung mein Informant zu werden.

"Du brauchst mich nicht zu bezahlen", sagte er. "Du kannst mich alles fragen, was du willst. Ich will dir sagen, was ich weiß, und dann will ich dir sagen, was du damit anfangen kannst."

Er fragte mich, ob ich mit dieser Vereinbarung einverstanden sei. Ich war begeistert. Dann fügte er geheimnisvoll hinzu "Vielleicht gibt es über Pflanzen nichts zu lernen, weil es übe sie nichts zu sagen gibt."

Ich verstand nicht, was er damit meinte.

"Was sagtest du? " fragte ich.

Er wiederholte den Satz dreimal, und dann wurde die gan

Umgebung vom Dröhnen eines niedrig fliegenden Düsenjägers erschüttert.

"Da! Die Welt hat mir gerade zugestimmt", sagte er und legte die linke Hand ans Ohr.

Ich fand ihn sehr komisch. Sein Lachen war ansteckend.

"Bist du aus Arizona, Don Juan? " fragte ich, im Bemühen, die Unterhaltung wieder auf seine Tätigkeit als mein Informant zu lenken.

Er sah mich an und nickte bestätigend. Seine Augen wirkten müde. Ich konnte das Weiße unter seinen Pupillen sehen.

"Bist du dort geboren? "

Wieder nickte er, ohne zu antworten. Es erschien als eine Geste der Zustimmung, doch es wirkte auch wie das nervöse Kopfschütteln eines Menschen, der nachdenkt.

"Und woher stammst du? " fragte er.

"Ich komme aus Südamerika", sagte ich.

"Das ist groß. Du kommst doch nicht aus ganz Südamerika? "

Wieder war sein Blick durchdringend, als er mich ansah. Ich begann ihm zu erklären, wann und wo ich geboren sei, doch er unterbrach mich.

"Darin sind wir uns ähnlich", sagte er. "Ich lebe jetzt hier, aber in Wirklichkeit bin ich ein Yaqui-Indianer aus Sonora."

"Tatsächlich! Ich selbst komme aus. . ."

Er ließ mich nicht ausreden.

"Ich weiß, ich weiß", sagte er. "Du bist der, der du bist, wo immer du herkommen magst, so wie ich ein Yaqui aus Sonora bin. Seine Augen leuchteten stark, und sein Lachen war eigenartig beunruhigend. Er gab mir das Gefühl, als habe er mich bei einer Lüge ertappt. Ich erlebte ein eigenartiges Schuldgefühl. Ich hatte den Eindruck, als wisse er etwas, das ich nicht wußte oder nicht sagen wollte.

Meine seltsame Verlegenheit nahm zu. Er mußte sie bemerkt haben, denn er stand auf und fragte mich, ob ich in einem Restaurant in der Stadt essen gehen wolle.

Der Rückweg zu seinem Haus und dann die Fahrt in die Stadt bewirkten, daß ich mich besser fühlte, aber ich war nicht völlig entspannt. Irgendwie fühlte ich mich bedroht, obwohl ich den Grund dafür nicht ausmachen konnte.

Im Restaurant wollte ich ihn zum Bier einladen. Er sagte,

daß er niemals trinke, nicht einmal Bier. Ich lachte. Ich glaubte ihm nicht; mein Freund, der uns zusammengeführt hatte, hatte mir gesagt, "der Alte ist die meiste Zeit über besoffen". Es machte mir nichts aus, falls er mich anlog, wenn er behauptete, nicht zu trinken. Ich hatte ihn gern; es ging eine starke, beruhigende Ausstrahlung von ihm aus.

Ich muß wohl ein zweifelndes Gesicht gemacht haben, denn er erklärte, er habe wohl in seiner Jugend getrunken, habe es aber eines Tages einfach aufgegeben.

"Die Leute machen es sich kaum jemals klar, daß wir alles aus unserem Leben verbannen können, jederzeit, einfach so." Er schnippte mit den Fingern.

"Glaubst du, daß man so einfach das Rauchen oder Trinken aufgeben kann? " fragte ich.

"Sicher", sagte er sehr überzeugt. "Rauchen und Trinken sind nichts. Gar nichts, wenn wir es aufgeben wollen."

Gerade in diesem Augenblick machte das Wasser, das in der Kaffeemaschine kochte, ein komisches lautes Geräusch.

"Hör dir das an!" rief Don Juan mit leuchtenden Augen. "Das kochende Wasser stimmt mir zu."

Dann, nach einer Pause, fügte er hinzu: "Der Mensch kann von allen Dingen um ihn her Zustimmung erhalten."

In diesem, genau in diesem Augenblick machte die Kaffeemaschine ein wahrhaft obszönes, gurgelndes Geräusch.

Er sah die Maschine an und sagte leise: "Danke", nickte mit dem Kopf und brach dann in ein dröhnendes Lachen aus.

Ich war verblüfft. Sein Lachen war wohl etwas zu laut, aber der ganze Vorgang hatte mir ehrlich Spaß gemacht.

Daraufhin war meine erste wirkliche Sitzung mit meinem "Informanten" beendet. An der Tür des Restaurants sagte er Aufwiedersehen. Ich sagte ihm, ich müsse ein paar Freunde besuchen und würde ihn Ende der nächsten Woche gern wieder besuchen.

"Wann wirst du zu Hause sein? " fragte ich.

Er musterte mich.

"Wann immer du kommst", antwortete er.

"Ich weiß nicht genau, wann ich kommen kann."

"Dann komm einfach, und sei unbesorgt."

"Und was ist, wenn du nicht da bist? "

"Ich werde da sein", sagte er lächelnd und ging fort.

Ich lief ihm nach und fragte ihn, ob er etwas dagegen habe, wenn ich meine Kamera mitbrächte, um Aufnahmen von ihm und seinem Haus zu machen.

"Das kommt nicht in Frage", sagte er mit finsterem Blick.

"Und wie ist es mit einem Tonband? Hättest du etwas dagegen? "

"Ich fürchte, auch das ist unmöglich."

Ich wurde ärgerlich und begann zu diskutieren. Ich sagte, ich sähe keinen vernünftigen Grund für seine Weigerung.

Don Juan schüttelte verneinend den Kopf.

"Vergiß es", sagte er nachdrücklich. "Und wenn du mich weiterhin besuchen willst, dann sprich nie wieder davon."

Ich brachte einen schwachen letzten Einwand vor. Ich sagte, Fotos und Bandaufnahmen seien für meine Arbeit unerläßlich.

Er sagte, für alles, was wir tun sei nur eines unerläßlich: Er nannte es den Geist.

"Ohne den Geist geht es nicht", sagte er. "Und du hast ihn nicht. Mach dir deswegen Sorgen, und nicht wegen der Fotos."

"Was willst du damit . . .? "

Er unterbrach mich mit einer Handbewegung und trat ein paar Schritte zurück.

"Komm bestimmt wieder", sagte er leise und winkte zum Abschied.

2. Die persönliche Geschichte löschen

Donnerstag, 22. Dezember 1960

Don Juan saß neben der Tür seines Hauses auf dem Boden, den Rücken gegen die Wand gelehnt. Er kippte einen hölzernen Milchkübel um und forderte mich auf, mich zu setzen und es mir bequem zu machen. Ich bot ihm Zigaretten an. Ich hatte eine Stange gekauft. Er sagte, daß er nicht rauche, aber er nahm das Geschenk an. Wir sprachen über die Kälte der Wüstennächte und andere belanglose Themen.

Ich fragte, ob ich ihn nicht bei seinen Alltagspflichten störe. Er sah mich mit leichtem Stirnrunzeln an und sagte, er habe keine Alltagspflichten, und ich könne den ganzen Nachmittag bei ihm bleiben, wenn ich wolle.

Ich hatte ein paar genealogische und Verwandtschaftstabellen aufgestellt, die ich mit seiner Hilfe ausfüllen wollte. Auch hatte ich aus der ethnographischen Literatur eine lange Liste kultureller Merkmale zusammengestellt, die den Indianern dieser Gegend zugeschrieben werden. Ich wollte mit ihm zusammen diese Liste durchgehen und alle Punkte abhaken, die ihm vertraut waren.

Ich fing mit den Verwandschaftstabellen an.

"Wie nanntest du deinen Vater? " fragte ich.

"Ich nannte ihn Papa", sagte er mit ganz ernster Miene.

Ich war etwas ärgerlich, fuhr aber fort, da ich annahm, daß er mich nicht recht verstanden hatte.

Ich zeigte ihm die Tabelle und erklärte, daß ein Feld für den Vater, ein anderes für die Mutter vorgesehen war. Als Beispiel führte ich verschiedene Wörter an, die im Englischen und Spanischen für Vater und Mutter verwendet werden.

Vielleicht, so dachte ich, hätte ich mit der Mutter beginnen sollen.

"Wie nanntest du deine Mutter? " fragte ich.

"Ich nannte sie Mama", antwortete er ganz arglos.

"Ich meine, mit welchen anderen Wörtern hat du deinen Vater und deine Mutter gerufen. Wie riefst du sie?" fragte ich und versuchte geduldig und höflich zu bleiben.

Er kratzte sich am Kopf und sah mich mit törichtem Gesichtsausdruck an.

"Mein Gott!" sagte er. "Das ist schwierig. Laß mich nachdenken."

Nach einigem Zögern schien ihm etwas einzufallen, und ich machte mich zum schreiben bereit.

"Nun", sagte er, als wäre er in ernstes Nachdenken versunken, "wie rief ich sie noch? Ich rief wohl 'He, he, Papa! He, he, Mama!"

Ich mußte unwillkürlich lachen. Sein Gesichtsausdruck war wirklich komisch und für einen Augenblick wußte ich nicht, ob er ein kauziger alter Mann war, der mich auf den Arm nehmen wollte, oder ein Einfaltspinsel. Mit aller Geduld, die ich aufbringen konnte, erklärte ich ihm, daß es sich um sehr ernsthafte Fragen handle und daß es für meine Arbeit sehr wichtig sei, diese Formulare auszufüllen. Ich versuchte, ihm den Begriff der Genealogie und der persönlichen Geschichte verständlich zu machen.

"Wie hießen dein Vater und deine Mutter? " fragte ich.

Er sah mich mit einem klaren, freundlichen Blick an.

"Vergeude deine Zeit nicht mit solchem Unsinn", sagte er sanft, aber mit unerwartetem Nachdruck.

Ich wußte nicht, was ich sagen sollte. Es war, als hätte ein anderer diese Worte gesprochen. Gerade war er noch ein unbeholfener, dummer Indianer gewesen, der sich den Kopf kratzte, und nun hatte er unvermittelt die Rollen vertauscht; ich war der Dumme, er starrte mich mit einem unbeschreiblichen Blick an, der nichts mit Arroganz, Hohn, Haß oder Verachtung zu tun hatte. Seine Augen blickten freundlich und klar und durchdringend.

"Ich habe keine persönliche Geschichte", sagte er nach langer Pause. "Eines Tages stellte ich fest, daß ich meine persönliche Geschichte nicht mehr brauchte, da gab ich sie auf, wie das Trinken."

Ich verstand nicht, was er damit meinte. Auf einmal war mir unbehaglich, fühlte ich mich bedroht. Ich erinnerte ihn daran, daß er mir versichert hatte, ich könne ihm ohne weiteres Fragen stellen. Er wiederholte, daß er überhaupt nichts dagegen habe.

"Ich habe keine persönliche Geschichte mehr" sagte er und sah mich prüfend an. "Ich gab sie eines Tages auf, als ich glaubte, daß ich sie nicht mehr brauchte."

Ich starrte ihn an und versuchte, den verborgenen Sinn seiner Worte herauszufinden.

"Wie kann man seine persönliche Geschichte loswerden? " fragte ich polemisch.

"Zuerst einmal muß man den Wunsch haben, sie loszuwerden", sagte er, "und dann muß man sich daranmachen, sie allmählich, Stück um Stück, abzutrennen."

"Wie könnte jemand einen solchen Wunsch haben? " rief ich.

Ich hatte eine furchtbar starke Bindung an meine persönliche

Geschichte. Ich war tief in meiner Familie verwurzelt. Ohne dies, so glaubte ich aufrichtig, hätte mein Leben keine Kontinuität und keinen Sinn.

"Vielleicht solltest du mir sagen, was du darunter verstehst, die persönliche Geschichte aufzugeben", sagte ich.

"Sie abtun, das ist's was ich meine", antwortete er scharf.

Ich beharrte darauf, daß ich ihn wohl nicht richtig verstanden hätte.

"Du zum Beispiel", sagte ich, "du bist ein Yaqui, das kannst du nicht ändern."

"Bin ich das? " fragte er lächelnd. "Woher weißt du das?"

"Richtig!" sagte ich. "Im Augenblick kann ich dies nicht mit Sicherheit wissen, aber du weißt es, und das allein zählt. Das ist es, was die persönliche Geschichte ausmacht."

Damit hatte ich ihn, wie ich glaubte, festgenagelt.

"Die Tatsache, daß ich weiß, ob ich ein Yaqui bin oder nicht, macht noch keine persönliche Geschichte aus", antwortete er. "Nur wenn ein anderer es weiß, wird es zur persönlichen Geschichte. Und ich versichere dir, daß niemals jemand dies mit Bestimmtheit wissen wird."

Ich hatte mitgeschrieben, was er so umständlich ausdrückte. Ich hörte auf zu schreiben und sah ihn an. Ich verstand ihn nicht. Im Geist ging ich die Bilder durch, die ich von ihm hatte: die geheimnisvolle und unerhörte Art, wie er mich bei unserer ersten Begegnung angesehen hatte; der Charme, mit dem er behauptet hatte, daß alle Dinge um ihn her ihm zustimmten; sein unbequemer Humor und seine Beweglichkeit; sein gutgläubig törichter Ausdruck, als ich ihn nach seinem Vater und seiner Mutter fragte, und dann der unerwartete Nachdruck seiner Äußerungen, der mich in Verlegenheit gebracht hatte.

"Du weißt nicht, was ich bin, nicht wahr? " sagte er, als könne er meine Gedanken lesen. "Du wirst niemals wissen, wer oder was ich bin, weil ich keine persönliche Geschichte habe."

Er fragte mich nach meinem Vater, und ich sagte ihm, er sei noch am Leben. Er sagte, mein Vater sei ein Beispiel für das, was er meinte. Er verlangte, ich solle mir ins Gedächtnis rufen, was mein Vater über mich dachte.

"Dein Vater weiß alles von dir", sagte er. "Er durchschaut

dich völlig. Er weiß, wer du bist und was du tust, und keine Macht der Welt kann ihn dazu bringen, seine Meinung über dich zu ändern."

Jeder, der mich kennt, meinte Don Juan, hege eine gewisse Vorstellung von mir und ich würde diese Vorstellung mit allem was ich tue, ständig nähren.

"Siehst du nun", fragte er eindringlich, "du muß deine persönliche Geschichte bestätigen, indem du deinen Eltern, deinen Verwandten und deinen Freunden alles, was du tust, erzählst. Wenn du dagegen keine persönliche Geschichte hast, sind keine Erklärungen notwendig; niemand ist über deine Handlungen böse oder enttäuscht. Und vor allem kann dich niemand mit seinen Gedanken festlegen."

Plötzlich begann ich diese Vorstellung zu begreifen. Fast wäre ich selbst darauf gekommen, aber ich war ihr nie genauer nachgegangen. Keine persönliche Geschichte zu haben, das war tatsächlich ein verlockender Gedanke, zumindest auf intellektueller Ebene; er gab mir jedoch ein Gefühl der Einsamkeit, das ich als bedauerlich und unangenehm empfand. Ich wollte mit Don Juan über dieses Gefühl sprechen, aber ich hielt mich zurück; die ganze Situation hatte irgendwie etwas furchtbar Ungereimtes. Ich kam mir albern vor, wie ich da versuchte, einen philosophischen Disput mit einem alten Indianer anzufangen, der offenbar nicht die "intellektuelle Bildung" eines Universitätsstudenten besaß. Irgendwie hatte er mich von meiner ursprünglichen Absicht abgelenkt, ihn nach seiner Genealogie zu befragen.

"Wie kommt es, daß wir über diese Dinge sprechen, wo ich dich doch nur nach ein paar Namen für meine Tabellen fragen wollte? " sagte ich und versuchte damit, die Unterhaltung auf mein Thema zurückzubringen.

"Ganz einfach", sagte er, "wir sind darauf gekommen, weil ich sagte, daß es Quatsch ist, jemanden nach seiner Vergangenheit zu fragen."

Er sprach mit Bestimmtheit. Ich hatte den Eindruck, daß nichts ihn zum Nachgeben bringen konnte, daher änderte ich meine Taktik.

"Ist der Gedanke, keine persönliche Geschichte zu haben, etwas, woran die Yaquis glauben? " fragte ich.

"Es ist etwas, woran ich glaube."

"Wo hast du das gelernt? "

"Ich habe es im Lauf meines Lebens gelernt."

"Hat dein Vater es dich gelehrt? "

"Nein. Sagen wir, ich habe es von selbst gelernt, und jetzt vertraue ich dir das Geheimnis an, damit du heute nicht mit leeren Händen fortgehst."

Er senkte die Stimme zu einem dramatischen Flüstern. Ich lachte über seine Schauspielerei. Ich mußte zugeben, daß er darin erstaunliche Fähigkeiten hatte. Mir kam der Gedanke in den Sinn, daß ich es mit einem geborenen Schauspieler zu tun hatte.

"Schreib es auf", sagte er gönnerhaft. "Warum auch nicht? Anscheinend fühlst du dich besser, wenn du schreibst."

Ich sah ihn an, und meine Augen müssen meine Verwirrung wohl verraten haben. Er schlug sich auf die Schenkel und lachte vor Vergnügen.

"Es ist das beste, die ganze persönliche Geschichte auszulöschen", sagte er langsam, als wollte er mir Zeit geben, sorgfältig mitzuschreiben, "weil uns das von den belastenden Gedanken der anderen befreit."

Ich konnte nicht glauben, daß er dies wirklich sagte. Einen Moment war ich sehr verwirrt. Er mußte mir meinen inneren Aufruhr vom Gesicht abgelesen haben, und sogleich hakte er ein:

"Sieh dich an, zum Beispiel", fuhr er fort. "Du weißt im Augenblick nicht, woran du mit mir bist. Und das liegt daran, daß ich meine persönliche Geschichte ausgelöscht habe. Nach und nach habe ich einen Nebel um mich und mein Leben erzeugt, und jetzt weiß niemand mit Sicherheit, wer ich bin und was ich tu."

"Aber du selbst weißt doch, wer du bist, nicht wahr? " warf ich ein.

"Verlaß dich drauf! Ich . . . weiß es nicht!" rief er und wälzte sich, über mein überraschtes Gesicht lachend, auf dem Boden.

Er hatte eine Pause gemacht, lang genug um mich glauben zu lassen, daß er gleich, wie ich es erwartete, sagen würde, er wisse es wohl. Seine List erschien mir bedrohlich. Ich bekam tatsächlich Angst.

“Das ist das kleine Geheimnis, das ich dir heute anvertrauen will”, sagte er leise. “Niemand kennt meine persönliche Geschichte. Niemand weiß, wer ich bin oder was ich tu. Nicht mal ich selbst.”

Er kniff die Augen zusammen. Er sah mich nicht an, vielmehr blickte er über meine rechte Schulter an mir vorbei. Er saß mit gekreuzten Beinen, sein Rücken war gestreckt und trotzdem wirkte er sehr entspannt. In diesem Augenblick bot er den Anblick reiner Wildheit. Ich stellte ihn mir als Indianerhäuptling, als einen “rothäutigen Krieger” aus den romantischen Pioniergeschichten meiner Kindheit vor. Meine romantische Stimmung trug mich fort, und ein ganz infames Gefühl der Ambivalenz ergriff von mir Besitz. Ich konnte aufrichtig sagen, daß ich ihn sehr gern hatte, und im gleichen Atemzug konnte ich behaupten, daß ich mich vor ihm zu Tode fürchtete.

Lange behielt er diesen seltsamen, starren Blick.

“Wie soll ich wissen, wer ich bin, wenn ich all das bin? ” sagte er und wies mit einer Kopfbewegung auf die Umgebung.

Dann sah er mich an und lächelte.

“Nach und nach mußt du einen Nebel um dich her schaffen, du mußt alles um dich her auslöschen, bis nichts mehr als erwiesen, als sicher oder wirklich gelten kann. Jetzt hast du die Schwierigkeit, daß du zu wirklich bist. Dein Streben ist zu wirklich. Deine Stimmungen sind zu wirklich. Du sollst die Dinge nicht für erwiesen halten. Du mußt beginnen, dich selbst auszulöschen.”

“Wozu aber? ” fragte ich streitlustig.

Dann wurde mir klar, daß er mir mein Verhalten vorzuschreiben suchte. Mein Leben lang hatte es Konflikte gegeben, wenn jemand versuchte, mir zu sagen, was ich tun sollte. Der bloße Gedanke daran, daß jemand mir sagte, was ich tun solle, brachte mich sofort in die Defensive.

“Du sagtest doch, daß du etwas über Pflanzen lernen willst”, sagte er ruhig. “Willst du etwas umsonst bekommen? Wie stellst du dir das vor? Wir sind übereingekommen, daß du mir Fragen stellen darfst und ich dir sagen werde, was ich weiß. Wenn es dir nicht gefällt, dann haben wir uns nichts mehr zu sagen.

Seine unerhörte Direktheit verdroß mich, und widerwillig mußte ich zugeben, daß er recht hatte.

“Laß es uns so sagen”, fuhr er fort. “Wenn du etwas über Pflanzen erfahren willst, dann mußt du, da es wirklich nichts über sie zu sagen gibt, unter anderem lernen, deine persönliche Geschichte auszulöschen.”

“Wie denn? ” fragte ich.

“Fang mit einfachen Dingen an, etwa indem du nicht zu erkennen gibst, was du wirklich tust. Sodann mußt du alle verlassen, die dich gut kennen. Auf diese Weise wirst du einen Nebel um dich her erzeugen.”

“Aber das ist absurd!” protestierte ich. “Warum sollten die Leute mich nicht kennen? Was ist daran falsch? ”

“Falsch ist, daß du, wenn sie dich einmal kennen, für sie etwas Selbstverständliches bist, und von dem Augenblick an wirst du das Band ihrer Gedanken nicht mehr zerreissen können. Ich selbst liebe die äußerste Freiheit des Unbekanntseins. Niemand kennt mich mit völliger Gewißheit, so wie die Leute zum Beispiel dich kennen.”

“Aber das bedeutet, zu lügen.”

“Ich kümmere mich nicht um Lüge oder Wahrheit”, sagte er ernst. “Lügen sind nur dann Lügen, wenn du eine persönliche Geschichte hast.”

Ich wandte ein, daß ich nichts dafür übrig hätte, die Leute absichtlich hinters Licht zu führen oder zu täuschen. Er antwortete, daß ich ohnehin jeden täusche.

Der alte Mann hatte einen wunden Punkt in meinem Leben berührt. Ich hielt mich nicht damit auf, ihn zu fragen, was er damit meine oder woher er wisse, daß ich die Menschen immer täuschte. Ich reagierte einfach auf seine Feststellung, indem ich mich durch eine Erklärung zu rechtfertigen suchte. Es sei mir schmerzlich bewußt, sagte ich, daß meine Familie und meine Freunde mich für unglaubwürdig hielten, während ich in Wirklichkeit nie im Leben gelogen hätte.

“Du hast es immer verstanden, zu lügen”, sagte er. “Der einzige Fehler war, daß du nicht wußtest, warum du es tatest. Jetzt weißt du es.”

Ich protestierte.

“Siehst du nicht, wie sehr ich es leid bin, daß die Leute mich für unglaubwürdig halten? ” fragte ich.

“Aber du bist unglaubwürdig”, antwortete er mit Nachdruck.

“Zum Teufel, Mann, ich bin es nicht!” rief ich.

Statt ihn zu zwingen, ernsthaft zu werden, brachte mein Gefühlsausbruch ihn dazu, hysterisch zu lachen. Ich verachtete den Alten wahrhaftig für seine Überheblichkeit. Unglücklicherweise hatte er, was mich betraf, recht.

Nach einiger Zeit beruhigte ich mich, und er sprach weiter.

“Wenn man keine persönliche Geschichte hat”, erklärte er, “kann nichts von dem, was man sagt, als Lüge aufgefaßt werden. Dein Problem ist, daß du zwanghaft jedem alles erklären mußt, aber gleichzeitig möchtest du dir die Frische und Neuheit dessen, was du tust, erhalten. Nun, da die Spannung weg ist, nachdem du alles, was du tust, erklärt hast, lebst du eben, um weitermachen zu können.”

Ich war wahrhaft bestürzt über die Tragweite unseres Gesprächs. Ich schrieb, so gut ich konnte, alle Einzelheiten der Unterhaltung auf und konzentrierte mich dabei auf das, was er sagte, statt mich damit aufzuhalten, über meine Voreingenommenheit oder den Sinn seiner Worte nachzudenken.

“Von nun an”, sagte er, “mußt du den Leuten einfach all das zeigen, was du ihnen zeigen möchtest, doch ohne jemals zu verraten, wie du es genau gemacht hast.”

“Ich kann keine Geheimnisse für mich behalten!” rief ich. “Was du da sagst, ist für mich wertlos.”

“Dann ändere dich”, sagte er scharf, mit einem wilden Glanz in den Augen.

Er sah aus wie ein seltsames wildes Tier. Und dennoch war sein Denken so konsequent und seine Sprache so artikuliert. Mein Ärger wich einem Zustand beunruhigender Verwirrung.

“Du siehst”, fuhr er fort, “wir haben nur zwei Alternativen; entweder halten wir alles für gesichert und real, oder wir tun es nicht. Wenn wir das erstere tun, dann enden wir in tödlicher Langeweile an uns selbst und der Welt. Wenn wir das letztere tun und unsere persönliche Geschichte auslöschen, dann schaffen wir einen Nebel um uns her, einen sehr erregenden und geheimnisvollen Zustand, bei dem niemand weiß, nicht einmal wir selbst, wo der Hase hervorspringen wird.”

Das Auslöschen der persönlichen Geschichte, behauptete ich, würde nur unser Gefühl der Unsicherheit verstärken.

"Wenn nichts als gesichert gilt, dann bleiben wir wachsam, stets auf der Hut", sagte er. "Es ist erregender, nicht zu wissen, hinter welchem Busch der Hase sich versteckt, als so zu tun, als wüßten wir alles."

Lange sprach er kein Wort; etwa eine Stunde verging in völligem Schweigen. Ich wußte nicht, was ich fragen sollte. Schließlich stand er auf und bat mich, ihn in die nahegelegene Stadt zu fahren.

Ich wußte nicht warum, aber unser Gespräch hatte mich erschöpft. Mir war nach Schlaf zumute. Unterwegs bat er mich, anzuhalten, und sagte mir, daß ich, wenn ich mich ausruhen wolle, auf den flachen Gipfel eines kleinen Hügels neben der Straße klettern und mich, mit dem Kopf nach Osten, auf den Bauch legen solle.

Anscheinend hielt er dies für sehr wichtig. Ich wollte nicht widersprechen, oder vielleicht war ich sogar zu müde, um etwas zu sagen. Ich kletterte auf den Hügel und tat, was er mich geheißen hatte.

Ich schlief nur zwei oder drei Minuten, aber es reichte, um meine Kräfte zu erneuern.

Wir fuhren ins Zentrum der Stadt, wo er mich aufforderte, ihn abzusetzen.

"Komm wieder", sagte er, als er ausstieg. "Komm bestimmt wieder."

3. Die eigene Wichtigkeit verlieren

Ich hatte Gelegenheit, meine beiden vorangegangenen Besuche bei Don Juan mit dem Freund zu diskutieren, der uns zusammengebracht hatte. Er war davon überzeugt, daß ich meine Zeit vergeudete. Ich berichtete ihm in allen Einzelheiten über die Tragweite unserer Gespräche. Er meinte, daß ich einen einfältigen alten Kauz romantisierte und überbewertete.

Ich war wenig geneigt, einen so widersinnigen alten Mann z romantisieren. Ich hatte ernstlich das Gefühl, daß seine Kritik an meiner Persönlichkeit meine Zuneigung für ihn spürbar untergraben hatte. Dennoch mußte ich zugeben, daß sie stets richtig, scharf gezielt und zutreffend gewesen war.

An diesem Punkt stand ich vor der Schwierigkeit, daß ich nicht bereit war zu akzeptieren, daß Don Juan sehr wohl imstande war, alle meine vorgefaßten Meinungen über die Welt zu zerstören, und daß ich auch nicht bereit war, meinem Freund beizupflichten, daß der "alte Indianer" einfach verrückt sei.

Ich fühlte mich verpflichtet, ihn noch einmal zu besuchen, bevor ich mit entscheiden wollte.

Mittwoch, 28. Dezember 1960

Unmittelbar nachdem ich bei ihm zu Hause eingetroffen war, nahm er mich auf einen Spaziergang durch den Wüsten-Chaparral mit. Er warf nicht einmal einen Blick auf die Tüte mit den Lebensmitteln, die ich ihm mitgebracht hatte. Er schien mich erwartet zu haben.

Wir gingen viele Stunden lang. Weder sammelte noch zeigte er mir irgendwelche Pflanzen. Wohl aber lehrte er mich eine "angemessene Art zu gehen". Er sagte, ich müsse beim Gehen die Finger leicht einwärts krümmen, damit ich meine Aufmerksamkeit auf den Weg und die Umgebung richten könne. Er behauptete, daß meine normale Art zu gehen mich schwächte und daß man niemals etwas in der Hand tragen dürfe. Wenn etwas getragen werden müsse, dann solle man einen Rucksack, ein Tragnetz oder eine Schultertasche benutzen. Er meinte, wenn man seine Hände zu einer bestimmten Haltung zwingt, könne man mehr Ausdauer und Aufmerksamkeit aufbringen.

Ich sah keinen Grund zu widersprechen und krümmte im Weitergehen meine Finger, wie er es mir gezeigt hatte. Weder meine Aufmerksamkeit noch meine Ausdauer änderten sich irgendwie.

Wir hatten unsere Wanderung am frühen Morgen begonnen, und gegen Mittag legten wir eine Rast ein. Ich schwitzte und wollte aus meiner Feldflasche trinken, aber er gebot mir Einhalt und sagte, es sei besser, nur einen Schluck Wasser zu nehmen. Er schnitt ein paar Blätter von einem kleinen, gelblichen Busch und kaute sie. Er gab mir etliche und bemerkte, sie seien vorzüglich, und mein Durst werde verschwinden, wenn ich sie langsam kaute. Dies geschah zwar nicht, aber ich fühlte mich auch ohnedies ganz gut.

Er schien meine Gedanken gelesen zu haben und erklärte, daß ich nicht bemerkt hätte, welche Wohltat die "richtige Art zu gehen" oder das Kauen der Blätter bewirkte, weil ich jung und stark sei und mein Körper nichts spüre, weil er ein wenig dumm sei.

Er lachte. Mir war nicht nach Lachen zumute, und das schien ihn noch mehr zu belustigen. Er korrigierte sich und sagte, mein Körper sei nicht wirklich dumm, sondern irgendwie nicht erweckt.

In diesem Augenblick flog direkt über uns eine riesige Krähe vorüber und krächzte. Dies schreckte mich auf, und ich fing an zu lachen. Ich meinte, der Anlaß fordere direkt zum Lachen auf, aber zu meiner großen Verwunderung schüttelte er heftig meinen Arm und brachte mich zum Schweigen. Er machte ein sehr ernstes Gesicht.

"Das war kein Spaß", sagte er streng, als wüßte ich, wovon er sprach.

Ich bat ihn um eine Erklärung. Es sei doch ungereimt, sagte ich, wenn mein Lachen über die Krähe ihn ärgere, während wir beide über die Kaffeemaschine gelacht hätten.

"Was du gesehen hast, war nicht einfach eine Krähe!" rief er.

"Aber ich hab's gesehen, und es war eine Krähe", beharrte ich.

"Du hast nichts gesehen, du Narr", sagte er schroff.

Seine Grobheit war ungerechtfertigt. Ich sagte ihm, daß es mir unangenehm sei, jemanden zu verärgern, und daß es wohl besser sei, wenn ich abführe, da er wohl nicht in der Stimmung sei, Gesellschaft zu haben.

Er lachte schallend, als sei ich ein Clown, der ihm etwas vorspielte. Mein Ärger und meine Verwirrung steigerten sich dementsprechend.

"Du bist sehr hitzig", bemerkte er beiläufig. "Du nimmst dich zu wichtig."

"Aber hast du nicht dasselbe getan? " warf ich ein. "Hast du dich nicht wichtig genommen, als du dich über mich ärgertest? "

Er sagte, es liege ihm so fern wie nur etwas, sich über mich zu ärgern. Er sah mich durchdringend an.

"Was du gesehen hast, war nicht die Zustimmung der Welt. Fliegende oder krächzende Krähen sind nie eine Zustimmung. Das war ein Omen."

"Ein Omen wofür? "

"Ein sehr wichtiger Hinweis für dich", antwortete er geheimnisvoll.

Genau in diesem Augenblick fuhr der Wind rechts von unseren Füßen durch einen trockenen Busch.

"Das war eine Zustimmung!" rief er mit leuchtenden Augen und lachte aus vollem Hals.

Ich hatte den Eindruck, daß er mich zum besten hielt, indem er die Regeln dieses eigenartigen Spiels festsetzte, während wir dahinwanderten. Demnach stand es ihm an zu lachen, mir aber nicht. Mein Ärger kam wieder hoch und ich sagte, was ich von ihm hielt.

Er war ganz und gar nicht böse oder gekränkt. Er lachte, und sein Lachen peinigte und frustrierte mich noch mehr. Ich glaubte, daß er mich absichtlich demütige. Ich beschloß daher, mit dieser Art "Feldarbeit" Schluß zu machen.

Ich stand auf und sagte, ich wolle zu seinem Haus zurückkehren, weil ich wieder nach Los Angeles müsse.

"Setz dich hin", sagte er gebieterisch. "Du bist eingeschnappt wie ein altes Weib. Du kannst jetzt nicht gehen, denn wir sind noch nicht fertig."

Ich haßte ihn. Ich glaubte, er sei ein Mensch voller Überheblichkeit.

Er fing an, ein blödsinniges mexikanisches Volkslied zu singen. Offenbar ahmte er irgendeinen populären Sänger nach. Er dehnte manche Silben und verkürzte andere und machte so das Lied zu einer höchst lächerlichen Darbietung. Er war so komisch, daß ich schließlich lachen mußte.

"Siehst du, du lachst über das blöde Lied", sagte er. "Aber der Mann, der es auf diese Weise singt, und diejenigen, die bezahlen, um ihm zuzuhören, lachen nicht, sie nehmen es ernst."

"Was willst du damit sagen? " fragte ich. Ich glaubte, er habe sich absichtlich dieses Beispiel ausgedacht, um mir zu sagen, daß ich über die Krähe gelacht hätte, weil ich sie ebenso wenig ernst genommen hätte wie das Lied. Aber wieder verblüffte er mich. Er sagte, ich sei wie der Sänger und die Leute, die seine Lieder liebten, eitel und todernst angesichts eines Unfugs, auf den niemand, der recht bei Sinnen ist, etwas geben kann.

Dann wiederholte er, als wollte er meine Erinnerung auffrischen, all das, was er zuvor zum Thema "Lernen über Pflanzen" gesagt hatte. Er betonte nachdrücklich, daß ich mein Verhalten weitgehend ändern müsse, wenn ich wirklich lernen wolle.

Mein Ärger wuchs, bis es mich schließlich die größte Anstrengung kostete, auch nur meine Aufzeichnungen zu machen.

"Du nimmst dich zu ernst", sagte er. "Du bist in deinen Augen zu verdammt wichtig. Das muß sich ändern. Du bist so gottverflucht wichtig, daß du glaubst, das Recht zu haben, an allem Anstoß zu nehmen. Du bist so verdammt wichtig, daß du es dir leisten kannst, abzuhauen, wenn nicht alles so läuft, wie du willst. Mir scheint, du glaubst damit zu beweisen, daß du Charakter hast. Das ist Unsinn! Du bist schwach und eingebildet!"

Ich versuchte, einen Einwand vorzubringen, aber er ließ nicht locker. Er wies darauf hin, daß ich wegen dieser übertriebenen Wichtigkeit, die ich mir beimaß, im Lauf meines Lebens nie etwas zu Ende gebracht hätte.

Ich war starr vor Staunen über die Sicherheit, mit der er dies sagte. Natürlich traf es zu, und dies machte, daß ich mich nicht nur ärgerte, sondern auch bedroht fühlte.

"Die eigene Wichtigkeit ist auch etwas, das man aufgeben muß, genau wie die persönliche Geschichte", sagte er sehr eindringlich.

Gewiß wollte ich nicht mit ihm streiten. Es war klar, daß ich schwer im Nachteil war; er würde nicht zu seinem Haus zurückkehren, bevor er fertig wäre, und ich wußte den Weg nicht. Ich mußte bei ihm bleiben.

Er machte eine seltsame, unvermittelte Bewegung; irgendwie schnupperte er in der Luft herum, wobei er leicht und rhythmisch den Kopf schüttelte. Er schien in einem Zustand ungewöhnlicher Wachsamkeit zu sein. Er wandte sich um und musterte mich mit unruhigen, neugierigen Augen. Sein Blick glitt an meinem Körper auf und ab, als suchte er etwas Bestimmtes; dann stand er plötzlich auf und begann zu gehen. Beinah lief er. Ich folgte ihm. Fast eine Stunde lang hielt er ein sehr schnelles Tempo ein.

Schließlich blieb er neben einem Felshügel stehen, und wir setzten uns in den Schatten eines Busches. Das Marschieren hatte mich völlig erschöpft, auch wenn ich nun besserer Laune war. Es war eine eigenartige Verwandlung mit mir vorgegangen. Ich fühlte mich beinah freudig erregt, doch als wir nach unserer Auseinandersetzung zu laufen angefangen hatten, war ich wütend auf ihn gewesen.

“Es ist sehr komisch,” sagte ich, “aber ich fühle mich wirklich wohl.”

In der Ferne hörte ich das Krächzen einer Krähe. Er hob den Finger ans rechte Ohr und lächelte.

“Das war ein Omen”, sagte er.

Ein kleiner Stein kollerte den Hügel hinab und landete polternd im Chaparral.

Er lachte laut und deutete mit dem Finger in die Richtung, aus der das Geräusch kam.

“Und dies war eine Zustimmung”, sagte er.

Dann fragte er mich, ob ich nun bereit sei, über meine eigene Wichtigkeit zu sprechen. Ich lachte; meine Wut schien mir so fern, daß ich nicht mehr begriff, wie ich so böse auf ihn hatte sein können.

“Ich verstehe nicht, was mit mir los ist”, sagte ich. “Ich war wütend, und jetzt weiß ich nicht, warum ich nicht mehr wütend bin.”

“Die Welt um uns her ist geheimnisvoll”, sagte er. “Sie gibt ihre Rätsel nicht leicht preis.”

Ich liebte seine wunderlichen Aussprüche. Sie waren herausfordernd und rätselhaft. Ich konnte nicht feststellen, ob sie voll geheimer Bedeutung oder einfach barer Unsinn waren.

“Wenn du jemals wieder hierher in die Wüste kommst“, sagte er, dann bleib diesem Felshügel fern, bei dem wir heute rasteten. Meide ihn wie die Pest.”

“Warum, was ist los? ”

“Dies ist nicht der Augenblick, es zu erklären”, sagte er. “Jetzt befassen wir uns damit, wie man die eigene Wichtigkeit verliert. Solange du dich für das Wichtigste auf der Welt hältst, kannst du die Welt um dich her nicht wirklich beurteilen. Du bist wie ein Pferd mit Scheuklappen, und du siehst nur dich, losgelöst von allem übrigen."

Er sah mich einen Augenblick prüfend an.

"Ich werde jetzt mit meinem kleinen Freund hier sprechen", sagte er und deutete auf eine Pflanze.

Er kniete vor ihr nieder und begann sie zu liebkosen und mit ihr zu sprechen. Zuerst verstand ich nicht, was er sagte, aber dann wechselte er die Sprache und redete sie auf Spanisch an. Eine Zeitlang schwatzte er Nichtigkeiten. Dann stand er auf.

"Es kommt nicht darauf an, was man zu einer Pflanze sagt", meinte er. "Man könnte ebenso gut Wörter erfinden. Worauf es ankommt, ist das Gefühl, sie zu mögen, und daß man sie als gleichberechtigt behandelt."

Er erklärte, ein Mann, der Pflanzen sammelt, müsse sich jedesmal dafür entschuldigen, daß er sie pflückt, und ihnen versichern, daß sein eigener Körper ihnen eines Tages als Nahrung dienen werde.

"Alles in allem sind die Pflanzen und wir also gleich", sagte er. "Weder sie noch wir sind wichtiger oder unwichtiger als der andere. Komm, sprich zu der kleinen Pflanze", drängte er mich. "Sag ihr, daß du dich nicht mehr wichtig nimmst."

Ich ging so weit, vor der Pflanze niederzuknien, aber ich konnte mich nicht überwinden, mit ihr zu sprechen. Ich kam mir albern vor und lachte. Doch ich war nicht ärgerlich.

Don Juan klopfte mir den Rücken und sagte, es sei gut, und ich hätte zumindest mein Temperament gezügelt.

"Von jetzt an sprich zu den kleinen Pflanzen", sagte er. "Sprich, bis du jedes Gefühl deiner Wichtigkeit verlierst. Sprich mit ihnen, bis du es auch vor anderen kannst."

"Geh hinüber zu diesen Hügeln und übe es für dich."

Ich fragte, ob es genüge, im Stillen, in Gedanken zu den Pflanzen zu sprechen.

Er lachte und tätschelte meinen Kopf.

"Nein", sagte er. "Du mußt mit lauter, klarer Stimme zu ihnen sprechen, wenn du willst, daß sie dir antworten."

Ich ging an die bezeichnete Stelle und lachte insgeheim

über seine Verschrobenheit. Ich versuchte sogar, zu den Pflanzen zu sprechen, aber mein Gefühl, mich lächerlich zu machen, war stärker.

Nachdem ich eine, wie ich glaubte, angemessene Weile gewartet hatte, ging ich dorthin zurück, wo Don Juan war. Ich hatte das sichere Gefühl, er wisse, daß ich nicht mit den Pflanzen gesprochen hatte.

Er sah mich nicht an. Er gab mir ein Zeichen, mich zu ihm zu setzen.

"Sieh genau her", sagte er. "Ich werde mich jetzt mit meinem kleinen Freund unterhalten."

Er kniete vor einer kleinen Pflanze nieder, und etliche Minuten wiegte und wand er sich unter Sprechen und Lachen hin und her.

Ich glaubte, er habe den Verstand verloren.

"Diese kleine Pflanze sagte mir eben, ich soll dir sagen, daß man sie essen kann", sagte er und erhob sich aus seiner knienden Stellung. "Sie sagte, eine Handvoll von ihnen würden den Menschen gesund erhalten. Sie sagte auch, daß dort drüben ein ganzer Busch davon wächst."

Don Juan deutete auf eine Stelle an einem etwa zweihundert Meter entfernten Hang.

"Gehen wir hin und sehen nach", sagte er.

Ich lachte über seine Verstellungskunst. Ich war sicher, wir würden die Pflanzen finden, denn er war in dieser Gegend zu Hause und wußte, wo die eßbaren und die medizinischen Pflanzen wuchsen.

Während wir zu der fraglichen Stelle gingen, sagte er mir beiläufig, ich solle auf diese Pflanze achtgeben, weil sie gleichzeitig Nahrungsmittel und Arznei sei.

Ich fragte ihn halb im Scherz, ob die Pflanze ihm das gerade gesagt habe. Er blieb stehen und sah mich mit ungläubiger Miene prüfend an. Er wiegte den Kopf von einer Seite zur andern.

"Ach!" rief er lachend. "Deine Klugheit macht dich dümmer, als ich glaubte. Wie kann die kleine Pflanze mir heute etwas sagen, was ich schon mein Leben lang weiß?"

Dann fuhr er fort, mir zu erklären, daß er schon seit langem die verschiedenen Eigenschaften dieser Pflanze kenne und daß die Pflanze ihm soeben gesagt habe, daß ein Büschel davon an der bezeichneten Stelle stehe, und daß sie nichts dagegen habe, wenn er mir dies sagte.

Als wir an dem betreffenden Hang anlangten, fand ich eine ganze Menge dieser selben Pflanzen. Ich wollte lachen, aber er ließ mir nicht die Zeit dazu. Er wollte, daß ich dem Büschel Pflanzen Dank sagte. Ich fühlte mich unerträglich befangen und konnte mich nicht überwinden, es zu tun.

Er lächelte wohlwollend und gab wieder einen seiner rätselhaften Sprüche von sich. Er wiederholte ihn drei- oder viermal, als wollte er mir Zeit geben, hinter den Sinn zu kommen.

"Die Welt um uns her ist ein Geheimnis", sagte er. "Und wir Menschen sind nicht besser als alles übrige. Wenn eine kleine Pflanze uns gegenüber großzügig ist, müssen wir ihr danken, sonst wird sie uns vielleicht nie mehr in Ruhe lassen."

Die Art, wie er mich ansah, als er dies sagte, ließ mich frösteln. Eilig beugte ich mich über die Pflanze und sagte mit lauter Stimme: "Danke!"

Er fing an, beherrscht und leise zu lachen.

Wir wanderten noch eine Stunde umher und machten uns dann auf den Weg zurück zu seinem Haus. Irgendwann blieb ich zurück, und er mußte auf mich warten. Er kontrollierte meine Finger, um zu sehen, ob ich sie eingekrümmt hatte. Gebieterisch sagte er, daß ich, immer wenn ich mit ihm ginge, sein Verhalten beobachten und nachahmen müsse, sonst brauche ich gar nicht erst mitzukommen.

"Ich kann nicht auf dich warten, als wärest du ein Kind", sagte er tadelnd.

Diese Äußerung stürzte mich in tiefe Verwirrung und Verlegenheit. Wie war es nur möglich, daß ein so alter Mann so viel besser laufen konnte als ich? Ich hielt mich für athletisch und kräftig, und doch hatte er tatsächlich auf mich warten müssen, damit ich ihn einholte.

Ich krümmte meine Finger einwärts, und seltsamerweise konnte ich nun ohne jede Anstrengung mit seinem enormen Tempo Schritt halten. Ich hatte sogar manchmal das Gefühl, als zögen meine Hände mich vorwärts.

Ich fühlte mich beschwingt. Es machte mich glücklich, gedankenlos neben dem seltsamen alten Indianer herzulaufen. Ich begann zu sprechen und fragte ihn mehrmals, ob er mir nicht Peyote-Pflanzen zeigen wolle. Er sah mich an, sagte aber kein Wort.

4. Der Tod ist ein Ratgeber

Mittwoch, 25. Januar 1961

"Wirst du mich heute etwas über Peyote lehren? " fragte ich.

Er antwortete nicht und sah mich einfach an, als ob ich verrückt sei, wie er es schon früher getan hatte.

Ich hatte das Thema schon verschiedentlich beiläufig und gesprächsweise erwähnt, und jedesmal hatte er die Stirn gerunzelt und den Kopf geschüttelt. Es war weder eine Bestätigung noch eine Verneinung gewesen. Eher war es eine Geste der Verzweiflung und des Unglaubens.

Er stand plötzlich auf. Wir hatten vor seinem Haus auf dem Boden gesessen. Eine fast unmerkliche Kopfbewegung lud mich ein, ihm zu folgen.

Wir gingen in südlicher Richtung in den Wüsten-Chaparral. Während wir ausschritten, meinte er wiederholt, daß ich mir der Sinnlosigkeit meiner eigenen Wichtigkeit und meiner persönlichen Geschichte bewußt sein müsse.

"Deine Freunde", sagte er und wandte sich abrupt zu mir um, "jene, die du seit langem kennst – du mußt dich schnell von ihnen trennen."

Ich hielt ihn für verrückt und sein Ansinnen für aberwitzig, aber ich sagte nichts. Er schaute mich an und lachte.

Nach einer langen Wanderung machten wir halt. Ich wollte mich gerade setzen, um mich auszuruhen, aber er befahl mir, etwa 10 Meter weiterzugehen und mit lauter, klarer Stimme zu einem Büschel Pflanzen zu sprechen. Ich fühlte mich unbehaglich und befangen. Seine komischen Forderungen waren mehr, als ich ertragen konnte, und ich sagte ihm noch einmal, daß ich nicht zu den Pflanzen sprechen könne, weil ich mir dabei albern vorkäme. Sein einziger Kommentar war, daß mein Gefühl der eigenen Wichtigkeit ungeheuerlich sei. Er schien plötzlich einen Entschluß gefaßt zu haben und sagte, ich solle nicht versuchen, mit Pflanzen zu sprechen, ehe es mir nicht einfach und normal vorkomme.

“Du möchtest etwas über sie lernen, und doch willst du nichts dazutun”, sagte er vorwurfsvoll. “Was willst du eigentlich? ”

Meine Erklärung war, daß ich zuverlässige Informationen über den Gebrauch von Pflanzen wünschte, und ihn daher gebeten hatte, mein Informant zu werden. Ich hatte ihm sogar angeboten, ihn für seinen Aufwand an Zeit und Mühe zu bezahlen.

“Du solltest das Geld annehmen. Dann wäre es für uns beide leichter. Dann könnte ich dich alles fragen, was ich wissen will, denn du würdest für mich arbeiten, und ich würde dich dafür entlohnen. Was hälst du davon?”

Er sah mich verächtlich an und machte mit dem Mund ein obszönes Geräusch, indem er die Unterlippe und die Zunge unter kräftigem Ausatmen vibrieren ließ.

“Das ist’s, was ich davon halte”, sagte er und lachte schallend über mein anscheinend völlig überraschtes Gesicht.

Es war mir klar, daß er nicht der Mann war, mit dem ich ein leichtes Spiel haben würde. Trotz seines Alters besaß er eine überschäumende Vitalität und unglaubliche Kraft. Ich hatte angenommen, daß er, da er so alt war, ein hervorragender Informant für mich sein würde. Alte Leute, das hatte ich erfahren, waren die besten Informanten, weil sie zu schwach waren, um etwas anderes zu tun als reden. Don Juan hingegen war ein miserables Versuchsobjekt. Ich hielt ihn für unberechenbar und gefährlich. Mein Freund, der uns miteinander bekannt gemacht hatte, hatte Recht. Er war ein exzentrischer alter Indianer; und wenn er auch nicht, wie mein Freund gesagt hatte, die meiste Zeit sinnlos betrunken war, so war er doch nur noch schlimmer, er war verrückt. Wieder verspürte ich die schon früher empfundenen furchtbaren Zweifel und das Unbehagen. Ich hatte geglaubt, das inzwischen überwunden zu haben. Es war mir sogar nicht einmal schwer gefallen, mich zu überzeugen, daß ich ihn wieder besuchen wollte. Als ich erkannte, wie gern ich mit ihm zusammen war, hatte mich jedoch der Gedanke beschlichen, ich könnte vielleicht selbst ein wenig verrückt sein. Seine Vorstellung, daß mein Gefühl der eigenen Wichtigkeit für mich ein Hindernis sei, übte auf mich tatsächlich eine große Wirkung aus. Aber all dies war offensichtlich nur eine intellektuelle Übung meinerseits; in dem Augenblick, da ich mit seinem seltsamen Benehmen konfrontiert war, fühlte ich mich unbehaglich und wollte abreisen.

Ich sagte, daß ich den Eindruck hätte, wir seien so verschieden, daß es für uns unmöglich sei, miteinander auszukommen.

"Einer von uns muß sich ändern", sagte er und starrte zu Boden. "Und du weißt, wer."

Er fing an, ein mexikanisches Volkslied zu singen, und dann hob er plötzlich seinen Kopf und sah mich an. Sein Blick war wild und lodernd. Ich wollte wegsehen oder die Augen schließen, aber zu meiner größten Bestürzung konnte ich mich nicht von seinem Blick lösen.

Er forderte mich auf, ihm zu sagen, was ich in seinen Augen gesehen hatte. Ich sagte, ich hätte nichts gesehen, aber er bestand darauf, daß ich sagen müsse, was seine Augen mir bewußt gemacht hatten. Ich bemühte mich, ihm verständlich zu machen, daß sein Blick mir nichts anderes bewußt gemacht habe als meine Verwirrung, und daß die Art, wie er mich angesehen hatte, sehr unbehaglich gewesen sei.

Er gab nicht nach. Er starrte mich weiter unverwandt an. Es war nicht direkt ein drohender oder böser Blick; eher war es ein geheimnisvolles, aber unangenehmes Anstarren.

Er fragte mich, ob er mich an einen Vogel erinnere.

"Einen Vogel? " rief ich.

Er kicherte wie ein Kind und wandte die Augen von mir ab. "Ja", sagte er sanft. "Ein Vogel. Ein sehr spaßiger Vogel." Er heftete wieder seinen Blick auf mich und forderte mich auf, mich zu erinnern. Mit erstaunlicher Überzeugung sagte er, ich "wisse" es bereits. Ich hätte diesen Blick schon vorher einmal gesehen.

In diesem Augenblick hatte ich das Gefühl, daß der alte Mann mich, gegen meinen aufrichtigen Wunsch, provozierte, sobald er nur den Mund auftat. Ich erwiderte seinen Blick mit unverhohlenem Trotz. Statt böse zu werden, fing er an zu lachen. Er schlug sich auf die Schenkel und stieß einen Schrei aus, als jage er auf einem wilden Pferd dahin. Dann wurde er ernst und sagte, es sei von größter Wichtigkeit, daß ich aufhörte ihn zu bekämpfen und mich an den Vogel erinnerte, von dem er sprach.

"Schau mir in die Augen", sagte er.

Seine Augen waren ungemein wild. Irgendwie hatte ich den Eindruck, daß sie mich tatsächlich an etwas erinnerten, aber ich war nicht sicher, an was. Ich sann einen Augenblick darüber nach, und dann hatte ich eine augenblickliche Erleuchtung; es war nicht die Form seiner Augen, auch nicht die Form seines Kopfes, sondern irgendeine kalte Wildheit in seinem Blick, die mich an die Augen eines Falken erinnerte. Gerade als ich dies erkannte, sah er mich schief an, und für eine Sekunde stürzte mein Bewußtsein in völliges Chaos. Mir war, als hätte ich statt Don Juans Zügen, den Kopf eines Falken gesehen. Das Bild war zu flüchtig, und ich war zu verwirrt, als daß ich es aufmerksamer hätte prüfen können.

Ganz aufgeregt sagte ich ihm, ich könne schwören, daß ich in seinem Gesicht die Züge eines Falken erkannt hätte. Wieder bekam er einen Lachanfall.

Ich kenne den Blick in den Augen von Falken. Als Junge hatte ich sie gejagt und war, wie mein Großvater meinte, ein guter Jäger gewesen. Er hatte eine Leghorn-Hühnerfarm, und die Falken bedrohten sein Geschäft. Sie zu schießen, war daher nicht nur nützlich, sondern auch "richtig". Bis zu diesem Augenblick hatte ich vergessen, daß der wilde Blick aus ihren Augen mich jahrelang verfolgt hatte; doch das lag in so ferner Vergangenheit, daß ich die Erinnerung daran verloren zu haben meinte.

"Ich habe Falken gejagt", sagte ich.

"Ich weiß", sagte Don Juan nüchtern.

In seiner Stimme lag so viel Gewißheit, daß ich lachen mußte. Er kam mir albern vor. Hatte er doch die Frechheit, so zu tun, als wisse er, daß ich Falken gejagt hatte. Ich empfand tiefe Verachtung für ihn.

"Warum wirst du so böse? " fragte er mit wirklicher Besorgnis.

Ich wußte nicht, warum. Er fing an, mich auf eine sehr eigenwillige Art auf die Probe zu stellen. Er forderte mich auf, ihn wieder anzusehen und ihm zu sagen, an welchen "sehr spaßigen Vogel" er mich erinnere. Ich versuchte mich ihm zu widersetzen und sagte geringschätzig, da gebe es nichts zu sagen. Dann konnte ich aber doch nicht widerstehen, ihn zu fragen, warum er behauptet hatte, er wisse, daß ich Falken gejagt hatte. Statt zu antworten, ließ er sich wieder über mein Verhalten aus. Er hielt mir vor, ich sei ein heftiger Mensch, jederzeit bereit, mich mit "Schaum vor dem Mund" zu ereifern. Ich protestierte, das sei nicht wahr. Ich hätte immer von mir geglaubt, eher umgänglich und verträglich zu sein. Ich sagte, es sei seine Schuld, daß er mich mit seinen unberechenbaren Worten und Taten um die Beherrschung brächte.

"Warum dieser Ärger?" fragte er.

Ich überprüfte meine Gefühle und Reaktionen. Ich hatte wirklich keinen Grund, wütend auf ihn zu sein.

Wieder drängte er mich, ihm in die Augen zu sehen und ihm etwas über den "seltsamen Falken" zu sagen. Er hatte nun ein anderes Wort gewählt; vorhin hatte er von einem "sehr spaßigen Vogel" gesprochen, nun sagte er stattdessen: "ein seltsamer Falke". Dieser Änderung der Wortwahl entsprach ein Umschwung meiner Stimmung. Plötzlich war ich traurig.

Er kniff die Augen zu Schlitzen zusammen und sagte mit äußerst dramatischer Stimme, er 'sehe' einen sehr seltsamen Falken. Diesen Satz wiederholte er dreimal, als sähe er ihn tatsächlich vor sich.

"Erinnerst du dich nicht an ihn?" fragte er.

Ich konnte mich auf nichts dergleichen besinnen.

"Was ist so seltsam an dem Falken?" fragte ich.

"Das mußt du mir sagen", antwortete er.

Ich bestand darauf, daß ich beim besten Willen nicht wisse, was er meinte, und ihm daher nichts sagen könne.

"Kämpfe nicht gegen mich", sagte er, "kämpfe lieber gegen deine eigene Trägheit und erinner dich."

Einen Augenblick gab ich mir ernstlich Mühe, ihn zu verstehen. Mir kam gar nicht erst der Gedanke, daß ich genauso gut hätte versuchen können, mich zu erinnern.

"Es gab eine Zeit, in der du eine Menge Vögel sahst", sagte er, als wollte er mir ein Stichwort geben.

Ich erzählte ihm, daß ich als Kind auf einer Farm gelebt und Hunderte von Vögeln erlegt hatte.

Wenn dies der Fall sei, sagte er, dann sollte es mir nicht schwerfallen, mich an all die spaßigen Vögel zu erinnern, die ich gejagt hatte. Er sah mich fragend an, als habe er mir soeben das letzte Stichwort gegeben.

“Ich habe so viele Vögel gejagt”, sagte ich, “daß ich mich nicht an jeden einzelnen erinnern kann.”

“Dieser Vogel ist etwas besonderes”, antwortete er beinah flüsternd. “Dieser Vogel ist ein Falke.”

Ich bemühte mich erneut, herauszufinden, worauf er hinauswollte. Hielt er mich zum besten? War es ihm ernst? Nach langer Pause drängte er mich abermals, mich zu erinnern. Ich spürte, daß es sinnlos wäre, dieses Spiel beenden zu wollen. Mir blieb nichts anderes übrig, als mitzumachen.

“Sprichst du von einem Falken, den ich gejagt habe?” fragte ich ihn.

“Ja”, flüsterte er mit geschlossenen Augen.

“Also geschah es, als ich ein Junge war?”

“Ja.”

“Aber du sagst doch, daß du den Falken jetzt vor dir siehst.”

“Ich sehe ihn.”

“Was willst du von mir?”

“Ich will, daß du dich erinnerst.”

“An was denn, um Himmelswillen!”

“Ein Falke, schnell wie ein Lichtstrahl”, sagte er und sah mir in die Augen.

Ich spürte mein Herz stocken.

“Jetzt schau mich an”. sagte er.

Ich tat es nicht. Ich hörte seine Stimme als schwachen Klang. Eine gewaltige Erinnerung hatte mich völlig überwältigt. Der weiße Falke!

Es hatte alles mit einem Wutausbruch meines Großvaters begonnen, nachdem er seine Leghorn-Küken gezählt hatte. Ihr Verschwinden war ebenso regelmäßig wie unheimlich. Er organisierte und leitete persönlich einen peinlich genauen Wachdienst, und nach Tagen stetigen Beobachtens sahen wir schließlich einen weißen Vogel mit einem Leghorn-Küken in den Klauen davonfliegen. Der Vogel flog schnell und kannte offenbar seinen Weg. Er stieß zwischen den Bäumen hinab, packte das Küken und flog durch einen Spalt zwischen zwei Ästen davon. Es geschah so schnell, daß mein Großvater es kaum sah, aber ich hatte es gesehen und wußte, daß es wirklich ein Falke war. Mein Großvater sagte, wenn das stimme, dann müsse es ein Albino sein.

Wir eröffneten die Jagd auf den Falken, und zweimal glaubte ich, ich hätte ihn erwischt. Er ließ sogar seine Beute fahren, aber er entkam. Er war zu schnell für mich. Auch war er sehr schlau; er kam nie wieder, um auf der Farm meines Großvaters zu jagen.

Ich hätte die Sache wohl vergessen, wenn nicht mein Großvater mich angespornt hätte, den Vogel zu jagen. Zwei Monate lang stellte ich dem Albino-Falken überall in dem Tal nach, in dem ich lebte. Ich lernte seine Gewohnheiten kennen und konnte beinah seine Flugbahn erahnen, doch seine Schnelligkeit und die Plötzlichkeit seines Auftauchens verblüfften mich immer wieder. Ich konnte mich rühmen, daß ich ihn wahrscheinlich jedesmal, wenn wir zusammentrafen, daran hindern konnte, seine Beute zu packen, doch ich konnte ihn nicht erlegen.

In den zwei Monaten, in denen ich den seltsamen Krieg gegen den Albino-Falken führte, war ich meinem Ziel nur ein einziges Mal nahegekommen. Ich hatte ihm den ganzen Tag nachgestellt und war müde. Ich hatte mich zur Rast niedergelassen und war unter einem hohen Eukalyptusbaum eingeschlafen. Plötzlich weckte mich der Schrei eines Falken. Ohne mich zu bewegen, öffnete ich die Augen und sah einen weißen Vogel in den höchsten Zweigen des Eukalyptusbaumes sitzen. Es war der Albino-Falke. Die Jagd war entschieden. Es würde ein schwieriger Schuß werden; ich lag auf dem Rücken, und der Vogel wandte mir den Rücken zu. Ein kurzer Windstoß kam auf, und ich nutzte ihn, um das Geräusch zu tarnen, das ich verursachte, als ich meine 0.22 Langflinte hob, um auf ihn anzulegen. Ich wollte warten, bis der Vogel sich umdrehte oder aufflog, damit ich ihn nicht verfehlte. Aber der Albino verharrte regungslos. Um besser schießen zu können, hätte ich meinen Standort wechseln müssen, und dafür war der Falke zu schnell. Ich hielt es für das beste, zu warten. Und dies tat ich, eine lange, endlose Weile. Vielleicht hatte das lange Warten sich auf mich ausgewirkt, oder vielleicht auch die Einsamkeit des Ortes, wo der Vogel und ich uns befanden; plötzlich spürte ich ein Frösteln über den Rücken laufen, und unvermittelt stand ich auf und ging weg. Ich sah mich nicht einmal um, ob der Vogel davongeflogen war.

Ich hatte diesem letzten Akt der Geschichte mit dem Albino-Falken nie irgendwelche Bedeutung beigemessen. Gleichwohl war es sehr eigenartig, daß ich nicht auf ihn geschossen hatte. Zuvor hatte ich Dutzende Falken geschossen. Auf der Farm, wo ich aufwuchs, war es ganz selbstverständlich, Vögel zu schießen und alle Arten Tiere zu jagen.

Don Juan hörte aufmerksam zu, als ich ihm die Geschichte von dem Albino-Falken erzählte.

“Wie konntest du etwas von dem weißen Falken wissen? ” fragte ich, nachdem ich geendet hatte.

“Ich *sah* ihn”, antwortete er.

“Wo? ”

“Direkt hier vor dir.”

Ich war nun nicht mehr in streitlustiger Stimmung.

“Was hat das alles zu bedeuten? ” fragte ich.

Er sagte, ein weißer Vogel wie dieser sei ein Omen, und es sei das einzig richtige gewesen, ihn nicht abzuschießen.

“Dein Tod gab dir eine kleine Warnung”, sagte er mit geheimnisvoller Stimme. “Sie kündet sich immer mit einem Frösteln an.”

“Wovon sprichst du? ” frage ich nervös.

Er machte mich wirklich nervös mit seinen gespenstischen Reden.

“Du weißt eine Menge über Vögel”, sagte er. “Du hast so viele von ihnen getötet. Du verstehst zu warten. Du hast stundenlang geduldig gewartet. Das weiß ich, ich *sehe* es.”

Seine Worte lösten bei mir eine starke Unruhe aus. Was mich am meisten an ihm störte, dachte ich, war seine Sicherheit. Ich konnte seine dogmatische Gewißheit in Fragen meines eigenen Lebens, über die ich mir selbst nicht im klaren war, nicht ertragen. Ich gab mich meinen trübseligen Gefühlen hin und bemerkte nicht, wie er sich über mich beugte, bis er mir etwas ins Ohr flüsterte. Ich verstand zunächst nicht, und er wiederholte es. Er befahl mir, mich beiläufig umzudrehen und einen Felsblock zu meiner Linken anzusehen. Er sagte, dort sitze mein

Tod und starre mich an, und wenn ich mich umdrehte, sobald er mir ein Zeichen gäbe, könne ich ihn vielleicht sehen.

Er gab mir mit den Augen das Zeichen. Ich drehte mich um und glaubte eine flimmernde Bewegung über dem Felsen wahrzunehmen. Ein Schauder lief durch meinen Körper, die Muskeln meines Unterleibs zogen sich unwillkürlich zusammen und ich bekam einen schockartigen Krampf. Im nächsten Moment gewann ich meine Fassung wieder und den Eindruck, einen flimmernden Schatten gesehen zu haben, erklärte ich mir als optische Illusion hinweg – dadurch verursacht, daß ich meinen Kopf so plötzlich gedreht hatte.

“Der Tod ist unser ewiger Begleiter”, sagte Don Juan mit sehr ernster Miene. “Er ist immer zu unserer Linken, eine Armeslänge entfernt. Er hat dir zugesehen, als du den weißen Falken beobachtetest. Er flüsterte dir etwas ins Ohr und du spürtest den Schauder, wie du ihn heute spürtest. Er hat dich immer beobachtet. Er wird es immer tun, bis zu dem Tag, an dem er dich anrührt.”

Er streckte seinen Arm aus, berührte mich leicht an der Schulter und machte gleichzeitig mit der Zunge ein dumpfes, schnalzendes Geräusch. Die Wirkung war verheerend; ich mußte mich beinah übergeben.

“Du bist der Junge, der auf die Pirsch ging und geduldig wartete, genau wie der Tod wartet; du weißt ganz gut, daß der Tod zu unserer Linken sitzt, genau wie du zur Linken des weißen Falken gesessen hast.”

Seine Worte hatten die seltsame Macht, mich in einen unverhältnismäßigen Schrecken zu stürzen; meine einzige Abwehr bestand darin, zwanghaft alles aufzuschreiben, was er sagte.

“Wie kann sich jemand nur so wichtig vorkommen, wo wir wissen, daß der Tod uns umschleicht? ” fragte er.

Ich hatte das Gefühl, daß eine Antwort sich erübrigte. Ich hätte ohnehin nichts sagen können. Eine neue Stimmung hatte von mir Besitz ergriffen.

“Was du tun mußt, wenn du ungeduldig bist”, fuhr er fort, “ist dies: Wende dich nach links und frag deinen Tod um Rat. Ungeheuer viel Belangloses fällt von dir ab, wenn dein Tod dir ein Zeichen gibt, wenn du einen Blick auf ihn werfen kannst, oder, wenn du einfach das Gefühl hast, daß dein Begleiter da ist und dich beobachtet.”

Wieder beugte er sich herüber und flüsterte mir ins Ohr, daß ich, wenn ich mich auf sein Zeichen hin plötzlich nach links wendete, noch einmal meinen Tod auf dem Felsen sehen könne.

Er gab mir mit den Augen ein kaum wahrnehmbares Zeichen, aber ich wagte nicht, hinzuschauen.

Ich sagte, daß ich ihm glaubte und daß er nicht länger bei diesem Thema verweilen solle, weil ich Angst hätte.

Er lachte schallend und aus vollem Hals, wie es seine Art war.

Er antwortete, daß wir uns nie gründlich genug mit der Frage unseres Todes befaßten. Und ich wandte ein, daß es für mich sinnlos sei, über meinen Tod zu grübeln, da ein solcher Gedanke mich nur belasten und ängstigen würde.

"Du redest Unsinn!" rief er. "Der Tod ist der einzige weise Ratgeber, den wir haben. Immer wenn du, wie es bei dir meistens der Fall ist, das Gefühl hast, daß alles falsch läuft und dir das sichere Ende bevorsteht, dann wende dich an deinen Tod und frage ihn, ob das zutrifft. Dein Tod wird dir sagen, daß du unrecht hast; daß nichts wirklich wichtig ist, außer seiner Berührung. Dein Tod wird dir sagen: 'Ich habe dich noch nicht angerührt.' "

Er wiegte seinen Kopf und schien auf eine Antwort zu warten. Ich wußte keine. Meine Gedanken liefen wirr durcheinander. Er hatte einen erschütternden Schlag gegen meinen Egoismus geführt. Im Licht meines Todes war es ungeheuer belanglos, daß ich mich über ihn geärgert hatte.

Ich hatte den Eindruck, daß er sich über meinen Stimmungswandel völlig im Klaren war. Er hatte das Blatt zu seinen Gunsten gewendet. Er lächelte und summte eine mexikanische Weise.

"Ja," sagte er nach langer Pause leise. "Einer von uns muß sich ändern, und zwar bald. Einer von uns muß wieder lernen, daß der Tod ein Jäger ist, und daß er immer zu unserer Linken ist. Einer von uns muß den Tod um Rat fragen und seine verdammte Kleinlichkeit aufgeben, die Menschen ansteht, die drauflosleben, als könnte der Tod sie nie ereilen."

Wir schwiegen über eine Stunde und dann gingen wir weiter. Viele Stunden lang wanderten wir im Chaparral. Ich fragte ihn nicht, ob er damit einen Zweck verfolge. Das war gleichgültig. Irgendwie hatte er mich dazu gebracht, ein altes Gefühl wiederzuerleben, etwas, das ich völlig vergessen hatte, die reine Freude, sich einfach umherzubewegen, ohne damit einen intellektuellen Zweck zu verfolgen.

Ich wollte, daß er mich noch einmal einen Blick auf das werfen ließ, was ich auf dem Felsen gesehen hatte – was es auch gewesen sein mochte.

"Laß mich noch einmal diesen Schatten sehen", sagte ich.

"Du meinst deinen Tod, nicht wahr? " antwortete er mit einem Anflug von Ironie in der Stimme.

Einen Augenblick zögerte ich, es auszusprechen.

"Ja", sagte ich schließlich. "Laß mich noch einmal meinen Tod sehen."

"Nicht jetzt", sagte er. "Du bist jetzt zu stabil."

"Wie bitte? "

Er fing an zu lachen, und aus irgendeinem mir nicht bewußten Grund war sein Lachen nun nicht mehr beleidigend und hämisch, wie es mir zuvor erschienen war. Ich glaubte nicht, daß es in der Tonhöhe, in der Lautstärke oder in der Gesinnung anders war; das neue Element war meine Stimmung. Angesichts meines drohenden Todes waren meine Ängste und meine Wut sinnlos geworden.

"Dann laß mich zu den Pflanzen sprechen", sagte ich.

Er brüllte vor Lachen.

"Jetzt bist du zu brav", sagte er, immer noch lachend. "Du fällst von einem Extrem ins andere. Sei ruhig, es gibt keinen Grund, zu den Pflanzen zu sprechen, solange du nicht ihre Geheimnisse wissen willst, und dazu brauchst du eine ganz unbeugsame Absicht. Spar dir also deine guten Vorsätze auf. Es gibt auch keinen Grund, deinen Tod zu sehen. Es genügt, daß du seine Anwesenheit spürst."

5. Verantwortung übernehmen

Dienstag, 11. April 1961
Frühmorgens am Sonntag, dem 9. April, traf ich bei Don Juan ein.

"Guten Morgen, Don Juan", sagte ich. "Ich bin froh, dich zu sehen!"

Er sah mich an und brach in ein weiches Lachen aus. Er war zu meinem Auto gekommen, als ich es parkte, und hielt nun die Tür auf, während ich etliche Pakete Lebensmittel zusammensuchte, die ich für ihn mitgebracht hatte.

Wir gingen zum Haus und setzten uns neben die Tür.

Dies war das erste Mal, daß mir wirklich bewußt geworden war, was ich hier tat. Drei Monate hatte ich mich darauf gefreut zu meinem "Untersuchungsfeld" zurückzukehren. Es war, als sei eine in meinem Inneren tickende Zeitbombe explodiert, und plötzlich hatte ich mich an etwas für mich Transzendentales erinnert. Ich hatte mich erinnert, daß ich einmal in meinem Leben sehr geduldig und tüchtig gewesen war.

Noch bevor Don Juan etwas sagen konnte, stellte ich ihm die Frage, um die meine Gedanken lange gekreist waren. Drei Monate war ich von der Erinnerung an den Albino-Falken besessen gewesen. Wie hatte er das wissen können, wo ich selbst es doch vergessen hatte?

Er lachte, antwortete aber nicht. Ich drängte ihn, es mir zu sagen.

"Es war nichts", sagte er mit seiner üblichen Überzeugung. "Jeder könnte dir sagen, daß du seltsam bist. Du bist ganz einfach taub, das ist alles."

Ich glaubte, er wolle mich wieder aus der Fassung bringen und mich in eine Ecke drängen, in der ich mich nicht wohlfühlte.

"Ist es möglich, daß wir unseren Tod sehen? " fragte ich und versuchte damit, beim Thema zu bleiben.

"Sicher", sagte er lachend. "Er ist hier neben uns."

"Woher weißt du das? "

"Ich bin ein alter Mann. Wenn man älter wird, lernt man allerhand."

“Ich kenne viele alte Leute, aber das haben sie nie gelernt. Wie kommt es, daß du es gelernt hast? ”

“Nun, sagen wir, ich weiß alles mögliche, weil ich keine persönliche Geschichte habe, weil ich mich nicht wichtig fühle, und weil mein Tod direkt hier neben mir sitzt.”

Er streckte den Arm aus und bewegte die Finger, als streichelte er tatsächlich irgend etwas.

Ich lachte. Ich wußte, worauf er hinaus wollte. Der alte Teufel wollte mich wieder auf die Probe stellen, wahrscheinlich mit meiner Selbstüberschätzung, aber diesmal machte es mir nichts aus. Die Erinnerung daran, daß ich einmal so große Geduld bewiesen hatte, erfüllte mich mit seltsamer, stiller Euphorie, die meine Nervosität und Intoleranz gegenüber Don Juan fast völlig vertrieben hatte; was ich stattdessen empfand, war Verwunderung über sein Tun.

“Wer bist du wirklich? ” fragte ich.

Er schien überrascht. Er öffnete die Augen zu enormem Umfang und blinzelte wie ein Vogel, wobei er die Lider wie Rolläden herabließ. Sie senkten und hoben sich wieder, und sein Blick blieb unverändert auf einen Punkt gerichtet. Sein Gehabe verblüffte mich, und ich schrak zurück; er lachte mit kindlicher Hingabe.

“Für dich bin ich Juan Matus, und ich stehe dir zu Diensten”, sagte er mit übertriebener Höflichkeit.

Dann stellte ich meine nächste brennende Frage: “Was hast du mit mir gemacht, als wir uns das erstemal trafen? ”

Ich bezog mich auf den Blick, den er mir zugeworfen hatte. “Ich? – Nichts”, antwortete er in unschuldigem Ton.

Ich schilderte ihm, wie mir zumute gewesen war, als er mich angesehen, und wie widersinnig ich es empfunden hatte, daß ich kein Wort hatte hervorbringen können.

Er lachte, bis ihm die Tränen über die Wangen liefen. Wieder fühlte ich in mir eine Welle des Unwillens gegen ihn hochsteigen. Ich dachte daran, wie ernsthaft und nachdenklich ich war, und wie “indianisch” er auf seine plumpe Art war.

Offenbar erspürte er meine Stimmung und hörte ganz plötzlich auf zu lachen.

Nach langem Zögern sagte ich ihm, sein Lachen habe mich in Wut versetzt, denn ich gäbe mir so ernsthafte Mühe, zu verstehen, was mit mir geschehen sei.

“Da ist nichts zu verstehen”, antwortete er ungerührt. Ich zählte ihm die Folge ungewöhnlicher Ereignisse auf, die sich zugetragen hatten, seit ich ihn kannte: Der geheimnisvolle Blick, mit dem er mich angesehen hatte; die Erinnerung an den Albino-Falken; der Schatten, den ich auf dem Felsblock gesehen hatte, von dem er sagte, er sei mein Tod gewesen.

“Warum machst du dies alles mit mir? ” fragte ich.

In meiner Frage lag keinerlei Streitlust. Ich war nur neugierig, warum gerade ich es war.

“Du hast mich gebeten, dir zu sagen, was ich über Pflanzen weiß”, sagte er.

Ich stellte einen Anflug von Sarkasmus in seiner Stimme fest. Es klang so, als machte er sich über mich lustig.

“Aber was du mir bislang erzählt hast, hat nichts mit Pflanzen zu tun”, wandte ich ein.

Seine Antwort lautete, daß es Zeit brauche, etwas über sie zu lernen.

Ich hatte den Eindruck, daß es sinnlos sei, mit ihm zu streiten. Ich erkannte nun die völlige Idiotie der leichtfertigen, absurden Beschlüsse, die ich gefaßt hatte. Noch zu Hause hatte ich mir vorgenommen, daß ich nie wieder aus der Fassung geraten oder auf Don Juan wütend werden wollte. Doch nun, da ich ihm gegenüberstand, befiel mich gleich bei der ersten Zurechtweisung abermals schlechte Laune. Ich glaubte, daß eine Gegenseitigkeit zwischen ihm und mir unmöglich sei, und das ärgerte mich.

“Denk jetzt an deinen Tod”, sagte Don Juan plötzlich. “Er steht in Armesweite. Er kann dich jeden Augenblick ereilen, du hast also wirklich keine Zeit für närrische Gedanken und Stimmungen. Keiner von uns hat Zeit für so etwas.”

“Möchtest du wissen, was ich mit dir machte, als wir uns das erstemal begegneten? Ich *sah* dich, und ich *sah*, daß du dachtest, du lügst mich an. Aber das tatst du nicht, nicht wirklich.”

Diese Erklärung, sagte ich, verwirre mich noch mehr. Er sagte, aus diesem Grund wolle er sein Handeln nicht erklären, außerdem seien Erklärungen auch nicht nötig. Das einzige, was zähle, sei das Handeln. Handeln statt Sprechen.

Er zog eine Strohmatte nach draußen und legte sich nieder,

wobei er den Kopf auf ein Bündel stützte. Er machte es sich bequem, und dann sagte er, da sei noch etwas, das ich tun müsse, wenn ich wirklich etwas über Pflanzen lernen wolle.

"Was bei dir nicht stimmte, als ich dich *sah*, und was auch jetzt bei dir noch nicht stimmt, ist die Tatsache, daß du für das, was du tust, nicht gern die Verantwortung übernimmst", sagte er bedächtig, als wollte er mir Zeit geben, das Gesagte zu verstehen. "Als du mir in der Busstation all diese Dinge erzähltest, war dir bewußt, daß es Lügen waren. Warum hast du gelogen?"

Ich erklärte ihm, daß es meine Absicht gewesen sei, einen Schlüssel-Informanten für meine Arbeit zu finden.

Don Juan lächelte und summte ein mexikanisches Lied.

"Wenn ein Mann beschließt, etwas zu tun, dann muß er es durchführen, aber er muß die Verantwortung für das übernehmen, was er tut. Ganz egal, was er tut, er muß zuerst wissen, warum er es tut, und dann muß er zu seinen Taten schreiten, ohne an ihnen zu zweifeln oder sie zu bereuen."

Er sah mich prüfend an. Ich wußte nicht, was ich sagen sollte. Schließlich wagte ich es, schwach protestierend, eine Meinung zu äußern.

"Das ist unmöglich!" sagte ich.

Er fragte, warum, und ich meinte, daß das wohl jeder als Ideal gern anstrebe, doch in der Praxis sei es nicht möglich, Zweifel und Reue zu vermeiden.

"Natürlich ist es möglich", antwortete er überzeugt.

"Sieh mich an", sagte er. "Ich kenne weder Zweifel noch Reue. Alles, was ich tu, ist meine Entscheidung und meine Verantwortung. Die einfachste Sache, die ich tu, zum Beispiel dich in die Wüste mitnehmen, könnte sehr wohl meinen Tod bedeuten. Der Tod wartet auf mich. Darum habe ich keinen Platz für Zweifel oder Reue. Wenn ich als Folge dessen, daß ich dich mitnehme, sterben muß, dann muß ich eben sterben.

Du hingegen glaubst, daß du unsterblich bist, und die Entscheidungen eines Unsterblichen können bereut oder bezweifelt oder rückgängig gemacht werden. In einer Welt, wo der Tod der Jäger ist, mein Freund, da ist keine Zeit für Reue oder Zweifel. Da ist nur Zeit für Entscheidungen."

Ich entgegnete ganz aufrichtig, meiner Meinung nach sei

das eine irreale Welt, denn sie entstehe willkürlich, indem man ein idealisiertes Verhalten vorschreibe und behaupte, so und nicht anders müsse man vorgehen.

Ich erzählte ihm die Geschichte meines Vaters, der mir in endlosen Vorträgen vorzuhalten pflegte, in einem gesunden Körper wohne ein gesunder Geist und junge Männer sollten ihren Körper durch Härte und sportliche Wettkämpfe beherrschen lernen. Er war damals noch jung; als ich acht war, war er erst siebenundzwanzig. Normalerweise kam er im Sommer aus der Stadt, wo er Unterricht gab, um wenigstens einen Monat mit mir auf der Farm meiner Großeltern zu verbringen, wo ich lebte. Es war stets ein schlimmer Monat für mich. Ich erzählte Don Juan ein Beispiel für das Verhalten meines Vaters, das, wie ich glaubte, auf die gegenwärtige Situation zutraf.

Fast unmittelbar nach der Ankunft auf der Farm drängte mein Vater darauf, mit mir einen langen Spaziergang zu machen, so daß wir über alles sprechen konnten, und während wir gingen, machte er Pläne, wie wir jeden Morgen um sechs Uhr schwimmen gehen würden. Abends stellte er den Wecker auf fünf Uhr dreißig, um genügend Zeit zu haben, denn um Punkt sechs mußten wir im Wasser sein. Und wenn dann morgens der Wecker rasselte, sprang er aus dem Bett, setzte die Brille auf und ging zum Fenster, um hinauszuschauen.

Den Monolog, der dann folgte, konnte ich sogar noch auswendig:

"Hm . . . etwas bewölkt heute. Hör mal, ich lege mich nochmal gerade für fünf Minuten hin, ja? Nicht länger als fünf Minuten. Ich will nur eben mal meine Muskeln strecken und ganz wach werden."

Und dann schlief er regelmäßig wieder ein – bis zehn Uhr, manchmal bis Mittag.

Was mich am meisten ärgerte, sagte ich zu Don Juan, sei seine Weigerung gewesen, seine offensichtlich falschen Entschlüsse aufzugeben. Jeden Morgen wiederholte er dieses Ritual, bis ich schließlich seine Gefühle verletzte, indem ich mich weigerte, den Wecker zu stellen.

"Das waren keine falschen Entschlüsse", sagte Don Juan, der offenbar die Partei meines Vaters ergriff. "Er konnte einfach nicht das Bett verlassen, das ist alles."

"Auf jeden Fall", sagte ich, "bin ich immer mißtrauisch gegenüber unrealistischen Entschlüssen."

"Und was wäre denn ein realistischer Entschluß? " fragte Don Juan mit verhaltenem Lächeln.

"Wenn mein Vater sich gesagt hätte, daß er nicht um sechs Uhr morgens, sondern vielleicht erst um drei Uhr nachmittags schwimmen gehen wollte."

"Deine Entschlüsse verstoßen gegen den Geist", sagte Don Juan mit sehr ernster Miene.

Ich meinte sogar einen Anflug von Trauer in seiner Stimme zu bemerken. Wir schwiegen lange. Mein Unwille war verflogen. Ich dachte an meinen Vater.

"Er wollte nicht um drei Uhr nachmittags schwimmen. Siehst du das nicht ein? " fragte Don Juan.

Seine Worte ließen mich auffahren.

Ich sagte Don Juan, daß mein Vater schwach gewesen sei, genau wie seine Welt idealer Taten, die er nie ausgeführt habe. Ich schrie beinah.

Don Juan sagte kein Wort. Er wiegte langsam und rhythmisch den Kopf. Ich war furchtbar traurig. Es machte mich immer schwermütig, an meinen Vater zu denken.

"Du hieltest dich für stärker, nicht wahr?" fragte er beiläufig.

"Ja, das tat ich", sagte ich und begann, ihm von all den emotionellen Qualen zu erzählen, die mein Vater mir zugefügt hatte, aber er unterbrach mich.

"War er gemein zu dir?" fragte er.

"Nein."

"War er dir gegenüber kleinlich? "

"Nein".

"Tat er für dich alles, was er konnte? "

"Ja."

"Was war dann an ihm auszusetzen? "

Wieder schrie ich, er sei schwach gewesen, aber dann fing ich mich wieder und mäßigte meine Stimme. Ich kam mir lächerlich vor, von Don Juan ins Kreuzverhör genommen zu werden.

"Warum tust du dies alles? " fragte ich. "Wir wollten doch über Pflanzen sprechen."

Ich war verärgerter und verzagter denn je. Ich sagte ihm, es sei nicht seine Aufgabe, und er bringe auch nicht die geringsten Voraussetzungen mit, um Urteile über mein Verhalten abzugeben, er aber brach in ein herzhaftes Lachen aus.

"Wenn du wütend wirst, dann fühlst du dich immer im Recht, nicht wahr?" meinte er und blinzelte wie ein Vogel.

Er hatte recht. Ich neigte dazu, mich im Recht zu fühlen, wenn ich wütend war.

"Laß uns nicht über meinen Vater sprechen", sagte ich und täuschte gute Laune vor. "Laß uns über Pflanzen sprechen."

"Nein, laß uns über deinen Vater sprechen", beharrte er. "Das ist der Punkt, von dem wir heute ausgehen müssen. Wenn du glaubst, daß du soviel stärker warst als er, warum bist du dann nicht an seiner Stelle um sechs Uhr morgens schwimmen gegangen?"

Ich sagte, ich könne nicht glauben, daß er mich dies ernstlich frage. Ich hätte immer angenommen, es sei die Sache meines Vaters gewesen, um sechs Uhr schwimmen zu gehen, nicht die meine.

"Von dem Augenblick an, als du seinen Vorschlag akzeptiertest, war es auch deine Angelegenheit", fuhr Don Juan mich an.

Ich sagte, ich hätte sie nie akzeptiert und immer gewußt, daß mein Vater nicht ehrlich zu sich selbst war.

Don Juan fragte mich ganz nüchtern, warum ich nicht damals meine Meinung geäußert hätte.

"So etwas sagt man nicht zu seinem Vater", brachte ich als schwache Rechtfertigung vor.

"Warum denn nicht?"

"Bei mir zu Hause tat man so etwas nicht, das ist alles."

"Du hast schlimmere Sachen bei dir zu Hause gemacht", erklärte er wie ein Richter und von oben herab. "Das einzige, was du nie getan hast, war, deinen Geist zusammenzunehmen."

In seinen Worten lag eine so niederschmetternde Kraft, daß sie in mir widerhallten. Sie zerbrachen all meine Verteidigungsversuche. Ich konnte nicht mit ihm streiten. Ich nahm Zuflucht zu meinen Aufzeichnungen.

Ich versuchte eine letzte schwache Erklärung und sagte, ich sei mein Leben lang immer wieder Menschen von der Art meines Vaters begegnet, die mich, genau wie er, irgendwie in ihre

Pläne einbauten, und in der Regel hatte ich dann immer in der Luft gehangen.

"Du beklagst dich", sagte er sanft. "Du hast dich dein Leben lang beklagt, weil du nicht die Verantwortungen für deine Entscheidungen übernimmst. Hättest du die Verantwortung für den Vorschlag deines Vaters, um sechs Uhr morgens schwimmen zu gehen, übernommen, dann wärst du notfalls allein schwimmen gegangen, oder du hättest ihm gleich beim erstenmal, sobald er nur den Mund auftat, deine Meinung gesagt, nachdem du seine Ausflüchte kanntest. Du aber hast nichts gesagt. Daher warst du genauso schwach wie dein Vater.

Die Verantwortung für seine Entscheidungen übernehmen, heißt bereit sein, für sie zu sterben."

"Halt, halt!" rief ich, "Du verdrehst die Dinge."

Er ließ mich nicht ausreden. Ich wollte ihm sagen, daß ich meinen Vater nur als Beispiel für unrealistisches Handeln angeführt hatte und daß niemand, der recht bei Trost ist, bereit sei, für etwas so Albernes zu sterben, wie um sechs Uhr morgens schwimmen zu gehen.

"Es kommt nicht auf die Art der Entscheidung an", sagte er, "nichts ist ernster oder weniger ernst als alles übrige. Siehst du das nicht? In einer Welt, wo der Tod der Jäger ist, gibt es keine kleinen oder großen Entscheidungen. Es gibt nur Entscheidungen, die wir angesichts unseres unausweichlichen Todes treffen."

Ich konnte nichts entgegnen. Es verging etwa eine Stunde. Don Juan saß völlig reglos auf seiner Matte, obwohl er nicht schlief.

"Warum sagst du mir das alles, Don Juan? " fragte ich. "Warum machst du das mit mir?"

"Du bist zu mir gekommen", sagte er. "Nein, das stimmt nicht, du wurdest mir geschickt, und ich hatte ein Zeichen mit dir."

"Wie bitte? "

"Du hättest ein Zeichen mit deinem Vater haben können, wenn du für ihn schwimmen gegangen wärest, aber du hast es nicht getan, vielleicht, weil du zu jung warst. Ich lebe schon länger als du. Auf mich wartet nichts Unerledigtes. In meinem Leben ist keine Eile, deshalb kann ich es mir leisten, ein Zeichen mit dir zu haben."

Am Nachmittag machten wir eine Wanderung. Ich konnte leicht mit ihm Schritt halten und wunderte mich wieder über seine erstaunliche körperliche Tüchtigkeit. Er ging so behend und mit so sicheren Schritten dahin, daß ich mir neben ihm wie ein Kind vorkam. Wir gingen in östlicher Richtung. Dabei bemerkte ich, daß er nicht gern im Gehen sprach. Immer, wenn ich etwas zu ihm sagte, blieb er stehen, um mir zu antworten.

Nach ein paar Stunden kamen wir zu einem Hügel. Er setzte sich und forderte mich durch ein Zeichen auf, mich neben ihn zu setzen. Mit spöttisch übertriebener Dramatik kündigte er an, daß er mir eine Geschichte erzählen wolle.

Es war einmal ein junger Mann, sagte er, ein armer Indianer, der bei den Weißen in der Stadt lebte. Er hatte kein Zuhause, keine Verwandten, keine Freunde. Er war in die Stadt gekommen, um sein Glück zu machen, und hatte nur Elend und Schmerz gefunden. Von Zeit zu Zeit verdiente er ein paar Cents, für die er wie ein Steinesel arbeitete, kaum genug für einen Bissen Brot; sonst mußte er um Essen betteln oder stehlen.

Eines Tages, sagte Don Juan, ging der junge Mann auf den Markt. Wie benommen ging er die Straße auf und ab und sah mit hungrigem Blick all die guten Dinge, die dort versammelt waren. Er war so außer sich, daß er nicht sah, wohin er trat, und schließlich stolperte er über ein paar Körbe und stürzte gegen einen alten Mann. Der alte Mann trug vier gewaltige Kalebassen und hatte sich gerade hingesetzt, um sich auszuruhen und etwas zu essen.

Don Juan lächelte wissend und sagte, es sei dem alten Mann recht seltsam vorgekommen, daß der junge Mann über ihn stolperte. Er war nicht böse wegen der Störung, nur wunderte er sich, warum gerade dieser junge Mann über ihn gestürzt war. Der junge Mann dagegen wurde wütend und sagte, er solle ihm aus dem Weg gehen. Er kümmerte sich gar nicht mehr um den eigentlichen Grund ihres Zusammentreffens. Er hatte nicht bemerkt, daß ihre Wege sich wirklich gekreuzt hatten.

Don Juan ahmte die Bewegungen eines Menschen nach, der hinter einem davonrollenden Gegenstand herspringt. Die Kalebassen des alten Mannes, sagte er, waren umgefallen und rollten die Straße hinab. Als der junge Mann die Kalebassen sah, wußte er, daß er sein Essen für diesen Tag gefunden hatte.

Er half dem alten Mann auf die Beine und bestand darauf, ihm die schweren Kalebassen tragen zu helfen. Der alte Mann sagte, er sei unterwegs zu seinem Haus in den Bergen und der junge Mann bestand darauf, zumindest ein Stück Weges mit ihm zu gehen.

Der alte Mann schlug die Straße in die Berge ein, und während sie gingen, gab er dem jungen Mann einen Teil der Lebensmittel, die er auf dem Markt gekauft hatte. Der junge Mann aß aus Herzenslust, und als er satt war, wurde ihm bewußt, wie schwer die Kalebassen waren, und er packte fester zu.

Don Juan öffnete die Augen und zeigte ein teuflisches Grinsen, während er erzählte, daß der junge Mann gefragt habe: "Was trägst du denn in diesen Kalebassen?" Der alte Mann antwortete nicht, doch er sagte ihm, daß er ihm einen Gefährten oder Freund zeigen würde, der ihm seine Sorgen abnehmen und ihm Rat und Kunde über den Gang der Welt geben könne.

Don Juan machte mit beiden Händen eine majestätische Gebärde und sagte, der alte Mann habe sodann das schönste Reh herbeigerufen, das der junge Mann je gesehen hatte. Das Reh war so zahm, daß es auf ihn zukam und um ihn herumlief. Es funkelte und leuchtete. Der junge Mann war fasziniert und wußte sofort, daß dies ein "Geisterreh" war. Der alte Mann sagte ihm, wenn er diesen Freund und dessen Weisheit haben wolle, müsse er nur die Kalebassen fahren lassen.

Don Juans Grinsen spiegelte Gier wider. Kaum hörte der junge Mann diese Aufforderung, da wurden seine kleinlichen Wünsche aufgestachelt. Don Juan machte ganz schmale, teuflische Augen, als er die Frage des jungen Mannes wiedergab: "Was hast du in diesen vier riesigen Kalebassen?"

Der alte Mann, erzählte Don Juan, antwortete ganz gelassen, er trage darin Essen – Pinolebrei und Wasser. Don Juan unterbrach die Erzählung und ging ein paarmal im Kreis herum. Ich wußte nicht, was er da tat. Aber offenbar war das Teil der Geschichte. Dieses Umherkreisen schien die Überlegungen des jungen Mannes zu veranschaulichen.

Der junge Mann, sagte Don Juan, glaubte natürlich kein Wort. Wenn der alte Mann, offenbar ein Zauberer, bereit war, ein Geisterreh für diese Kalebassen herzugeben, so rechnete er, dann mußten die Kalebassen unglaubliche Kräfte beherbergen.

Wieder verzerrte Don Juan sein Gesicht zu einem teuflischen Grinsen und erzählte weiter: Der junge Mann erklärte, daß er die Kalebassen wolle. Nun entstand eine lange Pause, die anscheinend das Ende der Geschichte andeutete. Don Juan schwieg, doch ich war sicher, daß er wünschte, ich solle ihn danach fragen, und so tat ich es.

"Was geschah mit dem jungen Mann?"

"Er nahm die Kalebassen", antwortete er und lächelte befriedigt.

Wieder entstand eine lange Pause. Ich lachte. Dies war, dachte ich, eine wirkliche "Indianergeschichte".

Don Juans Augen leuchteten, als er mir zulächelte. Seine Miene war voller Unschuld. Er lachte leise und fragte mich: "Möchtest du nicht wissen, was mit den Kalebassen geschah?"

"Natürlich möchte ich es wissen. Ich glaubte, dies sei schon das Ende der Geschichte."

"O nein", sagte er mit boshaftem Flackern in den Augen. "Der junge Mann nahm die Kalebassen, lief zu einer einsamen Stelle und öffnete sie."

"Und was fand er?"

Don Juan blickte mich an, und ich hatte das Gefühl, daß er wußte, wie sehr ich mir den Kopf zerbrach. Er schüttelte den Kopf und kicherte.

"Nun", drängte ich ihn, "waren die Kalebassen leer?"

"Es war nur Essen und Wasser in den Kalebassen", sagte er. "Und in einem Wutanfall schmetterte der junge Mann sie gegen einen Stein."

Seine Reaktion, meinte ich, sei nur natürlich gewesen; jeder hätte wohl an seiner Stelle dasselbe getan.

Don Juan entgegnete, der junge Mann sei ein Narr gewesen, der nicht wußte, was er suchte. Er wußte nicht, was "Kraft" ist, daher konnte er nicht wissen, ob er sie gefunden hatte. Er hatte nicht die Verantwortung für seine Entscheidung übernommen, daher war er über seinen Reinfall wütend. Er erwartete etwas zu gewinnen, und stattdessen bekam er nichts. Wäre ich jener junge Mann gewesen, mutmaßte Don Juan, und wäre ich meinen Neigungen gefolgt, so hätte ich am Ende wütend und reumütig dagestanden und mich zweifellos den Rest meines Lebens wegen des erlittenen Verlustes bedauert.

Daraufhin erläuterte er das Verhalten des alten Mannes. Dieser sei so klug gewesen, dem jungen Mann zu essen zu geben, damit er den Mut eines vollen Magens habe, und daher habe der junge Mann die Kalebassen, als er nur Essen in ihnen fand, in einem Wutanfall zerschmettert.

"Wäre er sich seiner Entscheidung bewußt gewesen und hätte er die Verantwortung dafür übernommen", sagte Don Juan, "dann hätte er das Essen genommen und wäre damit zufrieden gewesen. Und vielleicht hätte er sogar erkannt, daß Essen auch Kraft ist."

6. Ein Jäger werden

Freitag, 23. Juni 1961

Kaum daß ich mich gesetzt hatte, bombardierte ich Don Juan mit Fragen. Er antwortete nicht und gab mir durch eine ungeduldige Handbewegung zu verstehen, daß ich schweigen solle. Er schien ernster Stimmung zu sein.

"Ich dachte gerade daran, daß du dich, seit du versuchst, etwas über Pflanzen zu lernen, auch nicht ein bißchen geändert hast", sagte er vorwurfsvoll.

Mit lauter Stimme begann er alle die Persönlichkeitsveränderungen aufzuzählen, die vorzunehmen er mir empfohlen hatte. Ich sagte, ich hätte mir die Sache sehr ernst überlegt und sei zu dem Schluß gekommen, daß ich seine Ratschläge unmöglich beherzigen könne, weil ein jeder mir im Innersten zuwiderliefe. Er antwortete, es genüge nicht, nur über sie nachzudenken, und alles, was er mir gesagt habe, sei nicht zum Spaß gesagt. Ich setzte dem erneut entgegen, daß ich wirklich etwas über Pflanzen lernen wolle, auch wenn ich wenig getan hatte, um mein persönliches Leben seinen Vorstellungen entsprechend auszurichten.

Nach langem, ungemütlichem Schweigen fragte ich ihn frei heraus: "Möchtest du mich etwas über Peyote lehren?"

Er sagte, meine Absicht allein reiche nicht aus, und das

Wissen um Peyote – er nannte es zum erstenmal Mescalito – sei eine ernste Sache. Anscheinend gab es nichts weiter darüber zu sagen.

Am frühen Abend jedoch unterwarf er mich einer Prüfung; er stellte mir eine Aufgabe, ohne mir irgendwelche Hinweise für die Lösung zu geben. Ich sollte eine wohltätige Stelle oder einen wohltätigen Platz auf der Fläche direkt vor seiner Tür finden, wo wir für gewöhnlich saßen und miteinander sprachen – eine Stelle, an der ich mich angeblich vollkommen glücklich und gestärkt fühlen würde. Im Laufe der Nacht, während ich diese "Stelle" zu finden suchte, und zwar, indem ich mich über den Boden rollte, entdeckte ich auf der angegebenen Fläche zweimal eine Farbveränderung des sonst einheitlich dunklen Sandbodens.

Die Aufgabe hatte mich erschöpft, und ich schlief an einer der Stellen ein, an denen ich die Farbveränderungen festgestellt hatte. Morgens weckte mich Don Juan und verkündete, daß ich sehr erfolgreich gewesen sei. Nicht nur hätte ich die gesuchte wohltätige Stelle gefunden, sondern auch ihr Gegenstück, eine feindliche oder negative Stelle sowie die mit beiden verbundenen Farben.

Samstag, den 24. Juni 1961

Frühmorgens machten wir uns in den Wüstenchaparral auf. Im Gehen erklärte mir Don Juan, daß das Auffinden von wohltätigen und feindseligen Stellen für einen Mann in der Wildnis wichtig und notwendig sei. Ich wollte die Unterhaltung auf das Thema Peyote lenken, aber er weigerte sich rundheraus, darüber zu sprechen. Er warnte mich, das Thema zu erwähnen, ehe er nicht selbst darauf zu sprechen käme.

Wir setzten uns, um im Schatten einiger hoher Büsche in einem Gebiet mit dichter Vegetation Rast zu machen. Der Chaparral um uns her war noch nicht ganz trocken; es war ein warmer Tag und die Fliegen belästigten mich unaufhörlich, doch Don Juan ließen sie anscheinend in Ruhe. Ich fragte mich, ob er sie einfach ignorierte, aber dann stellte ich fest, daß sie gar nicht erst auf seinem Gesicht landeten.

"Manchmal ist es wichtig, schnell eine wohltätige Stelle im Freien zu finden", fuhr Don Juan fort. "Oder es mag wichtig sein, schnell festzustellen, ob der Platz, an dem man sich ausruhen will, schlecht ist oder nicht. Einmal setzten wir uns neben einen Hügel zur Rast, und du wurdest sehr böse und verstimmt. Diese Stelle war dein Feind. Eine kleine Krähe warnte dich, erinnerst du dich? "

Ich erinnerte mich, daß er sich damals bemüht hatte, mir zu erklären, ich solle diese Gegend in Zukunft meiden. Auch erinnerte ich mich, daß ich wütend geworden war, weil er mir nicht erlaubte, zu lachen.

"Ich glaubte, die Krähe, die über uns hinwegflog, sei nur für mich ein Omen", sagte er. "Ich hätte nie geglaubt, daß die Krähen auch zu dir freundlich sind."

"Wovon sprichst du? "

"Die Krähe war ein Omen", fuhr er fort. "Wenn du etwas von Krähen verstehen würdest, dann hättest du diesen Ort wie die Pest gemieden. Es ist nicht immer eine Krähe zur Stelle, um einen zu warnen, und du mußt lernen, selbst den richtigen Ort zum Lagern oder Rasten zu finden."

Nach langer Pause wandte Don Juan sich plötzlich zu mir um und sagte, um die richtige Stelle zum Rasten zu finden, brauchte ich nur mit den Augen zu schielen. Er warf mir einen wissenden Blick zu und sagte in vertraulichem Ton, genau dies sei es, was ich getan hätte, als ich auf seiner Veranda herumrollte, und so sei ich imstande gewesen, die beiden Stellen und ihre Farben zu entdecken. Er gab mir zu verstehen, daß er von meiner Leistung beeindruckt war.

"Ich weiß wirklich nicht, was ich tat", sagte ich.

"Du hast geschielt", sagte er nachdrücklich. "Das ist die Technik; du mußt es wohl getan haben, auch wenn du dich nicht daran erinnerst."

Dann beschrieb Don Juan diese Technik, deren Vervollkommnung, wie er sagte, Jahre erfordert, und die darin bestand, die Augen allmählich zu zwingen, dasselbe Bild zweimal zu sehen. Die fehlende Fusion der Bilder habe eine doppelte Wahrnehmung der Welt zur Folge, und diese doppelte Wahrnehmung, sagte Don Juan, gebe einem die Möglichkeit, Veränderungen der Umwelt zu beurteilen, die das Auge normalerweise nicht wahrnehmen könne.

Don Juan drängte mich, es zu versuchen. Er sagte, es sei

nicht schädlich für die Augen. Ich solle es mit kurzen Blicken versuchen und dabei fast aus den Augenwinkeln schauen. Er wies auf einen großen Busch und machte es mir vor. Ich hatte ein seltsames Gefühl, als ich sah, wie Don Juans Augen unglaublich schnelle Blicke auf den Busch warfen. Seine Augen erinnerten mich an die eines sprunghaften Tieres, das nicht geradeaus schauen kann.

Wir wanderten etwa eine Stunde, und derweil versuchte ich es zu vermeiden, meinen Blick auf irgendetwas zu fixieren. Dann forderte Don Juan mich auf, die Bilder zu unterscheiden, die ich mit jedem meiner Augen aufnahm. Nach einer weiteren Stunde bekam ich furchtbare Kopfschmerzen und mußte aufhören.

“Meinst du, daß du es schaffst, die richtige Stelle allein zu finden, an der wir uns zur Rast setzen können? ” fragte er.

Ich hatte keine Ahnung, wodurch eine ‘richtige Stelle’ sich auszeichnete. Geduldig erklärte er, wenn man nur kurze Blicke werfe, sei es dem Auge möglich, ungewöhnliche Bilder aufzunehmen.

“Wie etwa, was?” fragte ich.

”Es sind keine wirklichen Bilder”, sagte er. “Es sind eher Gefühle. Wenn du einen Busch oder Baum oder Felsen ansiehst, wo du vielleicht rasten möchtest, können deine Augen dich fühlen lassen, ob dies der beste Rastplatz ist oder nicht.”

Wieder bat ich ihn, mir zu erklären, was diese Gefühle seien, aber entweder konnte er sie nicht beschreiben, oder er wollte es nicht. Er meinte, ich solle es ausprobieren, indem ich eine Stelle ausfindig mache, und dann würde er mir sagen, ob meine Augen funktionierten oder nicht.

Für einen kurzen Moment erfaßte mein Blick etwas, das wie ein in der Sonne glitzernder Kieselstein aussah. Ich konnte ihn nicht sehen, wenn ich meine Augen direkt auf ihn richtete, aber wenn mein Blick kurz über die Gegend schnellte, dann konnte ich eine Art schwaches Funkeln ausmachen. Ich zeigte Don Juan die Stelle. Sie lag in der Mitte einer offenen, unbeschatteten Fläche, auf der keinerlei Büsche standen. Er lachte schallend und fragte, warum ich gerade diese Stelle ausgewählt habe. Ich erklärte, ich hätte dort ein Funkeln gesehen.

“Es ist mir egal, was du siehst”, sagte er. “Du hättest einen

Elefanten sehen können. Was du spürst, allein darauf kommt es an."

Ich spürte überhaupt nichts. Er sah mich geheimnisvoll an und sagte, er täte mir gern den Gefallen, an dieser Stelle mit mir zu rasten, aber ich solle den Platz meiner Wahl lieber erst ausprobieren, während er sich woanders hinsetzte.

Ich setzte mich hin, und er sah mich aus zehn bis fünfzehn Metern Entfernung neugierig an. Nach einigen Minuten begann er laut zu lachen. Irgendwie machte mich sein Lachen nervös. Es machte mich kribbelig. Ich glaubte, er mache sich über mich lustig und wurde wütend. Ich bekam Zweifel an den Motiven für mein Hiersein. An der ganzen Art, wie meine Bemühungen mit Don Juan sich entwickelten, war eindeutig etwas falsch. Ich hatte das Gefühl, nur eine Schachfigur in seiner Hand zu sein.

Plötzlich rannte Don Juan auf mich zu, packte mich am Arm und zerrte mich liegend drei oder vier Meter weiter. Er half mir auf die Beine und wischte sich den Schweiß von der Stirn. Nun bemerkte ich, daß er sich bis an die Grenze seiner Kraft verausgabt hatte. Er klopfte mir den Rücken und sagte, ich hätte den falschen Platz ausgewählt, und er habe mich eiligst in Sicherheit bringen müssen, weil er sah, daß die Stelle, an der ich saß, im Begriff stand, völlig von meinen Gefühlen Besitz zu ergreifen. Ich lachte. Das Bild, wie Don Juan auf mich zugerannt kam, war sehr komisch gewesen. Er war wirklich wie ein junger Mann gerannt. Seine Füße schnellten über den weichen, rötlichen Wüstensand, als wolle er sich über mich hinweg katapultieren. Gerade hatte ich ihn noch lachen gesehen, und in der nächsten Sekunde hatte er mich am Arm davongezerrt.

Nach einiger Zeit forderte er mich auf, weiter nach einem geeigneten Rastplatz zu suchen. Wir gingen weiter, aber ich entdeckte oder "fühlte" überhaupt nichts. Wäre ich entspannter gewesen, hätte ich vielleicht etwas bemerkt oder gefühlt. Immerhin, mein Ärger über ihn hatte sich gelegt. Schließlich deutete er auf einige Felsen, und wir blieben stehen.

"Sei nicht enttäuscht", sagte Don Juan, "es dauert lange, die Augen richtig zu trainieren."

Ich sagte nichts. Es lag mir fern, enttäuscht zu sein über

etwas, das ich überhaupt nicht verstand. Trotzdem mußte ich zugeben, daß ich, seit ich begonnen hatte, Don Juan zu besuchen, dreimal sehr wütend und so erregt geworden war, daß ich mich beinah hatte übergeben müssen, während ich an Stellen saß, die er als böse bezeichnete.

"Der Trick besteht darin, mit den Augen zu fühlen", sagte er. "Dein Problem ist, daß du nicht weißt, was du fühlen sollst. Mit etwas Übung wirst du es aber schon merken."

"Vielleicht solltest du mir sagen, Don Juan, was ich fühlen soll."

"Das ist unmöglich."

"Warum? "

"Niemand kann dir sagen, was du fühlen sollst. Es ist weder Hitze noch Licht noch Glanz noch Farbe. Es ist etwas anderes."

"Kannst du es nicht beschreiben? "

"Nein. Alles, was ich tun kann, ist, dir die Technik zu vermitteln. Sobald du lernst, die Bilder voneinander zu trennen und alles doppelt zu sehen, mußt du deine Aufmerksamkeit auf die Fläche zwischen den beiden Bildern richten. Jede Veränderung, die es lohnt, bemerkt zu werden, wird dort, an dieser Stelle stattfinden."

"Was für Veränderungen sind das? "

"Darauf kommt es nicht an. Das Gefühl, das du spürst, ist das einzige, was zählt. Alle Menschen sind verschieden. Du hast heute ein Funkeln gesehen, aber das hatte nichts zu bedeuten, denn das Gefühl fehlte. Ich kann dich nicht lehren zu fühlen. Das mußt du selbst lernen."

Wir rasteten einige Zeit schweigend. Don Juan bedeckte sein Gesicht mit dem Hut und verharrte reglos, als schliefe er. Ich versenkte mich in meine Aufzeichnungen, bis er eine plötzliche Bewegung machte, die mich aufschreckte. Er setzte sich unvermittelt auf und sah mich stirnrunzelnd an.

"Du hast Geschick für die Jagd", sagte er, "und das ist es, was du lernen solltest – das Jagen. Wir werden nicht mehr über Pflanzen sprechen."

Er blies kurz seine Backen auf, fügte dann freimütig hinzu: "Ich glaube nicht, daß wir das schon jemals gemacht haben, nicht wahr? " und lachte.

Den Rest des Tages verbrachten wir damit, in alle möglichen Richtungen zu wandern, und dabei gab er mir unglaublich dedaillierte Erklärungen über Klapperschlangen: über ihre Schlupfwinkel, ihre Fortbewegung, ihre jahreszeitlichen Gewohnheiten und die Eigentümlichkeiten ihres Verhaltens. Dann bekräftigte er noch einmal jede seiner Feststellungen, und schließlich fing er eine große Schlange und tötete sie. Er schnitt ihr den Kopf ab, nahm sie aus, häutete sie und röstete das Fleisch. Seine Bewegungen waren so geschickt und anmutig, daß es das reinste Vergnügen war, ihm zuzuschauen. Fasziniert hatte ich ihm zugehört und ihn beobachtet. Meine Aufmerksamkeit war so völlig in Anspruch genommen, daß die übrige Welt für mich praktisch versunken war.

Die Schlange zu essen, war ein harter Wiedereintritt in die normale Wirklichkeit. Als ich einen Bissen Schlangenfleisch in den Mund nahm, wurde mir übel. Es war eine unbegründete Empfindlichkeit, denn das Fleisch war köstlich, doch mein Magen schien eine recht eigenständige Existenz zu führen. Ich konnte kaum schlucken. Ich glaubte, Don Juan würde einen Herzschlag bekommen, so sehr lachte er.

Danach setzten wir uns zu einer gemütlichen Rast in den Schatten einiger Felsen. Ich begann, an meinen Aufzeichnungen zu arbeiten, und ihr Umfang ließ mich erkennen, daß mir Don Juan erstaunlich viele Information über Klapperschlangen gegeben hatte.

“Dein Jägergeist ist zu dir zurückgekehrt”, sagte Don Juan auf einmal mit ernster Miene. “Jetzt hängst du fest.”

“Wie bitte? ”

Ich wollte von ihm Genaueres über die Äußerung erfahren, daß ich ‘festhing’, aber er lachte nur und wiederholte sie.

“Wie hänge ich fest? ” beharrte ich.

“Jäger werden immer jagen”, sagte er. “Ich selbst bin auch ein Jäger.”

“Meinst du damit, daß du für den Lebensunterhalt auf die Jagd gehst? ”

“Ich jage, um zu leben. Ich kann vom Land leben, überall.” Er wies mit der Hand über die ganze Gegend.

“Ein Jäger zu sein, bedeutet, daß man viel weiß”, fuhr er fort. “Es bedeutet, daß man die Welt auf andere Art sehen kann. Um ein Jäger zu sein, muß man in völligem Gleichgewicht mit allem anderen sein, sonst wird das Jagen zu einer sinnlosen Pflicht. Zum Beispiel erlegten wir heute eine kleine Schlange. Ich mußte sie um Verzeihung bitten, weil ich ihr Leben so plötzlich und endgültig beendete; was ich tat, tat ich im Wissen, daß auch mein eigenes Leben eines Tages auf ganz ähnliche Weise, plötzlich und endgültig, beendet werden wird. Wir und die Schlangen sind also, alles in allem, gleich. Eine von ihnen hat uns heute ernährt."

"Ich habe nie an ein solches Gleichgewicht gedacht, als ich auf die Jagd ging," sagte ich.

"Das ist nicht wahr. Du hast nicht einfach die Tiere getötet. Du und deine Familie, ihr habt das Wild gegessen."

Er äußerte dies mit der Überzeugung eines Menschen, der dabei gewesen war. Er hatte natürlich recht. Es hatte Zeiten gegeben, in denen ich meiner Familie zu den Mahlzeiten das Wildfleisch lieferte.

Nach einigem Zögern fragte ich: "Woher wußtest du das?"

"Es gibt gewisse Dinge, die ich einfach weiß", sagte er. "Allerdings kann ich dir nicht sagen, wieso."

Ich sagte ihm, daß meine Tanten und Onkel sämtliche Vögel, die ich erlegte, allen Ernstes als Fasanen bezeichneten.

Don Juan sagte, er könne sich gut vorstellen, wie sie einen Spatzen einen "würzigen Fasan" nannten, und ahmte dann sehr komisch nach, wie er sich vorstellte, daß sie ihn kauten . Seine wunderlichen Kieferbewegungen erweckten den Eindruck, als kaute er tatsächlich einen ganzen Vogel, mit Knochen und allem Drum und Dran.

"Ich glaube wirklich, daß du eine Ader für die Jagd hast", sagte er und starrte mich an. "Und wir haben die ganze Zeit den falschen Baum angebellt. Vielleicht wirst du bereit sein, deine Lebensweise zu ändern, um ein Jäger zu werden."

Er erinnerte mich daran, daß ich, unter nur geringer Anstrengung, herausgefunden hatte, daß es auf der Welt gute und schlechte Stellen für mich gibt; auch die spezifischen, ihnen zugehörigen Farben hätte ich festgestellt, fügte er hinzu.

"Das bedeutet, daß du eine Begabung für die Jagd hast", erklärte er. "Nicht jeder, der es versucht, würde die Plätze und die Farben zugleich finden."

Ein Jäger sein, das klang sehr schön und romantisch, erschien mir aber absurd, da ich für die Jagd nicht besonders viel übrig hatte.

"Du brauchst nichts für die Jagd übrig zu haben oder sie zu mögen", antwortete er auf meinen Einwand. "Du hast eine natürliche Veranlagung dafür. Ich glaube, die besten Jäger gehen nie gern auf die Jagd. Sie haben einfach eine Begabung dafür und machen ihre Sache gut, das ist alles."

Ich hatte den Eindruck, Don Juan könne mit Worten alles beweisen, und doch behauptete er, daß er nicht gern rede.

"Es ist dasselbe, was ich dir über die Jäger erzählte", sagte er. "Es ist nicht nötig, daß ich gern rede. Ich habe einfach eine Begabung dafür und kann es gut. Das ist alles."

Ich fand seine geistige Gewandtheit wahrhaft erstaunlich.

"Jäger müssen außerordentlich feste Menschen sein", fuhr er fort. "Ein Jäger überläßt sehr wenig dem Zufall. Die ganze Zeit versuche ich, dich zu überzeugen, daß du lernen mußt, anders zu leben. Bislang hatte ich keinen Erfolg. Es gab nichts, woran du dich hättest festhalten können. Das ist jetzt anders. Ich habe deinen alten Jägergeist zurückgeholt, vielleicht wirst du dich durch ihn ändern."

Ich wandte ein, daß ich kein Jäger werden wolle. Von Anfang an, erinnerte ich ihn, hätte ich von ihm nur etwas über medizinische Pflanzen erfahren wollen, aber er habe mich so weit von meiner ursprünglichen Absicht abgebracht, daß ich mich nicht mehr eindeutig besinnen könne, ob ich wirklich etwas über Pflanzen hatte lernen wollen oder nicht.

"Gut", sagte er, "wirklich gut. Wenn du kein so klares Bild von dem hast, was du willst, dann wirst du vielleicht bescheidener.

Sagen wir es folgendermaßen: Für deinen Zweck ist es nicht entscheidend, ob du nun etwas über Pflanzen oder über das Jagen lernst. Das hast du selbst gesagt. Du interessierst dich für alles, was andere dir sagen können, nicht wahr?"

So etwas hatte ich ihm wohl gesagt, um den Bereich der Anthropologie zu umschreiben und um ihn als Informanten zu gewinnen.

Don Juan kicherte, offenbar war ihm bewußt, daß er die Situation beherrschte.

“Ich bin ein Jäger”, sagte er, als könnte er meine Gedanken lesen. “Ich überlasse sehr wenig dem Zufall. Vielleicht sollte ich dir verraten, daß ich erst lernen mußte, ein Jäger zu sein. Ich habe nicht immer so gelebt, wie ich heute lebe. Es gab einen Punkt in meinem Leben, an dem ich mich ändern mußte. Jetzt zeige ich dir die Richtung. Ich führe dich. Ich weiß, wovon ich spreche; ich habe all das von einem anderen gelernt. Ich habe es nicht von selbst herausgefunden.”

“Willst du damit sagen, daß du einen Lehrer hattest, Don Juan? ”

“Sagen wir einmal, jemand lehrte mich das Jagen, so wie ich es dich jetzt lehren werde”, sagte er und wechselte schnell das Thema.

“Ich glaube, einst war die Jagd eine der größten Taten, die ein Mann vollbringen konnte”, sagte er. “Alle Jäger waren mächtige Männer. Ja, ein Jäger mußte sogar von vornherein stark sein, um den Härten dieses Lebens zu widerstehen.”

Plötzlich wurde ich neugierig. Bezog er sich auf eine Zeit, die vielleicht vor der Eroberung Amerikas lag? Ich begann ihn auszufragen.

“Wann war diese Zeit? ”

“Einstmals.”

“Wann, was heißt ‘einstmals’? ”

“Es heißt einstmals, oder vielleicht heißt es auch jetzt, heute. Das ist gleichgültig. Einst wußte jeder, daß der Jäger der beste unter den Männern war. Heute weiß dies nicht jedermann, aber es gibt genügend Menschen, die es wissen. Ich weiß es, und eines Tages wirst du es wissen. Siehst du, was ich meine? ”

“Denken die Yaqui-Indianer so über die Jäger? Das möchte ich gern wissen.”

“Nicht unbedingt.”

“Und die Pima-Indianer? ”

“Nicht alle. Aber einige.”

Ich zählte verschiedene benachbarte Volksgruppen auf. Ich wollte ihn darauf festlegen, daß das Jagen allgemeiner Glaube und Brauch bestimmter Stämme sei. Aber er vermied, mir direkt zu antworten, und so wechselte ich das Thema.

“Warum tust du dies alles für mich, Don Juan? ” fragte ich.

Er nahm den Hut ab und kratzte sich in gespielter Verlegenheit an der Schläfe. "Ich habe ein Zeichen mit dir", sagte er sanft. "Andere Menschen hatten ein ähnliches Zeichen mit dir.Eines Tages wirst du das gleiche Zeichen mit anderen haben. Sagen wir, diesmal bin ich an der Reihe. Eines Tages stellte ich fest, wenn ich ein Jäger sein wollte, der Selbstachtung haben darf, müßte ich meine Lebensweise ändern. Ich habe früher reichlich gejammert und geklagt. Ich hatte gute Gründe, mich benachteiligt zu fühlen, Ich bin ein Indianer, und Indianer werden wie Hunde behandelt. Es gab nichts, was ich dagegen hätte tun können, und so blieb mir nichts außer meinem Kummer. Aber dann nahm sich das Glück meiner an, und jemand lehrte mich das Jagen. Und ich erkannte, daß die Art, wie ich gelebt hatte, nicht lebenswert war . . . also änderte ich sie."

"Aber ich bin zufrieden mit meinen Leben, Don Juan, warum sollte ich es ändern? "

Er begann ganz leise ein mexikanisches Lied zu singen, und dann summte er die Weise. Sein Kopf wiegte sich im Rhythmus des Liedes auf und ab.

"Glaubst du, daß wir, du und ich, gleich sind? " fragte er schroff.

Seine Frage überraschte mich. Ich spürte ein eigenartiges Summen in den Ohren, als hätte er die Worte laut geschrien, was aber nicht der Fall war; aber in seiner Stimme war ein metallischer Klang gewesen, der in meinen Ohren nachhallte. Ich kratzte mich mit dem kleinen Finger der linken Hand im Ohr. Meine Ohren juckten ständig, und ich hatte die Gewohnheit angenommen, mich nervös und rhythmisch mit dem kleinen Finger in den Ohren zu kratzen. Genauer gesagt, bestand die Bewegung in einem Schütteln des ganzen Armes.

Don Juan beobachtete meine Bewegung mit offensichtlicher Spannung.

"Nun . . . sind wir gleichgestellt? " fragte er.

"Natürlich sind wir gleichgestellt", sagte ich.

Selbstverständlich ließ ich mich etwas herab. Ich hatte ihm gegenüber sehr herzliche Gefühle, obwohl ich manchmal nicht wußte, was ich mit ihm anfangen sollte; dennoch war ich im Grunde, auch wenn ich es nie ausgesprochen hätte, davon überzeugt, daß ich, ein Wissenschaftler, ein Mann der intellektuellen westlichen Welt, einem Indianer überlegen war.

"Nein", sagte er ruhig, "wir sind es nicht."

"Wieso nicht? Natürlich sind wir das!" protestierte ich.

"Nein", sagte er mit sanfter Stimme. "Wir sind nicht gleich. Ich bin ein Jäger und ein Krieger, und du bist ein Zuhälter."

Mir blieb der Mund offen. Ich konnte nicht fassen, daß Don Juan dies wirklich gesagt hatte. Ich ließ mein Notizbuch fallen und starrte ihn verblüfft an, und dann wurde ich natürlich wütend.

Er sah mich ruhig und gesammelt an. Ich wich seinem Blick aus, und dann begann er zu sprechen. Er sprach jedes seiner Worte deutlich aus. Sie fielen ruhig und tödlich. Er sagte, daß ich für jemand anderen den Zuhälter spielte; daß ich nicht meine eigenen Kämpfe ausfocht, sondern die Kämpfe irgendwelcher Unbekannten; daß ich nichts über Pflanzen oder die Jagd oder sonst etwas lernen wolle; und daß seine Welt präziser Handlungen, Gefühle und Entscheidungen unendlich effektiver sei als die unbesonnene Idiotie, die ich 'mein Leben' nannte.

Als er aufhörte zu sprechen, war ich wie betäubt. Er hatte ohne Polemik oder Arroganz, aber mit solchem Nachdruck und solcher Ruhe gesprochen, daß ich nicht einmal böse sein konnte.

Wir schwiegen. Ich war verstört und wußte nichts Passendes zu sagen. Ich wartete darauf, daß er das Schweigen brach. Stunden vergingen. Don Juan wurde allmählich immer regloser, bis sein Körper eine seltsame, beinah beängstigende Starre angenommen hatte; als es dunkelte, war seine Silhouette nur noch schwer zu erkennen, und schließlich, als die pechschwarze Nacht uns umgab, verschmolz er ganz mit der Schwärze der Steine. Seine Bewegungslosigkeit war so total, daß es schien, als existierte er nicht mehr.

Es war Mitternacht, als ich schließlich erkannte, daß er hier, in dieser Wildnis, zwischen diesen Felsen vielleicht für immer bewegungslos sitzenbleiben konnte und dies, wenn nötig, auch tun würde. Seine Welt der präzisen Handlungen, Gefühle und Entscheidungen war tatsächlich überlegen.

Ich berührte leise seinen Arm, und mir flossen die Tränen.

7. Unerreichbar sein

Donnerstag, 29. Juni 1961

Wieder, wie seit einer Woche fast jeden Tag, faszinierte Don Juan mich mit seiner Kenntnis spezifischer Einzelheiten über das Verhalten des Wildes. Zuerst erklärte und dann demonstrierte er eine Reihe von Jagd-Taktiken, die auf etwas beruhten, was er als "die Tricks der Wachteln" bezeichnete. Ich war von seinen Erklärungen so völlig in Anspruch genommen, daß ein ganzer Tag verging und ich nicht einmal merkte, wie die Zeit verstrich. Selbst das Mittagessen hatte ich vergessen. Don Juan machte scherzhafte Bemerkungen darüber, wie ungewöhnlich es für mich sei, eine Mahlzeit auszulassen.

Gegen Ende des Tages hatte er fünf Wachteln in einer sehr kunstvollen Falle gefangen, die zu bauen und aufzustellen er mich gelehrt hatte.

"Zwei sind genug für uns", sagte er und ließ die drei übrigen frei.

Dann zeigte er mir, wie man Wachteln röstet. Ich hatte ein paar Sträucher schneiden und eine Barbecue-Grube machen wollen, wie mein Großvater sie immer machte – mit grünen Zweigen und Blättern eingefaßt und mit Sand bedeckt –, aber Don Juan sagte, es sei nicht nötig, die Sträucher zu verletzen, nachdem wir schon die Wachteln verletzt hätten.

Als wir unser Mahl beendet hatten, wanderten wir gemächlich in eine felsige Gegend. Wir setzten uns an einen Berghang aus Sandstein und ich sagte im Scherz, daß ich, wenn er mir die Entscheidung überlassen hätte, alle fünf Wachteln zubereitet und daß mein Barbecue viel besser geschmeckt hätte als seine gebratenen Wachteln.

"Zweifellos", sagte er. "Aber wenn du das alles getan hättest, dann hätten wir vielleicht diesen Platz niemals heil und ganz verlassen."

"Was meinst du damit? " fragte ich. "Was hätte uns daran gehindert? "

"Die Büsche, die Wachteln und alles andere dort wären über uns hergefallen."

"Ich weiß nie, wann du es ernst meinst", sagte ich.

Er machte eine ungeduldige Gebärde und schnalzte mit den Lippen.

"Du hast eine sonderbare Auffassung davon, was es heißt, es ernst zu meinen. Ich lache viel, weil ich gern lache, doch alles, was ich sage, ist todernst, selbst wenn du es nicht verstehst. Warum sollte die Welt ausschließlich so sein, wie du sie dir vorstellst? Wer gibt dir das Recht, das zu behaupten? "

"Es gibt keinen Beweis dafür, daß die Welt anders ist", sagte ich.

Es wurde dunkel. Ich überlegte, ob es nicht an der Zeit sei, zu seinem Haus zurückzukehren, aber er schien es nicht eilig zu haben, und mir gefiel es hier ganz gut.

Der Wind war kühl. Plötzlich stand Don Juan auf und sagte, wir müßten auf den Hügel klettern und uns auf einen von Büschen freien Platz stellen.

"Hab keine Angst", sagte er, "ich bin dein Freund, und ich passe auf, daß dir nichts Böses geschieht."

"Was meinst du damit? " fragte ich beunruhigt.

Don Juan hatte eine höchst niederträchtige Gewohnheit, mich bloß zum Spaß in nackte Angst zu stürzen.

"Die Welt ist sehr seltsam um diese Tageszeit", sagte er. "Das ist's, was ich meine. Egal was du sehen wirst, hab keine Angst."

"Was werde ich sehen? "

"Ich weiß es noch nicht", sagte er und spähte nach Süden in die Ferne.

Er schien nicht beunruhigt zu sein. Auch ich blickte anhaltend in dieselbe Richtung.

Plötzlich reckte er sich auf und deutete mit der linken Hand auf eine dunkle Fläche im Buschwerk der Wüste.

"Das ist es", sagte er, als hätte er auf etwas gewartet, das nun plötzlich aufgetaucht war.

"Was ist es? " fragte ich.

"Dort ist es", wiederholte er. "Schau, schau hin."

Ich sah nichts, nur die Büsche.

"Jetzt ist es hier", sagte er sehr eindringlich. "Es ist hier."

In diesem Moment traf mich ein plötzlicher Windstoß und verursachte ein Brennen in meinen Augen. Ich starrte in die fragliche Richtung. Dort gab es absolut nichts Ungewöhnliches.

"Ich kann nichts sehen", sagte ich.

"Du hast es gerade gespürt", antwortete er. "Gerade jetzt.

Es fuhr dir in die Augen und hinderte dich zu sehen."

"Wovon sprichst du? "

"Ich habe dich absichtlich auf einen Berggipfel geführt", sagte er. "Wir sind hier gut zu sehen, und irgend etwas kommt auf uns zu."

"Was? Der Wind? "

"Nicht nur der Wind", sagte er finster. "Vielleicht erscheint es dir als Wind, weil du nichts kennst außer dem Wind."

Ich starrte angestrengt in das Wüstenbuschwerk. Don Juan stand einen Augenblick schweigend neben mir, dann ging er in den nahen Chaparral und begann etliche große Zweige von den umstehenden Büschen abzubrechen. Er legte acht davon zusammen und machte ein Bündel. Er befahl mir, dasselbe zu tun und mich mit lauter Stimme bei den Pflanzen zu entschuldigen, weil ich sie verletzte.

Als wir zwei Bündel beisammen hatten, hieß er mich damit auf den Gipfel laufen und mich zwischen zwei großen Felsbrocken auf den Rücken legen. Mit ungeheuerlicher Geschwindigkeit ordnete er die Zweige meines Bündels so an, daß sie meinen Körper ganz bedeckten, dann bedeckte er sich genauso und flüsterte mir durch die Blätter zu, ich solle achtgeben, wie der angebliche Wind aufhören würde zu wehen, sobald wir unsichtbar geworden wären.

Auf einmal hörte der Wind zu meiner größten Verwunderung tatsächlich auf, wie Don Juan es vorausgesagt hatte. Es geschah so allmählich, daß ich den Wechsel nicht bemerkt hätte, wenn ich nicht bewußt darauf gewartet hätte. Einige Zeit raschelte der Wind noch durch die Blätter über meinem Gesicht, und dann wurde es allmählich still um uns her.

Ich flüsterte Don Juan zu, daß der Wind aufgehört habe, und er flüsterte zurück, ich solle keinerlei offenkundige Geräusche und keine Bewegung machen, denn das, was ich als Wind bezeichnete, sei ganz gewiß kein Wind, sondern etwas, das seinen eigenen Willen habe und uns sogar erkennen könne.

Vor lauter Nervosität lachte ich.

Mit gedämpfter Stimme machte Don Juan mich auf die Stille um uns her aufmerksam und flüsterte, daß er aufstehen wolle und daß ich es ihm nachtun und dabei die Zweige ganz vorsichtig mit der linken Hand beiseite schieben solle.

Wir standen gleichzeitig auf. Don Juan starrte einen Augenblick nach Süden in die Ferne, dann wandte er sich unvermittelt um und blickte nach Westen.

"Listig, wirklich listig", murmelte er und wies nach einer Stelle in südwestlicher Richtung.

"Schau, schau hin", drängte er mich.

Ich starrte hin, so intensiv ich nur konnte, aber ich konnte nichts entdecken, oder besser gesagt, ich sah nichts, was ich nicht zuvor schon gesehen hätte; dort waren nur Büsche, die offenbar von einer leichten Brise bewegt wurden; sie wogten.

"Hier ist es", sagte Don Juan.

In diesem Augenblick spürte ich einen Luftzug an meinem Gesicht. Offenbar hatte der Wind wieder angefangen zu wehen, nachdem wir aufgestanden waren. Ich konnte es nicht glauben; es mußte eine vernünftige Erklärung dafür geben.

Don Juan kicherte leise und sagte, ich solle mir nicht den Kopf zerbrechen, um es herauszufinden.

"Komm, wir wollen die Zweige noch einmal zusammenlegen", sagte er. "Ich tu es diesen kleinen Pflanzen ungern an, aber wir müssen dich *anhalten.*"

Er sammelte die Zweige auf, die wir benutzt hatten, um uns zu bedecken, und häufte kleine Steine und Erde über ihnen auf. Dann brach jeder von uns, indem wir dieselben Bewegungen wie zuvor wiederholten, acht neue Zweige. Indessen blies der Wind unausgesetzt. Ich spürte, wie er mir das Haar über den Ohren zauste. Don Juan flüsterte mir zu, sobald er mich bedeckt hätte, solle ich auch nicht die geringste Bewegung oder das leiseste Geräusch machen. Schnell breitete er die Zweige über meinen Körper, legte sich dann nieder und bedeckte sich selbst.

In dieser Lage blieben wir etwa zwanzig Minuten, und in dieser Zeit trat ein ganz außergewöhnliches Phänomen ein; der Wind war von einer starken, anhaltenden Brise in ein leichtes Vibrieren umgeschlagen.

Ich hielt den Atem an und wartete auf Don Juans Zeichen. Irgendwann schob er die Zweige behutsam zur Seite. Ich tat das gleiche, und wir standen auf. Auf dem Gipfel war es sehr still. Da war nur ein weiches, sanftes Vibrieren der Blätter im angrenzenden Chaparral.

Don Juans Augen waren starr auf eine Stelle in den Büschen südlich von uns fixiert.

“Dort ist es wieder!” rief er laut.

Ich sprang unwillkürlich hoch, verlor beinah das Gleichgewicht, und mit lauter, gebieterischer Stimme befahl er mir, hinzuschauen.

“Was soll ich denn sehen? ” fragte ich verzweifelt.

Er sagte, daß es, der Wind oder was immer es sein mochte, wie eine Wolke oder ein Wirbel in einiger Höhe über den Büschen zum Gipfel herüberkreiste, wo wir standen.

Ich sah in der Ferne, wie sich im Gebüsch eine Welle bildete.

“Da kommt es”, sagte Don Juan mir ins Ohr. “Schau nur, wie es uns sucht.”

Dann fuhr mir, wie schon vorhin, ein starker, stetiger Windstoß ins Gesicht. Diesmal aber war meine Reaktion eine andere. Ich war entsetzt. Ich hatte zwar nicht das gesehen, was Don Juan geschildert hatte, doch ich hatte gesehen, wie eine ganz unheimliche Wellenbewegung durch die Büsche wogte. Ich wollte meiner Angst nicht nachgeben und suchte bewußt nach irgendeiner passenden Erklärung. Ich sagte mir, es müsse regelmäßige Strömungen in der Luft geben, und Don Juan, der mit der ganzen Gegend gründlich vertraut war, kenne diese nicht nur, sondern sei auch in der Lage, ihr Auftreten vorauszuahnen. Alles, was ihm dann noch zu tun blieb, war, sich hinzulegen, zählen und warten, bis der Wind sich legte. Und sobald er aufstand, mußte er nur warten, bis er wiederkäme.

Don Juans Stimme schreckte mich aus meinen stillen Überlegungen auf. Er sagte, es sei Zeit, aufzubrechen. Ich zögerte; ich wollte mich vergewissern, daß der Wind sich wieder legte.

“Ich habe nichts gesehen, Don Juan”, sagte ich.

“Trotzdem hast du etwas Ungewöhnliches bemerkt.”

“Vielleicht solltest du mir noch einmal sagen, was ich hätte sehen sollen.”

“Das habe ich dir schon gesagt”, sagte er. “Manchmal verbirgt es sich im Wind und sieht dann aus wie ein Wirbel, eine Wolke, ein Nebel, ein herumwirbelndes Gesicht.”

Don Juan deutete mit den Händen eine vertikale und eine horizontale Bewegung an.

"Es bewegt sich in keiner bestimmten Richtung", fuhr er fort. "Entweder es rollt, oder es wirbelt dahin. Ein Jäger muß dies alles wissen, um die richtigen Schritte zu tun."

Ich wollte eine ironische Antwort geben, aber offensichtlich bemühte er sich sehr, sich verständlich zu machen, so daß ich es nicht wagte. Er sah mich einen Moment an, und ich wandte die Augen ab.

"Es ist dumm, wenn man glaubt, die Welt sei ausschließlich so, wie man sie sich vorstellt", sagte er. "Die Welt ist ein geheimnisvoller Ort, besonders in der Dämmerung."

Er deutete mit dem Kinn gegen den Wind. "Das kann uns verfolgen", sagte er. "Es kann uns müde machen oder uns sogar töten."

"Dieser Wind? "

"Um diese Tageszeit, in der Dämmerung, gibt es keinen Wind. Um diese Zeit gibt es nur Kraft."

Wir saßen eine Stunde lang auf dem Gipfel. Der Wind wehte die ganze Zeit heftig und stetig.

Freitag, den 30. Juni 1961

Am Spätnachmittag, nach dem Essen, gingen Don Juan und ich auf den Platz vor seiner Haustür. Ich setzte mich auf 'meine Stelle' und begann, meine Notizen niederzuschreiben. Er legte sich mit auf dem Bauch gefalteten Händen auf den Rücken. Wegen des 'Windes' waren wir den ganzen Tag über im Haus geblieben. Don Juan erklärte, wir hätten den Wind willkurlich gestort, und es sei besser, nicht mit ihm zu spaßen. Ich hatte sogar mit Zweigen bedeckt schlafen müssen.

Ein plötzlicher Windstoß ließ Don Juan mit einem unglaublich behenden Satz auffahren.

"Verflucht!" sagte er. "Der Wind sucht nach dir."

"Das kann ich dir nicht abnehmen, Don Juan", sagte ich lachend. "Wirklich, das kann ich nicht."

Ich war nicht eigensinnig, es war mir einfach unmöglich, die Vorstellung zu akzeptieren, daß der Wind einen eigenen Willen hatte und nach mir suchte, oder daß er gar uns ausfindig gemacht hatte und vom Gipfel jenes Berges herabgekommen sei. Die Vorstellung von einem 'Wind mit eigenem Willen', sagte ich, sei eine ziemlich naive Weltauffassung.

“Was ist der Wind denn sonst?” fragte er herausfordernd. Geduldig erklärte ich ihm, daß heiße und kalte Luftmassen verschiedenen Luftdruck erzeugen und daß der Druck die Luftmassen in vertikale und horizontale Bewegung bringt. Ich brauchte einige Zeit, um alle Einzelheiten der meteorologischen Grundkenntnisse zu erläutern.

“Du glaubst, daß an dem Wind nichts anderes dran ist, als heiße und kalte Luft? fragte er verwundert.

“Ich fürchte, so ist es”, sagte ich und genoß heimlich meinen Triumph.

Don Juan schien überrascht. Aber dann sah er mich an und fing schallend an zu lachen.

“Deine Überzeugungen”, sagte er mit einem Anflug von Sarkasmus, “sind endgültig. Sie sind das letzte Wort, nicht wahr? Für einen Jäger aber sind deine Überzeugungen einfach Blödsinn. Es ist gleichgültig, ob der Druck ein oder zwei oder zehn Einheiten beträgt. Wenn du hier draußen in der Wildnis lebtest, dann wüßtest du, daß der Wind sich in der Dämmerung in Kraft verwandelt. Ein Jäger, der sein Salz wert ist, handelt dementsprechend.”

“Wie handelt er?”

“Er nutzt die Dämmerung und die im Wind verborgene Kraft.

“Wie?”

“Wenn es ihm paßt, dann verbirgt der Jäger sich vor der Kraft, indem er sich bedeckt und reglos verharrt, bis die Dämmerung vorüber ist und die Kraft ihn in ihren Schutz eingehüllt hat.”

Don Juan machte eine Gebärde, als wickele er mit den Händen etwas ein.

“Ihr Schutz ist wie ein...”

Er hielt inne und suchte nach einem Wort, und ich schlug vor: ‘Kokon’.

“Das ist es”, sagte er. “Der Schutz der Kraft hüllt dich ein wie ein Kokon. Ein Jäger kann im Freien bleiben, und kein Puma oder Coyote oder schmieriger Käfer kann ihn belästigen. Ein Berglöwe könnte bis an die Nase des Jägers herankommen und ihn beschnuppern, und wenn der Jäger sich nicht bewegt, dann wird der Löwe fortgehen. Das versichere ich dir.

Wenn der Jäger hingegen bemerkt werden will, braucht er sich nur zur Zeit der Dämmerung auf einen Berggipfel zu stellen, und die Kraft wird die ganze Nacht hindurch an ihm herumzerren und ihn heimsuchen. Wenn daher ein Jäger nachts unterwegs ist oder wenn er wach bleiben will, muß er sich für den Wind erreichbar machen.

Darin liegt das Geheimnis der großen Jäger: genau an der richtigen Wegbiegung erreichbar oder unerreichbar zu sein."

Ich war etwas verwirrt und bat ihn, diesen Punkt zu wiederholen. Don Juan erklärte ganz geduldig, daß er die Dämmerung und den Wind benutzt habe, um die entscheidende Bedeutung des Zusammenspiels zwischen Sich-Verbergen und Sich-Zeigen zu demonstrieren.

"Du mußt lernen, willkürlich erreichbar und unerreichbar zu sein", sagte er. "So wie du jetzt lebst, bist du jederzeit erreichbar, ohne es zu wollen."

Ich protestierte. Ich hatte den Eindruck, daß mein Leben immer diskreter wurde. Er sagte, ich hätte diesen Punkt nicht verstanden, unzugänglich sein bedeute nicht etwa, sich zu verstecken oder diskret zu leben, sondern unerreichbar zu sein.

"Ich will es anders ausdrücken", fuhr er geduldig fort. "Es ist sinnlos, sich zu verstecken, wenn jeder weiß, daß du dich versteckst.

Gerade das ist der Ursprung deiner augenblicklichen Probleme. Wenn du dich versteckst, weiß jeder, daß du dich versteckst, und wenn du es nicht tust, bist du für jeden erreichbar, der dir eins versetzen will."

Ich fühlte mich allmählich bedroht und versuchte eilends, mich zu verteidigen.

"Rechtfertige dich nicht", sagte Don Juan trocken. "Das ist nicht nötig. Wir alle sind Narren, und du bist da keine Ausnahme. Es gab Zeiten in meinem Leben, in denen ich mich immer und immer wieder erreichbar machte, bis von mir nichts mehr übrig war, nur noch Tränen. Und ich weinte, genau wie du."

Don Juan maß mich mit einem kurzen Blick und seufzte laut.

"Allerdings war ich da jünger als du", fuhr er fort. "Aber eines Tages war ich es leid und änderte mich. Laß es mich so sagen, daß ich eines Tages, als ich ein Jäger wurde, das Geheimnis lernte, erreichbar und unerreichbar zu sein."

Dies, sagte ich ihm, könne ich nicht begreifen. Ich konnte wirklich nicht verstehen, was er unter 'erreichbar sein' verstand. Er hatte die spanischen Wendungen 'ponerse al alcance' und 'ponerse en el medio del camino' verwendet – sich in Reichweite begeben, und sich mitten auf die Straße stellen.

"Du mußt dich entziehen", erklärte er. "Du mußt dich von der Mitte der Straße entfernen. Dein ganzes Sein ist dort, also ist es zwecklos, dich zu verstecken; du würdest dir nur einbilden, du seist verborgen. Auf der Mitte der Straße zu sein bedeutet, daß jeder Vorbeigehende dein Kommen und Gehen beobachtet."

Dieses Bild war interessant, zugleich aber auch dunkel.

"Du sprichst in Rätseln", sagte ich.

Er fixierte mich eine lange Minute mit den Augen und begann ein Lied zu summen. Ich streckte meinen Rücken und saß aufmerksam da. Ich wußte, wenn Don Juan ein mexikanisches Lied summte, dann versetzte er mir im nächsten Moment einen Schlag.

"He", sagte er lächelnd und sah mich an. "Was geschah mit deiner blonden Freundin? Das Mädchen, das du wirklich gern hattest."

Ich muß ihn angesehen haben wie ein einfältiger Trottel. Er lachte vergnügt. Ich wußte nicht, was ich sagen sollte.

"Du hast mir von ihr erzählt", beteuerte er.

Ich konnte mich nicht erinnern, ihm je von irgendjemand erzählt zu haben, geschweige denn von einem blonden Mädchen.

"Ich habe dir gegenüber nichts dergleichen erwähnt", sagte ich.

"Natürlich hast du das", sagte er, meinen Einwand beiseite schiebend.

Ich wollte protestieren, aber er hielt mich zurück und meinte, es sei doch gleichgültig, woher er von ihr wisse, und es gehe einzig darum, daß ich sie gern gehabt habe.

Ich spürte, wie sich in mir eine Welle der Abneigung gegen ihn aufstaute.

"Keine Ausflüchte", sagte Don Juan trocken. "Dies ist ein

Augenblick, wo du dein Gefühl der eigenen Wichtigkeit beiseite lassen solltest.

"Einst hattest du eine Frau, eine dir sehr liebe Frau, und dann hast du sie eines Tages verloren."

Ich fragte mich, ob ich je mit Don Juan über sie gesprochen hatte. Ich kam zu dem Schluß, daß dazu nie Gelegenheit gewesen war. Aber vielleicht hatte ich es doch getan. Immer, wenn er mit mir im Auto fuhr, unterhielten wir uns ununterbrochen über alles mögliche. Ich erinnerte mich nicht an alles, worüber wir gesprochen hatten, denn ich konnte beim Fahren keine Notizen machen. Irgendwie fühlte ich mich durch diese Überlegungen beruhigt. Ich sagte ihm, er habe recht. Es hatte in meinem Leben ein für mich sehr wichtiges blondes Mädchen gegeben.

"Warum ist sie nicht bei dir geblieben? " fragte er.

"Sie ging fort."

"Warum? "

"Dafür gab es viele Gründe."

"Es waren gar nicht so viele Gründe. Es war nur einer. Du hattest dich zu sehr erreichbar gemacht."

Ich wollte ernstlich wissen, was er meinte. Wieder hatte er mich getroffen, Er schien sich der Wirkung seines Treffers bewußt und schürzte die Lippen, um ein boshaftes Lächeln zu verbergen.

"Jeder wußte von euch beiden", sagt er im Ton unerschütterlicher Überzeugung.

"War das falsch? "

"Es war verhängnisvoll falsch. Sie war ein feiner Mensch."

Ich äußerte meine ehrliche Überzeugung, daß es mir verhaßt war, wie er im Trüben fischte, ganz besonders aber die Tatsache, daß er immer mit der Sicherheit eines Menschen sprach, der dabeigewesen ist und alles selbst mit angesehen hat.

"Aber es stimmt doch", sagte er mit entwaffnender Offenheit. Ich habe es alles *gesehen.* Sie war ein feiner Mensch."

Ich wußte, daß es zwecklos war zu streiten, aber ich war wütend auf ihn, weil er diese wunde Stelle in meinem Leben getroffen hatte, und sagte, daß jenes Mädchen keinesweg ein so feiner Mensch gewesen sei, daß sie vielmehr meiner Meinung nach eher schwach gewesen sei.

"Das bist du auch", sagte er ruhig. "Aber darauf kommt es nicht an. Was zählt, das ist allein die Tatsache, daß du sie überall gesucht hast; das macht sie zu einem besonderen Menschen in deiner Welt, und für einen besonderen Menschen sollte man nur gute Worte finden."

Ich war verwirrt; eine große Traurigkeit befiel mich.

"Was tust du mit mir, Don Juan? " fragte ich. "Immer gelingt es dir, mich traurig zu machen. Warum nur? "

"Du überläßt dich jetzt deinen Gefühlen", sagte er vorwurfsvoll.

"Um was geht es denn bei all dem, Don Juan? "

"Unerreichbar zu sein, darum geht es", erklärte er. "Ich habe die Erinnerung an diesen Menschen nur herbeigeholt, um dir unmittelbar zu zeigen, was ich dir durch den Wind nicht habe zeigen können.

Du hast sie verloren, weil du erreichbar warst; du warst immer für sie zu erreichen, und euer Leben war eine Routine."

"Nein", sagte ich. "Da hast du unrecht. Mein Leben war nie eine Routine."

"Es war und ist Routine", sagte er entschieden. "Es ist eine ungewöhnliche Routine, und das gibt dir das Gefühl, es sei keine Routine, aber ich versichere dir, es ist eine."

Ich wollte mich auflehnen und mich meiner Verdrießlichkeit hingeben, aber irgendwie bewirkten seine Augen, daß ich unruhig wurde. Sie schienen mich immer weiter vorwärts zu stoßen.

"Die Kunst eines Jägers besteht darin, unerreichbar zu werden", sagte er. "Im Fall dieses blonden Mädchens hätte das bedeutet, daß du ein Jäger werden und sie nur gelegentlich hättest treffen dürfen. Anders, als du es tatest. Du warst Tag um Tag mit ihr zusammen, bis nur noch das Gefühl der Langeweile übrigblieb. Stimmt das? "

Ich antwortete nicht. Ich hielt es nicht für nötig. Er hatte recht.

"Unerreichbar sein bedeutet, daß man die Welt um einen her nur wohldosiert berührt. Man ißt nicht fünf Wachteln, man ißt nur eine. Man zerstört nicht die Pflanzen, nur um eine Barbecue-Grube zu machen. Man setzt sich nicht der Kraft des Windes aus, wenn es nicht unumgänglich ist. Man benutzt und preßt Menschen nicht aus, bis sie zu einem Nichts schrumpfen, besonders nicht Menschen, die man liebt."

"Ich habe nie einen Menschen benutzt", sagte ich aufrichtig. Aber Don Juan behauptete, ich hätte es doch getan, denn nur so könne ich zu der unverblümten Feststellung gelangen, daß ich bei manchen Menschen Überdruß und Langeweile empfinde.

"Unerreichbar sein bedeutet, daß man bewußt vermeidet, sich selbst und andere zu erschöpfen", fuhr er fort. "Es bedeutet, daß man nicht hungrig und verzweifelt ist, wie der arme Kerl, der glaubt, er bekommt nie wieder etwas zu essen und so viel verschlingt, wie er nur kann, alle fünf Wachteln auf einmal!"

Don Juan versetzte mir eindeutig einen Schlag unter die Gürtellinie. Ich lachte, und das schien ihm Spaß zu machen. Er klopfte mir leicht den Rücken.

"Ein Jäger weiß, daß ihm immer wieder Tiere in die Falle laufen werden, darum sorgt er sich nicht. Sich sorgen heißt erreichbar, unvorbereitet erreichbar sein. Sobald man sich sorgt, klammert man sich aus Verzweiflung wahllos an alles mögliche; und sobald man sich anklammert, wird man sich unweigerlich erschöpfen, oder man erschöpft denjenigen oder dasjenige, woran man sich klammert."

In meinem täglichen Leben, sagte ich, sei es unvorstellbar, unerreichbar zu sein. Damit wollte ich sagen, daß ich, um zu funktionieren, für jeden, der mit mir zu tun hat, erreichbar sein muß.

"Ich habe dir schon gesagt, unerreichbar sein heißt nicht, sich zu verstecken oder diskret zu leben", sagte er ruhig. "Es bedeutet auch nicht, daß man mit anderen Menschen nichts zu tun haben darf. Ein Jäger benutzt seine Welt wohldosiert und liebevoll, ganz gleich, ob diese Welt aus Dingen oder Pflanzen, aus Tieren oder Menschen oder Kräften besteht. Ein Jäger steht mit seiner Welt auf vertrautem Fuß, und doch ist er für eben diese Welt unerreichbar."

"Das ist ein Widerspruch", sagte ich. "Er kann nicht unerreichbar sein, wenn er Stunde um Stunde, Tag um Tag dort in seiner Welt ist."

"Du verstehst mich nicht", sagte Don Juan geduldig. "Er ist unerreichbar, weil er seine Welt nicht auspreßt; er berührt sie behutsam, verweilt solange es nötig ist, und entfernt sich dann schnell, fast, ohne eine Spur zu hinterlassen.

8. Die Routine des Lebens unterbrechen

Sonntag, 16. Juli 1961

Wir brachten den ganzen Vormittag damit zu, einige Nagetiere zu beobachten, die wie flinke Eichhörnchen aussahen. Don Juan nannte sie Wasserratten. Er erklärte, sie seien sehr schnell, wenn es gelte, einer Gefahr zu entkommen, doch kaum waren sie ihrem Verfolger entwischt, hätten sie die scheußliche Angewohnheit, stehenzubleiben, ja sogar auf einen Stein zu klettern, sich dort auf die Hinterpfoten zu stellen, umherzulugen und sich zu putzen.

"Sie haben sehr gute Augen", sagte Don Juan. "Man darf sich nur bewegen, solange sie rennen, du mußt lernen, vorherzusagen, wann und wo sie stehenbleiben werden, damit du zur selben Zeit stehenbleibst."

Ich war ganz davon in Anspruch genommen, sie zu beobachten; für einen Jäger wäre es ein guter Tag gewesen, denn ich entdeckte sehr viele dieser Tiere. Und schließlich konnte ich fast jedesmal ihre Bewegungen voraussagen.

Dann zeigte mir Don Juan, wie man Fallen baut, um sie zu fangen. Er erklärte, daß ein Jäger sich Zeit für die Beobachtung ihrer Freßplätze und Schlupfwinkel nehmen muß, um entscheiden zu können, wo er seine Fallen aufstellen soll; er muß sie dann in der Nacht aufstellen, und am nächsten Tag braucht er die Nager nur noch aufzuscheuchen, damit sie in seine Fangvorrichtung hineinrennen.

Wir suchten einige Stöcke zusammen und begannen, die Falle zu bauen. Ich hatte meine beinah fertig und war gespannt, ob sie funktionieren würde, als Don Juan plötzlich innehielt, auf sein linkes Handgelenk schaute, als sehe er auf die Uhr, obwohl er nie eine besessen hat, und sagte, daß es nach seinem Chronometer Mittagszeit sei. Ich hielt gerade eine lange Gerte in der Hand, die ich zu einem Reifen biegen wollte. Automatisch legte ich sie zu den übrigen Jagdutensilien auf den Boden.

Don Juan sah mich neugierig an. Dann ahmte er den heulenden Ton einer Fabriksirene nach, die zur Mittagspause bläst. Ich lachte. Sein Sirenenton war perfekt. Ich ging auf ihn zu und stellte fest, daß er mich anstarrte. Bedächtig schüttelte er den Kopf.

“Ich will verflucht sein”, sagte er.

“Was ist los? ” fragte ich.

Wieder ahmte er den langen, klagenden Ton einer Fabriksirene nach. “Die Pause ist um”, sagte er. “Geh wieder an die Arbeit.

Einen Augenblick war ich verblüfft, aber dann meinte ich, er machte Witze, vielleicht, weil wir tatsächlich nichts hatten, um eine Mahlzeit zuzubereiten. Ich war ganz von den Nagetieren in Anspruch genommen gewesen und hatte vergessen, daß wir keinen Proviant hatten. Ich nahm die Gerte wieder auf und versuchte, sie zusammenzubinden. Im nächsten Augenblick blies Don Juan seine ‘Sirene’ erneut.

“Feierabend”, sagte er.

Er blickte auf seine Phantasie-Uhr, sah mich an und zwinkerte mir zu.

“Es ist fünf Uhr”, sagte er mit der Miene eines Menschen, der ein Geheimnis verrät. Ich glaubte, er sei der Jagd plötzlich überdrüssig und wolle die ganze Sache abblasen. Ich warf einfach alles hin und fing an, mich für den Aufbruch vorzubereiten. Ich sah ihn nicht an. Ich nahm an, daß er ebenfalls seine Sachen zusammensuchte. Als ich fertig war, blickte ich auf und sah ihn ein paar Meter entfern mit gekreuzten Beinen sitzen.

“Ich bin fertig”, sagte ich. “Wir können jederzeit gehen.”

Er stand auf und kletterte auf einen Felsen. Dort stand er, etwa zwei Meter über dem Boden, und sah mich an. Er legte die Hände seitlich an den Mund und brachte einen langen, durchdringenden Ton hervor. Es klang wie eine überdimensionale Fabriksirene. Er drehte sich einmal im Kreis herum, wobei er diesen klagenden Ton ausstieß.

“Was tust du da, Don Juan? ” fragte ich.

Er sagte, er gebe der ganzen Welt das Zeichen zum Heimgehen. Ich war völlig durcheinander. Ich konnte mir nicht klar werden, ob er Spaß machte, oder ob er schlicht den Verstand verloren hatte. Ich beobachtete ihn aufmerksam und versuchte das, was er da tat, mit irgend etwas in Verbindung zu bringen, was er vorhin gesagt hatte. Wir hatten den ganzen Vormittag kaum miteinander gesprochen, und ich konnte mich an nichts Wichtiges erinnern.

Don Juan stand immer noch auf dem Felsen. Er sah mich an, lächelte und blinzelte mir wieder zu. Plötzlich erschrak ich. Don Juan legte die Hände beidseitig an den Mund und ließ wieder einen langen, sirenenartigen Ton erklingen.

Er sagte, es sei acht Uhr morgens, und ich solle mein Arbeitszeug bereithalten, denn es liege ein langer Tag vor uns.

Nun war ich vollends verwirrt. Binnen Sekunden mündete meine Furcht in den unwiderstehlichen Wunsch, vom Schauplatz zu fliehen. Ich glaubte, Don Juan sei verrückt geworden. Ich wollte gerade davonlaufen, als er vom Felsen herabglitt und lächelnd auf mich zu kam.

"Du hältst mich für verrückt, nicht wahr? " sagte er.

Ich sagte, er habe mir mit seinem unberechenbaren Verhalten sinnlose Angst eingejagt.

Er entgegnete, wir seien jetzt quitt. Ich verstand nicht, was er damit meinte. Ich überließ mich ganz dem Gedanken, daß seine Handlungen durch und durch verrückt erschienen. Er erklärte, er habe absichtlich versucht, mir durch die Wucht seines unvorhersehbaren Verhaltens einen gehörigen Schrecken einzujagen, weil ich selbst ihn durch die Wucht meines vorhersehbaren Verhaltens um den Verstand brächte. Meine Routinegewohnheiten seien ebenso verrückt wie sein Nachahmen der Sirene.

Ich war entsetzt und versicherte, daß ich wirklich keinerlei Routine hätte. Ich sagte ihm, ich sei eher der Meinung, daß mein Leben ziemlich chaotisch sei, gerade, weil es mir an gesunder Routine fehlte.

Don Juan lachte und forderte mich durch ein Zeichen auf, mich neben ihn zu setzen. Wieder hatte die ganze Situation sich rätselhaft verändert. Meine Furcht war geschwunden, sobald er zu sprechen angefangen hatte.

"Worin besteht meine Routine? " fragte ich.

"Alles, was du tust, ist Routine".

"Trifft das nicht auf uns alle zu? "

"Nicht auf alle. Ich tu nichts aus Routine."

"Wodurch wurde dies alles ausgelöst, Don Juan? Was habe ich gesagt oder getan, das dich zu dem Verhalten von eben veranlaßt hat? "

"Du machtest dir über das Mittagessen Sorgen."

"Ich habe nichts dergleichen gesagt; wie konntest du wissen, daß ich mir um das Essen Gedanken machte? "

"Du sorgst dich jeden Tag gegen Mittag um das Essen, und gegen sechs Uhr abends und gegen acht Uhr morgens", sagte er mit boshaftem Grinsen. "Du sorgst dich zu diesen Zeiten auch dann um das Essen, wenn du nicht hungrig bist. Ich brauchte nur meine Sirene zu blasen, um dein Routinedenken deutlich zu machen. Dein Denken ist darauf trainiert, nach einem Signal zu arbeiten."

Er sah mich fragend an. Ich konnte mich nicht verteidigen.

"Jetzt bist du drauf und dran, die Jagd zu einer Routine zu machen", fuhr er fort. "Du hast bereits deinen Rhythmus bei der Jagd gefunden. Du sprichst zu einer bestimmten Zeit, du ißt zu einer bestimmten Zeit, und du schläfst zu einer bestimmten Zeit ein."

Ich wußte nichts zu sagen. Was Don Juan als meine Eßgewohnheiten beschrieben hatte, war das Schema für alle Dinge in meinem Leben. Dennoch war ich fest davon überzeugt, daß mein Leben weniger Routine war als das der meisten Freunde und Bekannten.

"Jetzt weißt du sehr viel über die Jagd", fuhr Don Juan fort. "Du wirst ohne weiteres erkennen, daß ein guter Jäger vor allem eines weiß – er kennt die Routinegewohnheiten seiner Beute. Das ist es, was ihn zu einem guten Jäger macht. Wenn du dich daran erinnerst, wie ich vorging, als ich dich die Jagd lehrte, dann wirst du vielleicht verstehen, was ich meine. Zuerst lehrte ich dich, deine Fallen zu bauen und aufzustellen, dann lehrte ich dich, die Gewohnheiten des Jagdwildes zu beobachten, und dann prüften wir die Fallen auf ihr routinemäßiges Funktionieren. Diese Schritte sind die äußeren Formen der Jagd.

Jetzt muß ich dich den letzten und bei weitem schwierigsten Schritt lehren. Vielleicht werden Jahre vergehen, bevor du sagen kannst, daß du ihn verstehst und daß du ein Jäger bist."

Don Juan machte eine Pause, um mir Zeit zu lassen. Er nahm den Hut ab und ahmte die Putzbewegungen der Nagetiere nach, die wir beobachtet hatten. Dies kam mir sehr spaßig vor. Sein runder Kopf ließ ihn wie eines dieser Nagetiere aussehen.

"Ein Jäger sein bedeutet nicht nur, das Wild in der Falle zu fangen", fuhr er fort. "Ein Jäger, der sein Salz wert ist, fängt das Wild nicht deshalb, weil er seine Fallen aufstellt oder weil er die Routine seiner Beute kennt, sondern weil er selbst keine Routine hat. Das ist sein Vorteil. Er ist ganz anders als die Tiere, denen er nachstellt, die an feste Gewohnheiten und berechenbare Routinetricks gebunden sind. Er ist frei, beweglich, unberechenbar."

Was Don Juan mir da sagte, kam mir als willkürliche, irrationale Idealisierung vor. Ich konnte mir ein Leben ohne Routine nicht vorstellen. Ich wollte ihm gegenüber ganz aufrichtig sein und ihm nicht einfach zustimmen oder widersprechen. Ich glaubte, daß es für mich wie für jeden anderen unmöglich sei, das, was ihm vorschwebte, zu vollbringen.

"Ich gebe nichts auf das, was du glaubst", sagte er. "Um ein Jäger zu sein, mußt du die Routine deines Lebens unterbrechen. Du warst geschickt bei der Jagd. Du hast schnell gelernt, und nun kannst du sehen, daß du genau wie deine Beute bist, leicht berechenbar."

Ich bat ihn, sich genauer auszudrücken und mir konkrete Beispiele zu nennen.

"Ich spreche über die Jagd", sagte er ruhig. "Darum befasse ich mich mit dem, was die Tiere tun; mit ihren Freßplätzen; damit, wo, wie und wann sie schlafen; wo sie ihr Nest bauen; wie sie laufen. Das sind die Routinegewohnheiten, die ich dir erkläre, damit du sie in deinem eigenen Wesen erkennst.

Du hast die Gewohnheiten der Tiere in der Wüste beobachtet. Sie fressen und trinken an bestimmten Plätzen, sie bauen an bestimmten Plätzen ihr Nest, sie hinterlassen auf bestimmte Art ihre Spuren. Tatsächlich kann ein guter Jäger alles, was sie tun, vorhersehen oder rekonstruieren.

Wie ich dir schon sagte, verhältst du dich meiner Meinung

nach wie deine Beute. Einmal in meinem Leben hat auch mir jemand dasselbe gesagt. Du bist also in dieser Hinsicht nicht einmalig. Wir alle verhalten uns wie die Beute, der wir nachstellen. Das macht uns natürlich auch zur Beute für jemand oder etwas anderes. Nun muß ein Jäger, der all dies weiß, sich darum bemühen, nicht mehr selbst Beute zu sein. Siehst du nun, was ich meine? "

Wieder brachte ich meine Meinung zum Ausdruck, daß sein Vorschlag undurchführbar sei.

"Es braucht Zeit", sagte Don Juan. "Du kannst damit beginnen, daß du nicht jeden Tag um Schlag zwölf zu Mittag ißt."

Er sah mich an und lächelte wohlwollend. Seine Miene war sehr spaßig und brachte mich zum Lachen.

"Es gibt bestimmte Tiere, die sich nicht fangen lassen", fuhr er fort. "Zum Beispiel gibt es bestimmte Arten Rehe, denen ein Jäger vielleicht durch bloßes Glück einmal im Leben begegnet."

Don Juan machte eine dramatische Pause und sah mich durchdringend an. Er schien auf eine Frage zu warten, aber mir fiel keine ein.

"Wodurch, glaubst du, sind sie so schwer aufzuspüren und so einzigartig? " fragte er.

Ich zuckte mit den Schultern, denn ich wußte nichts zu sagen.

"Sie haben keine Routine", sagte er im Ton einer Offenbarung. Das ist es, was sie zu magischen Wesen macht."

"Ein Reh muß nachts schlafen", sagte ich. "Ist das keine Routine? "

"Gewiß, wenn das Reh jede Nacht zu einer bestimmten Zeit, an einem bestimmten Ort schläft. Aber diese magischen Wesen tun das nicht. Vielleicht wirst du es eines Tages selbst feststellen. Vielleicht wird es dein Schicksal sein, den Rest deines Lebens eines von ihnen zu jagen."

"Was meinst du damit? "

"Du liebst die Jagd; vielleicht wird dein Weg eines Tages irgendwo in der Welt den Weg eines magischen Wesens kreuzen, und du wirst ihm nachstellen.

Einem magischen Wesen zu begegnen, ist ein unvergeßliches Erlebnis. Ich selbst hatte das große Glück, einem über den Weg zu laufen. Unsere Begegnung fand statt, nachdem ich viel über die Jagd gelernt und mich darin geübt hatte. Eines Tages war ich in einem dichten Wald in den Bergen von Zentralmexiko, als ich plötzlich ein leises Pfeifen hörte. Ich kannte es noch nicht. Nie in all den Jahren, in denen ich die Wildnis durchstreift hatte, hatte ich einen solchen Klang gehört. Ich konnte ihn nicht lokalisieren; er schien von verschiedenen Stellen auszugehen. Ich glaubte, daß ich vielleicht von einem Rudel irgendwelcher unbekannter Tiere umgeben sei.

Noch einmal hörte ich das durchdringende Pfeifen. Es schien von überallher zu kommen. Plötzlich wurde mir bewußt, was für ein Glück ich hatte. Ich wußte, es war ein magisches Wesen, ein Reh. Ich wußte auch, daß ein magisches Reh die Routine normaler Menschen und die Routine der Jäger kennt.

Man kann sich sehr einfach vorstellen, was ein normaler Mensch in einer solchen Situation macht. Zunächst verwandelt ihn seine Angst auf der Stelle in eine Beute. Und ist er zur Beute geworden, so bleiben ihm nur zwei Möglichkeiten, zu handeln. Entweder er flieht, oder er behauptet sich. Wenn er nicht bewaffnet ist, dann wird er normalerweise aufs offene Feld fliehen und um sein Leben laufen. Ist er bewaffnet, dann wird er seine Waffe bereithalten und den Platz behaupten, entweder, indem er auf der Stelle erstarrt, oder, indem er sich zu Boden fallen läßt.

Ein Jäger in der Wildnis hingegen wird nie irgendwohin gehen, ohne zunächst die Punkte auszumachen, die ihm Schutz bieten können, daher würde er sofort in Deckung gehen. Er würde zum Beispiel seinen Poncho als Köder auf den Boden werfen oder über einen Ast hängen, dann würde er sich verstecken und darauf warten, daß das Wild den nächsten Schritt tut.

Nun, in der Gegenwart des magischen Rehs tat ich weder das eine noch das andere. Ich machte schnell einen Kopfstand und begann leise zu jammern; mir liefen tatsächlich die Tränen, ich weinte so lange, daß ich einer Ohnmacht nahe war. Plötzlich spürte ich einen sanften Hauch; irgend etwas schnupperte an meinem Haar hinter dem rechten Ohr. Ich versuchte, meinen Kopf zu wenden, um zu sehen, was es sei, und dabei fiel ich um und setzte mich aufrecht, gerade rechtzeitig, um ein leuchtendes Geschöpf zu sehen, das mich anschaute. Das Reh sah mich an, und ich sagte ihm, daß ich ihm kein Leid tun würde. Und das Reh sprach zu mir.

Don Juan hielt inne und sah mich an. Ich mußte lächeln. Die Vorstellung eines sprechenden Rehs war recht unglaubhaft, um es vorsichtig auszudrücken.

"Es sprach zu mir", sagte Don Juan grinsend.

"Das Reh sprach? "

"Ja, das tat es."

Don Juan stand auf und packte sein Bündel mit den Jagdutensilien zusammen.

"Sprach es wirklich? " fragte ich perplex.

Don Juan brüllte vor Lachen.

"Was sagte es? " fragte ich halb im Scherz.

Ich war überzeugt, daß er mich auf den Arm nahm. Don Juan schwieg einen Augenblick, als versuchte er, sich zu erinnern, dann leuchteten seine Augen auf, und er verriet mir, was das Reh gesagt hatte.

"Das magische Reh sagte 'Guten Tag, mein Freund' ", fuhr Don Juan fort. "Und ich antwortete: 'Guten Tag'. Dann fragte es mich: 'Warum weinst du? ' Und ich sagte: 'Weil ich traurig bin.' Darauf kam das magische Wesen ganz nah an mein Ohr und sagte so deutlich, wie ich jetzt spreche: 'Sei nicht traurig'."

Don Juan sah mich an. Der Schalk blitzte in seinen Augen. Er lachte schallend.

Ich meinte, sein Gespräch mit dem Reh sei doch etwas töricht gewesen.

"Was hattest du erwartet? " fragte er, immer noch lachend. "Ich bin cin Indiancr."

Sein Humor war so umwerfend, daß mir nichts anderes übrig blieb, als mit ihm zu lachen.

"Du glaubst nicht, daß ein magisches Reh spricht, nicht wahr? "

"Es tut mir leid, aber ich kann einfach nicht glauben, daß es so etwas gibt", sagte ich.

"Ich mach dir deswegen keinen Vorwurf", tröstete er mich. "Das ist eines der schwierigsten Dinge."

9. Die letzte Schlacht auf Erden

Montag, 24. Juli 1961

Gegen Nachmittag, nachdem wir stundenlang in der Wüste umhergestreift waren, wählte Don Juan einen Rastplatz an einer schattigen Stelle. Sobald wir saßen, begann er zu sprechen. Er sagte, ich hätte viel über die Jagd gelernt, aber ich hätte mich nicht so sehr geändert, wie er es wünschte.

"Es genügt nicht, zu wissen, wie man Fallen baut und aufstellt", sagte er. "Ein Jäger muß als Jäger leben, um das Beste aus seinem Leben herauszuholen. Unglücklicherweise sind Veränderungen schwierig und sehr, sehr langwierig; manchmal braucht ein Mensch Jahre, um sich von der Notwendigkeit einer Veränderung zu überzeugen. Ich brauchte Jahre, aber vielleicht hatte ich keine Begabung für die Jagd. Ich glaube, das schwerste für mich war, mich wirklich ändern zu wollen."

Ich versicherte ihm, mir sei klar, was er meinte. Seit er angefangen hatte, mich die Jagd zu lehren, hatte ich tatsächlich begonnen, mein Handeln zu überprüfen. Die für mich vielleicht interessanteste Entdeckung war, daß ich Don Juans Art wirklich mochte. Ich mochte Don Juan als Mensch. Sein Verhalten war irgendwie fest; die Art, wie er sich benahm, ließ keinen Zweifel an seiner Überlegenheit, und doch hatte er diesen Vorteil nie benutzt, um etwas von mir zu fordern. Sein Interesse daran, daß ich meine Lebensweise änderte, glich einem unpersönlichen Vorschlag, oder vielleicht einer autoritativen Beurteilung meiner Fehler. Er hatte mir meine Fehler deutlich vor Augen geführt, doch ich konnte nicht erkennen, wie seine Methoden bei mir etwas bessern sollten. Ich war ehrlich überzeugt, daß seine Methoden angesichts dessen, was ich in meinem Leben erreichen wollte, nur Elend und Mühsal bringen und mich folglich in eine Sackgasse führen würden. Doch ich hatte gelernt, seine Überlegenheit, die sich immer als Schönheit und Präzision zum Ausdruck brachte, zu respektieren.

"Ich habe beschlossen, meine Taktik zu ändern", sagte er. Ich bat ihn, das zu erläutern. Er hatte sich vage ausgedrückt, und ich war nicht sicher, ob er damit mich meinte.

"Ein guter Jäger ändert seine Methoden, sooft es nötig ist", antwortete er. "Das weißt du selbst."

"Was willst du damit sagen, Don Juan? "

"Ein Jäger muß nicht nur um die Gewohnheiten seiner Beute wissen, er muß auch wissen, daß es auf dieser Erde Kräfte gibt, welche die Menschen und die Tiere und alles Lebende leiten."

Er schwieg. Ich wartete, aber anscheinend hattte er gesagt, was er sagen wollte.

"Von welchen Kräften sprichst du? " fragte ich nach langer Pause.

"Kräfte, die unser Leben und unseren Tod leiten."

Don Juan schwieg, und es schien ihm sehr schwerzufallen, zu entscheiden, was er sagen wollte. Er rang die Hände und schüttelte den Kopf, wobei er die Backen aufblies. Zweimal brachte er mich durch eine Geste zum Schweigen, als ich ihn gerade bitten wollte, seine rätselhaften Worte zu erklären.

"Ich weiß, daß es dir schwerfallen wird, dich *anzuhalten"*, sagte er schließlich. "Ich weiß, daß du störrisch bist, aber das macht nichts. Je störrischer du bist, umso besser wird es sein, wenn es dir schließlich gelingt, dich zu ändern."

"Ich versuche mein Bestes", sagte ich.

"Nein, da bin ich anderer Meinung. Du versuchst nicht dein Bestes. Das sagst du nur, weil du glaubst, daß es gut klingt; ja, im Grunde sagst du zu allem, was du tust, immer dasselbe. Du tust seit Jahren dein Bestes, und ohne Erfolg. Es muß etwas geschehen, um das zu ändern."

Wie immer, fühlte ich mich gezwungen, mich zu rechtfertigen. Offenbar zielte Don Juan regelmäßig auf meine schwächsten Punkte. Ich erinnerte mich, daß ich jedesmal, wenn ich versuchte, mich gegen seine Kritik zu verteidigen, am Ende wie ein Narr dagestanden war, und hielt mitten in einer langen Rechtfertigungsrede inne.

Don Juan sah mich neugierig an und lachte. Ganz freundlich sagte er, er habe mir bereits erklärt, daß wir alle Narren seien. Ich machte da keine Ausnahme.

"Du fühlst dich immer verpflichtet, deine Handlungen zu rechtfertigen, als wärest du der einzige Mensch auf Erden, der im Unrecht ist", sagte er. "Das ist dein altes Gefühl der eigenen Wichtigkeit. Du hast zuviel davon; du hast auch zuviel persönliche Geschichte. Andererseits übernimmst du nicht die Verantwortung für deine Handlungen. Du benutzt nicht deinen Tod als Ratgeber, und vor allem bist du zu erreichbar. Mit anderen Worten, dein Leben ist genauso unordentlich, wie es war, bevor ich dir begegnete."

Wieder hatte ich eine Anwandlung von Stolz und wollte einwenden, daß er unrecht habe. Er bedeutete mir, zu schweigen.

"Man muß die Verantwortung dafür übernehmen, daß man in einer komischen Welt lebt", sagte er. "Wir leben in einer sehr sonderbaren Welt, wie du weißt."

Ich nickte zustimmend.

"Wir sprechen nicht über dasselbe", sagte er. "Für dich ist die Welt sonderbar, weil sie dir entweder langweilig ist, oder aber weil du mit ihr nicht zurecht kommst. Für mich ist die Welt sonderbar, weil sie erstaunlich, ehrfurchtgebietend, geheimnisvoll, unergründlich ist; mir liegt daran, dich zu überzeugen, daß du die Verantwortung übernehmen mußt für dein Hiersein in dieser wunderbaren Welt, in dieser wunderbaren Wüste, in dieser wunderbaren Zeit. Ich möchte dich davon überzeugen, daß du lernen mußt, jede Handlung wichtig zu nehmen, denn du wirst nur eine kurze Weile hier sein, wirklich zu kurz, um alle Wunder dieser Welt zu erleben."

Ich wandte ein, es sei die Bedingung des Menschseins, mit der Welt im Streit zu liegen.

"Nun, dann ändere es", antwortete er trocken. "Wenn du diese Herausforderung nicht annimmst, dann bist du so gut wie tot."

Er forderte mich auf, ein Thema, ein Problem zu nennen, das in meinem Leben alle meine Gedanken beanspruchte. Die Kunst, sagte ich. Ich hatte immer Künstler sein wollen und mich jahrelang künstlerisch betätigt. Noch immer bewahrte ich die schmerzliche Erinnerung an mein Scheitern.

"Du hast nie die Verantwortung dafür übernommen, daß du in dieser unergründlichen Welt bist", sagte er vorwurfsvoll. "Deshalb warst du nie ein Künstler, und vielleicht wirst du nie ein Jäger sein."

"Aber ich tue mein Bestes, Don Juan."

"Nein, du weißt gar nicht, was dein Bestes ist."

"Ich tue, was ich kann."

"Da irrst du dich wieder. Du kannst es noch besser. Du machst nur einen einfachen kleinen Fehler – du glaubst, du hast genügend Zeit."

Er machte eine Pause und sah mich an, als wartete er auf meine Reaktion.

"Du glaubst, du hast reichlich Zeit", wiederholte er.

"Reichlich Zeit wofür, Don Juan? "

"Du glaubst, dein Leben wird ewig dauern."

"Nein, das glaube ich nicht."

"Nun, wenn du es nicht glaubst, daß dein Leben ewig währt, worauf wartest du dann? Warum zögerst du, dich zu ändern? "

"Hast du je daran gedacht, Don Juan, daß ich mich vielleicht nicht ändern will? "

"Ja, das habe ich auch bedacht. Auch ich wollte mich nicht ändern, genau wie du. Allerdings mochte ich mein Leben nicht. Ich hatte es satt, genau wie du. Jetzt kann ich davon nicht genug bekommen."

Ich beteuerte heftig, daß sein Verlangen, ich solle meine Lebensweise ändern, beängstigend und willkürlich sei. Ich sagte, auf einer bestimmten Ebene stimmte ich ihm wirklich zu, doch die bloße Tatsache, daß er immer der Noten verteilende Meister sei, mache die Situation für mich unhaltbar.

"Du hast keine Zeit für solche Späße, du Narr", sagte er streng. "Was immer du gerade tust, es kann deine letzte Tat auf Erden sein. Es kann sehr wohl deine letzte Schlacht sein. Keine Macht der Welt kann dir garantieren, daß du noch eine Minute länger leben wirst."

"Das weiß ich", sagte ich mit verhaltenem Ärger.

"Nein, du weißt es nicht. Wüßtest du es, dann wärest du ein Jäger."

Ich behauptete, ich sei mir wohl bewußt, daß mir der Tod bevorstehe, aber es sei sinnlos, darüber zu sprechen oder nachzudenken, denn ich könne nichts tun, um ihm zu entgehen.

Don Juan lachte und sagte, ich käme ihm vor wie ein mechanisch seine Routine abspielender Komödiant.

"Wenn dies deine letzte Schlacht auf Erden wäre, dann

würde ich sagen, daß du ein Narr bist", sagte er. "Du verschwendest deine letzte Tat auf Erden an eine törichte Laune."

Wir schwiegen einen Moment. Meine Gedanken liefen wild durcheinander. Natürlich hatte er recht.

"Du hast keine Zeit, mein Freund, keine Zeit. Niemand von uns hat Zeit", sagte er.

"Ich stimme dir zu, Don Juan, aber . . . "

"Stimme mir nicht nur einfach zu", schnitt er mir das Wort ab. "Anstatt so leicht zuzustimmen, solltest du besser entsprechend handeln. Nimm die Herausforderung an, ändere dich."

"Einfach so? "

"Richtig. Die Änderung, von der ich spreche, findet nie schrittweise statt; sie tritt plötzlich ein. Und du bereitest dich auf diesen plötzlichen Akt, der eine totale Veränderung bringen wird, nicht vor."

Ich glaubte, in seinen Worten einen Widerspruch zu erkennen. Ich erklärte ihm, wenn ich mich auf die Veränderung vorbereitete, veränderte ich mich natürlich schrittweise.

"Du hast dich überhaupt nicht geändert", sagte er. "Und deshalb glaubst du, daß du dich Schritt um Schritt änderst. Aber vielleicht wirst du eines Tages überrascht sein, wenn du dich plötzlich und ohne jede Vorwarnung änderst. Ich weiß, daß dies so ist, und deshalb gebe ich mein Bemühen nicht auf, dich zu überzeugen."

Ich konnte meine Einwände nicht aufrechterhalten. Nach kurzer Pause fuhr Don Juan fort, mir seine Auffassung zu erläutern.

"Vielleicht sollte ich es anders ausdrücken", sagte er. "Was ich dir raten will, ist dies: Erkenne, daß wir keinerlei Garantie dafür haben, daß unser Leben endlos weitergehen wird. Ich sagte eben, daß die Änderung plötzlich und unerwartet kommt, und dies gilt auch für den Tod. Was, glaubst du, können wir dagegen tun? "

Ich faßte dies als rhetorische Frage auf, aber durch einen Wink mit den Augenbrauen drängte er mich zu antworten.

"So glücklich wie möglich leben", sagte ich.

"Richtig. Aber kennst du jemanden, der glücklich lebt? "

Mein erster Impuls war, ja zu sagen. Ich glaubte, ich könne eine ganze Reihe von Menschen als Beispiele anführen. Bei genauerem Nachdenken wußte ich aber, daß dies nur ein hilfloser Versuch wäre, mich aus der Affäre zu ziehen.

"Nein", sagte ich. "Eigentlich nicht."

"Ich kenne wohl einige", sagte Don Juan. "Es gibt einige, die sehr sorgsam auf die Art ihrer Handlungen bedacht sind. Ihr Glück besteht darin, daß sie im vollen Wissen handeln, nicht Zeit zu haben. Daher haben ihre Handlungen eine besondere Kraft; ihre Handlungen haben einen Sinn von . . . "

Don Juan schien um Worte verlegen. Er kratzte sich an den Schläfen und lächelte. Dann stand er plötzlich auf, als sei unsere Unterhaltung für ihn beendet. Ich bat ihn inständig, fortzufahren. Er setzte sich und schürzte die Lippen.

"Handlungen haben Kraft", sagte er. "Besonders, wenn derjenige, der handelt, weiß, daß diese Handlungen seine letzte Schlacht sind. Es ist ein eigenartig erfüllendes Glück, wenn wir im vollen Wissen handeln, daß alles, was wir tun, sehr wohl unsere letzte Schlacht auf Erden sein kann. Ich rate dir, dein Leben neu zu überdenken und deine Handlungen in diesem Licht zu überprüfen."

Ich konnte ihm nicht zustimmen. Glück bedeutete für mich, daß meine Handlungen von einer gewissen Kontinuität getragen waren und daß ich fähig war, alles, was ich gerade tat, nach Belieben fortzusetzen, besonders wenn es mir Spaß machte. Ich sagte ihm, daß meine Einwände nicht einfach so dahingeredet seien, sondern aus der Überzeugung herrührten, daß die Welt und ich selbst eine bestimmbare Kontinuität aufwiesen.

Don Juan schien sich zu amüsieren über meine Anstrengungen, mich verständlich zu machen. Er lachte, schüttelte den Kopf, raufte sich die Haare und schließlich, als ich von einer 'bestimmbaren Kontinuität' sprach, warf er seinen Hut zu Boden und trampelte darauf herum.

Ich mußte über seine Clownerie lachen.

"Du hast keine Zeit, mein Freund", sagte er. "Das ist das Unglück von uns Menschen. Keiner von uns hat genügend Zeit, und deine Kontinuität ist in dieser ehrfurchtgebietenden, geheimnisvollen Welt bedeutungslos.

Deine Kontinuität macht dich nur verzagt", sagte er. "Deine Handlungen können unmöglich den Instinkt, die Kraft und die zwingende Macht der Handlungen eines Mannes haben, der weiß, daß er seine letzte Schlacht auf Erden ficht. Mit anderen Worten, deine Kontinuität macht dich nicht glücklich und gibt dir keine Kraft."

Ich gab zu, daß ich mich vor dem Gedanken an den Tod fürchtete, und warf ihm vor, daß er mir sehr bange machte, indem er dauernd vom Tod sprach und sich damit befaßte.

"Aber wir müssen alle sterben", sagte er.

Er deutete auf die fernen Berge.

"Dort draußen wartet etwas auf mich, das ist gewiß; und ich werde ihm begegnen, auch das ist gewiß. Aber vielleicht bist du anders, und der Tod erwartet dich gar nicht."

Er lachte über meine Geste der Hoffnungslosigkeit.

"Ich möchte nicht daran denken, Don Juan."

"Warum nicht?"

"Es ist sinnlos. Wenn der Tod dort draußen auf mich wartet, warum sollte ich mich darüber beunruhigen?"

"Ich sagte nicht, daß du dich darüber beunruhigen sollst. Du sollst ihn benutzen. Richte deine Aufmerksamkeit auf die Verbindung zwischen dir und deinem Tod, ohne Reue, Trauer oder Sorge. Richte deine Aufmerksamkeit auf die Tatsache, daß du keine Zeit hast, und richte deine Handlungen darauf ein. Laß jede deiner Handlungen deine letzte Schlacht auf Erden sein. Nur unter diesen Bedingungen werden deine Handlungen die Kraft haben, die ihnen zusteht. Sonst werden sie, solange du lebst, die Handlungen eines verzagten Menschen sein."

"Ist es so furchtbar, ein verzagter Mensch zu sein?"

"Nein, das ist es nicht, wenn du unsterblich bist, aber wenn du sterben mußt, dann hast du keine Zeit, verzagt zu sein, einfach weil die Verzagtheit bewirkt, daß du dich an etwas festklammerst, das nur in deinen Gedanken existiert. Sie tröstet dich, während alles friedlich ist, aber dann wird die ehrfurchtgebietende, geheimnisvolle Welt ihren Schlund für dich öffnen, wie sie ihn für jeden von uns öffnet, und du wirst erkennen, daß deine sicheren Wege ganz und gar nicht sicher waren. Verzagtheit hindert uns daran, unser Los als Mensch zu prüfen und zu nutzen."

“Es ist unnatürlich, ständig mit dem Gedanken an unseren Tod zu leben, Don Juan.”

“Unser Tod wartet, und gerade die Handlung, die wir jetzt tun, mag unsere letzte Schlacht auf Erden sein”, antwortete er feierlich. “Ich nenne es eine Schlacht, weil es ein Kampf ist. Die meisten Menschen schreiten ohne inneren Kampf und ohne Nachdenken von Handlung zu Handlung. Ein Jäger dagegen beurteilt jede seiner Handlungen; und da er seinen Tod genau kennt, handelt er wohlüberlegt, als wäre jede Handlung seine letzte Schlacht. Nur ein Narr würde nicht erkennen, welchen Vorteil ein Jäger gegenüber seinen Mitmenschen hat. Ein Jäger zollt seiner letzten Schlacht die Achtung, die er ihr schuldet. Es ist nur natürlich, daß er mit seiner letzten Handlung auf Erden sein Bestes geben will. Auf diese Weise ist sie vergnüglich. Sie nimmt seiner Angst die Schärfe.”

“Du hast recht,”gab ich zu. “Es ist nur schwer zu akzeptieren.”

“Du wirst Jahre brauchen, um dich davon zu überzeugen, und dann wirst du Jahre brauchen, um dementsprechend zu handeln. Ich hoffe nur, daß dir die Zeit dafür bleibt.”

“Du machst mir Angst, wenn du so sprichst.”

Don Juan sah mich mit ernster Miene an.

“Ich sagte dir schon, dies ist eine sonderbare Welt”, fuhr er fort. “Die Kräfte, die die Menschen leiten, sind unvorhersehbar und ehrfurchtgebietend, und dennoch sind sie großartig.”

Er hielt inne und sah mich wieder an. Anscheinend wollte er mir etwas eröffnen, aber dann beherrschte er sich und lächelte.

“Gibt es etwas, das uns leitet? ” fragte ich.

“Gewiß, es gibt Kräfte, die uns leiten.”

“Kannst du sie beschreiben? “

“Nicht eigentlich, es sei denn, man bezeichnete sie als Kräfte, Geister, Lüfte, Winde und dergleichen.”

Ich wollte weiter in ihn dringen, aber bevor ich noch etwas sagen konnte, stand er auf. Verblüfft starrte ich ihn an. Er war mit einer einzigen Bewegung aufgestanden. Sein Körper schnellte einfach hoch, und er stand aufrecht.

Ich wunderte mich immer noch über die ungewöhnliche Gewandtheit, derer es bedarf, um sich so schnell zu bewegen, als er mir in knappem Befehlston sagte, ich solle ein Kaninchen anpirschen, es fangen, töten, abhäuten und das Fleisch rösten, bevor die Dämmerung hereinbräche.

Er blickte zum Himmel auf und meinte, ich hätte wohl genügend Zeit.

Automatisch machte ich mich an die Arbeit, wobei ich so vorging, wie ich es dutzendemale getan hatte. Don Juan ging neben mir und verfolgte meine Bewegungen mit prüfendem Blick. Ich war ganz ruhig und bewegte mich vorsichtig, und es fiel mir überhaupt nicht schwer, ein männliches Kaninchen zu fangen.

"Töte es jetzt", sagte Don Juan knapp.

Ich griff in die Falle, um das Kaninchen zu packen. Ich faßte es an den Ohren und zog es heraus, als mich ein plötzlicher Schreck befiel. Zum erstenmal, seit Don Juan mich die Jagd lehrte, kam es mir in den Sinn, daß er mir nie gezeigt hatte, wie man ein gefangenes Tier tötet. Die viele Male, die wir in der Wüste umhergestreift waren, hatte er selbst nur ein Kaninchen, zwei Wachteln und eine Klapperschlange getötet.

Ich ließ das Kaninchen los und sah Don Juan an.

"Ich kann es nicht töten."

"Warum nicht? "

"Ich habe es noch nie getan."

"Aber du hast Hunderte von Vögeln und andere Tiere getötet."

"Mit einem Gewehr, nicht mit bloßen Händen."

"Wo ist da der Unterschied? Die Zeit dieses Kaninchens ist abgelaufen."

Die Art, wie Don Juan dies sagte, erschreckte mich. Es war so endgültig, so wissend, es ließ mir keinen Zweifel, daß er wußte, die Zeit dieses Kaninchens war abgelaufen.

"Töte es", befahl er mit einem wilden Ausdruck in den Augen.

"Ich kann es nicht."

Er schrie mich an, das Kaninchen müsse sterben. Er sagte, seine Streifzüge durch diese schöne Wüste seien nun zu Ende.

Ich hätte keinen Grund zu zögern, denn die Kraft oder der Geist, der die Kaninchen leite, habe genau dieses, genau bei Anbruch der Dämmerung, in meine Falle geleitet.

Eine Folge verwirrender Gedanken und Gefühle ergriff von mir Besitz, als hätten diese Gefühle dort draußen auf mich gewartet. Mit tödlicher Klarheit begriff ich die Tragödie des Kaninchens – es war in meine Falle geraten. Binnen Sekunden gingen mir die wichtigsten Augenblicke meines Lebens durch den Sinn, die vielen Male, die ich selbst das Kaninchen gewesen war.

Ich sah es an, und es sah mich an. Das Kaninchen drängte sich gegen die Käfigwand; es war beinah ganz zusammengerollt, ganz ruhig und reglos. Wir tauschten einen traurigen Blick aus, und dieser Blick, wie ich mir einbildete ein Blick voll stiller Verzweiflung, zementierte bei mir eine vollkommene Identifikation mit dem Kaninchen.

"Zum Teufel", sagte ich laut. "Ich werde nichts und niemand töten. Das Kaninchen wird freigelassen."

Ein unergründliches Gefühl ließ mich erbeben. Meine Arme zitterten, als ich das Kaninchen bei den Ohren zu packen suchte; es raste flink umher, und ich verfehlte es. Ich versuchte es noch einmal, und wieder griff ich daneben. Ich verzweifelte. Mich überkam ein Ekelgefühl, und ich gab der Falle einen heftigen Tritt, um sie zu zerstören und das Kaninchen freizulassen. Der Käfig war unerwartet stabil und zerbrach entgegen meiner Erwartung nicht. Meine Verzweiflung wurde zur unerträglichen Qual. Unter Aufbietung aller Kraft trat ich mit dem rechten Fuß gegen den Käfig. Mit lautem Krach zerbrachen die Stäbe. Ich zog das Kaninchen heraus. Einen Augenblick spürte ich Erleichterung, die sich schon in der nächsten Sekunde zerschlug. Das Kaninchen hing schlaff in meiner Hand. Es war tot.

Ich wußte nicht, was ich tun sollte. Meine Gedanken kreisten ausschließlich um die Frage, wie es wohl gestorben war. Ich wandte mich nach Don Juan um. Er starrte mich an. Das Entsetzen jagte ein Frösteln über meinen ganzen Körper.

Ich setzte mich gegen einige Felsbrocken. Ich hatte starke Kopfschmerzen. Don Juan legte mir die Hand auf den Kopf und flüsterte mir ins Ohr, ich müsse das Kaninchen abhäuten und rösten, bevor die Dämmerung vorüber sei.

Es ekelte mich. Er sprach sehr geduldig auf mich ein, als sei ich ein Kind. Er sagte, die Kräfte, die Mensch und Tier leiten, hätten gerade dieses Kaninchen zu mir geführt, genau wie sie mich eines Tages zu meinem Tod führen würden. Der Tod des Kaninchens, sagte er, sei ein Geschenk für mich, genau wie mein eigener Tod einst ein Geschenk für etwas oder jemand anderen sein werde.

Mir war schwindlig. Die einfachen Ereignisse dieses Tages hatten mich zerschmettert. Ich versuchte mir einzureden, es handle sich doch nur um ein Kaninchen; doch es gelang mir nicht, die unheimliche Identifikation abzuschütteln, die ich mit ihm vollzogen hatte.

Don Juan sagte, ich müsse etwas von dem Fleisch essen, und wenn es nur ein Bissen sei, um meinen Fang zu würdigen.

"Das kann ich nicht", protestierte ich kraftlos.

"Wir sind Staub in den Händen dieser Kräfte", sagte er schroff. "Hör auf mit deiner Wichtignehmerei und nutze dieses Geschenk richtig."

Ich hob das Kaninchen auf. Es war noch warm.

Don Juan beugte sich herüber und flüsterte mir ins Ohr: "Deine Falle war seine letzte Schlacht auf Erden. Wie ich dir sagte, es blieb ihm keine Zeit mehr, um durch diese wunderbare Wüste zu streifen."

10. Sich der Kraft zugänglich machen

Donnerstag, 17. August 1961

Sobald ich aus dem Auto gestiegen war, klagte ich Don Juan, daß ich mich nicht wohlfühlte.

"Setz dich, setz dich", sagte er freundlich und führte mich fast behutsam zu seiner Veranda. Er lächelte und klopfte mir den Rücken.

Vor zwei Wochen, am 14. August, hatte Don Juan, wie er angekündigt hatte, seine Taktik mir gegenüber geändert und mir erlaubt, einige Peyote-Buttons zu nehmen. Auf dem Gipfel meiner Halluzinationen hatte ich mit einem Hund gespielt, der zu dem Haus gehörte, in dem die Peyote-Sitzung stattfand.

Don Juan deutete meine Interaktion mit dem Hund als ein ganz besonderes Ereignis. Er behauptete, in Augenblicken der Kraft wie dem, den ich damals erlebt hatte, existiere die Welt des Normalen nicht mehr und nichts könne mehr als gegeben angenommen werden, und der Hund sei nicht wirklich ein Hund, sondern die Inkarnation von Mescalito gewesen, der in Peyote enthaltenen Kraft oder Gottheit.

Die Nachwirkungen dieses Erlebnisses waren eine allgemeine Müdigkeit und Melancholie, hinzu kamen außerordentlich lebhafte Träume und Alpträume.

"Wo ist dein Schreibzeug?" fragte Don Juan, als ich mich auf der Veranda niederließ. Ich hatte mein Notizbuch im Auto gelassen. Don Juan ging zum Wagen zurück, holte vorsichtig meine Aktentasche heraus und stellte sie neben mich.

Er fragte, ob ich für gewöhnlich im Gehen meine Aktentasche trage. Diese Frage bejahte ich.

"Das ist Wahnsinn", sagte er. "Ich habe dir gesagt, du sollst nie etwas in den Händen tragen, während du gehst. Schaff dir einen Rucksack an."

Ich lachte. Die Vorstellung, meine Aufzeichnungen in einem Rucksack zu tragen, war lächerlich. Ich sagte ihm, daß ich normalerweise einen Anzug trüge und daß ein Rucksack über einem dreiteiligen Anzug ein grotesker Anblick sei.

"Dann zieh deinen Mantel über den Rucksack", sagte er. "Besser, die Leute glauben, du bist bucklig, als daß du deinen Körper ruinierst, indem du das alles in der Hand rumschleppst."

Er drängte mich, mein Notizbuch hervorzuholen und zu schreiben. Er schien sich alle Mühe zu geben, es mir bequem zu machen.

Wieder klagte ich über mein körperliches Unbehagen und das seltsame Gefühl, unglücklich zu sein.

Don Juan lachte und sagte: "Du fängst an zu lernen."

Dann hatten wir ein langes Gespräch. Er sagte, daß Mescalito, indem er mir gestattete, mit ihm zu spielen, mich als einen 'Erwählten' bezeichnet habe, und daß er, Don Juan, obwohl das Omen ihn verblüffte, da ich doch kein Indianer sei, mir ein geheimes Wissen vermitteln wolle. Er sagte, er habe selbst einen 'Wohltäter' gehabt, der ihn lehrte, ein 'Wissender' zu werden.

Ich ahnte, daß etwas Schreckliches passieren würde. Die Offenbarung, daß ich sein 'Erwählter' sei, zusammen mit seinem unzweifelhaft merkwürdigen Benehmen und der verheerenden Wirkung, die Peyote auf mich gehabt hatte, riefen bei mir unerträgliche Angst und Unentschlossenheit hervor. Doch Don Juan setzte sich über meine Gefühle hinweg und empfahl mir, nur an das Wunder zu denken, daß Mescalito mit mir gespielt hatte.

"Denk an nichts anderes", sagte er. "Das übrige wird von selbst zu dir kommen."

Er stand auf, tätschelte mir gütig den Kopf und sagte mit sanfter Stimme: "Ich werde dich lehren, ein Krieger zu sein, genau wie ich dich die Jagd gelehrt habe. Aber ich warne dich: zu lernen wie man jagt, hat dich nicht zu einem Jäger gemacht, und genauso wenig wird allein das Lernen, wie man ein Krieger wird, aus dir einen Krieger machen."

Ich empfand Frustration, ein körperliches Unbehagen, das an Schmerz grenzte. Ich klagte über meine lebhaften Träume und Alpträume. Er schien einen Augenblick nachzudenken und setzte sich wieder.

"Es sind unheimliche Träume", sagte ich.

"Du hattest immer unheimliche Träume", entgegnete er.

"Ich sage dir, diesmal sind sie wirklich unheimlicher als je zuvor."

"Mach dir keine Sorgen, es sind nur Träume. Wie die Träume jedes normalen Träumenden haben sie keine Kraft. Was soll es also, sich unnötig darum zu sorgen oder über sie zu sprechen?"

"Sie beunruhigen mich, Don Juan. Kann ich denn nichts tun, damit sie aufhören?"

"Nichts. Laß sie vorübergehen", sagte er. "Jetzt ist es Zeit, daß du für die Kraft erreichbar wirst, und du wirst damit beginnen, dich mit dem *Träumen* zu befassen."

Der Tonfall, mit dem er das Wort 'Träumen' aussprach, brachte mich auf den Gedanken, daß er eine besondere Bedeutung damit verband. Ich überlegte, was ich ihn fragen sollte, als er wieder zu sprechen anfing.

"Ich habe dir nie etwas über das *Träumen* gesagt, denn bis heute ging es mir nur darum, dich zu lehren, ein Jäger zu sein", sagte er. "Ein Jäger kümmert sich nicht um die Manipulation der Kraft. Daher sind seine Träume nur Träume. Sie mögen ihn quälen, aber sie sind nicht das *Träumen.*

Ein Krieger hingegen sucht Kraft, und einer der Wege zur Kraft ist das *Träumen.* Man könnte sagen, der Unterschied zwischen einem Jäger und einem Krieger besteht darin, daß ein Krieger auf dem Weg zur Kraft ist, während ein Jäger davon nichts oder nur wenig weiß.

Die Entscheidung, wer ein Krieger sein kann und wer nur ein Jäger sein kann, ist nicht uns überlassen. Diese Entscheidung liegt im Reich der Kräfte, die uns Menschen leiten. Deshalb war dein Spielen mit Mescalito ein so wichtiges Omen. Jene Kräfte führten dich zu mir. Sie führten dich zu jener Busstation; irgendein Hanswurst brachte dich zu mir. Ein großartiges Omen, ein Hanswurst, der dich mir bezeichnete. Daher lehrte ich dich, ein Jäger zu sein. Und dann dieses andere eindeutige Omen, als Mescalito selbst mit dir spielte. Siehst du, was ich meine? "

Seine sonderbare Logik war überwältigend. Seine Worte riefen in mir Bilder meiner Selbst hervor, in denen ich etwas Furchtbarem unterlag, etwas, mit dem ich nicht gerechnet und von dem ich nicht einmal in den wildesten Phantasien angenommen hatte, daß es existierte.

"Was meinst du, sollte ich tun? " fragte ich.

"Mach dich für die Kraft erreichbar; befaß dich mit deinen Träumen," antwortete er. "Du nennst sie Träume, weil du keine Kraft besitzt. Ein Krieger, ein Mann, der die Kraft sucht, nennt sie nicht Träume, er nennt sie Wirklichkeit."

"Du meinst, er hält seine Träume für die Realität? "

"Er hält nichts für etwas anderes, als es ist. Was du Träume nennst, ist für einen Krieger Realität. Du mußt begreifen, daß ein Krieger kein Tor ist. Ein Krieger ist ein untadeliger Jäger, der die Kraft jagt; er ist nicht besoffen oder verrückt, und er hat weder Zeit noch ist er bereit, etwas vorzutäuschen, sich etwas vorzumachen oder einen falschen Schritt zu tun. Dafür steht für ihn zuviel auf dem Spiel. Was für ihn auf dem Spiel steht, ist sein ausgerichtetes, geordnetes Leben, das zu festigen und zu vervollkommnen er so lange brauchte. Er wird dies nicht durch eine dumme Verwechslung aufs Spiel setzen, indem er etwas für etwas anderes hält, als es ist.

Das *Träumen* ist für einen Krieger wirklich, denn er kann darin gezielt handeln, er kann das eine wählen und das andere verwerfen, er kann aus einer Vielzahl von Dingen diejenigen auswählen, die zu Kraft führen, und er kann sie manipulieren und benutzen, während er in einem normalen Traum nicht gezielt handeln kann."

"Dann glaubst du also, Don Juan, daß das *Träumen* real ist?"

"Natürlich ist es real."

"So real wie das, was wir jetzt tun?"

"Wenn du Vergleiche anstellen willst, dann kann ich sagen, daß es vielleicht noch realer ist. Beim *Träumen* hast du Kraft; du kannst Dinge verändern; du kannst zahllose verborgene Tatsachen finden; du kannst beherrschen, was immer du willst."

Die Prämissen von Don Juans Denken hatten mich auf einer gewissen Ebene stets angezogen. Ich konnte ohne weiteres verstehen, warum ihm die Idee gefiel, daß man in Träumen alles tun könne, aber ich konnte ihn darin nicht ernst nehmen. Es war ein zu großer Sprung.

Wir sahen uns an. Was er sagte, war verrückt, und dennoch war er, soviel ich wußte, einer der klarsten Köpfe, denen ich je begegnet war.

Ich sagte ihm, ich könne nicht glauben, daß er Träume für Realität nehme. Er kicherte, als wisse er, wie unhaltbar mein Standpunkt sei, dann stand er wortlos auf und ging ins Haus.

Lange saß ich in einem Zustand der Betäubung da, bis er mich hinter das Haus rief. Er hatte Haferbrei gekocht und reichte mir eine Schüssel. Ich fragte ihn, was es mit der Zeit des Wachseins auf sich habe. Ich wollte wissen, ob er dafür einen besonderen Namen habe, aber er verstand mich nicht oder wollte nicht antworten.

"Wie nennst du das, was wir jetzt tun?" fragte ich und wollte damit darauf hinaus, daß das, was wir taten, Realität sei, im Gegensatz zu unseren Träumen.

"Ich nenne es 'essen'" sagte er und unterdrückte ein Lachen.

"Ich nenne es Realität, denn die Tatsache, daß wir essen, findet wirklich statt."

"Das Träumen findet ebenfalls statt", sagte er lachend. "Auch das Jagen, das Gehen, das Lachen."

Ich wollte mich nicht streiten, aber auch wenn ich mich noch so anstrengte, konnte ich seine Prämissen nicht akzeptieren. Meine Verzweiflung schien ihn zu belustigen.

Sobald wir mit dem Essen fertig waren, bemerkte er beiläufig, daß wir eine Wanderung machen wollten, aber wir würden diesmal nicht in der Wüste umherstreifen, wie wir es sonst taten.

"Diesmal ist es etwas anderes", sagte er. "Von nun an gehen wir an Orte der Kraft. Du wirst lernen, dich der Kraft zugänglich zu machen."

Wieder äußerte ich meine Befürchtungen. Ich sagte, für so etwas hätte ich nicht die Voraussetzungen.

"Komm schon, komm, du überläßt dich albernen Befürchtungen", sagte er leise, wobei er mir auf den Rücken klopfte und wohlwollend lächelte. Ich habe deinen Jägergeist geweckt. Du liebst es, mit mir durch diese schöne Wüste zu streifen. Es ist für dich zu spät, um auszusteigen.

Er ging in den Wüsten-Chaparral. Er gab mir mit dem Kopf einen Wink, ihm zu folgen. Ich hätte zum Wagen gehen und abfahren können – nur, ich liebte es wirklich, mit ihm durch diese schöne Wüste zu streifen. Ich liebte das Gefühl, das ich nur in seiner Gesellschaft erlebte, daß dies wirklich eine ehrfurchtgebietende, geheimnisvolle und doch schöne Welt war. Er hatte recht, ich hing fest.

Don Juan führte mich zu den Bergen im Osten. Es war eine lange Wanderung. Es war ein heißer Tag; doch die Hitze, die mir sonst unerträglich schien, war irgendwie kaum spürbar.

Wir gingen ziemlich weit in eine Schlucht hinein, bis Don Juan stehenblieb und sich im Schatten einiger Felsen niederließ. Ich nahm ein paar Kekse aus meinem Rucksack, aber er befahl mir, mich nicht damit aufzuhalten. Er sagte, ich solle mich an eine exponierte Stelle setzen. Er deutete auf einen einzelnen, fast runden Felsblock, der etwa vier Meter entfernt stand, und half mir, hinaufzuklettern. Ich glaubte, er würde sich ebenfalls dort setzen, aber stattdessen kletterte er nur gerade hoch genug, um mir ein paar Stücke getrocknetes Fleisch zu reichen. Mit todernster Miene sagte er, dies sei Kraft-Fleisch, es müsse sehr langsam gekaut werden und dürfe nicht mit anderer Nahrung vermischt werden. Dann ging er zu der schattigen Stelle zurück und setzte sich mit dem Rücken gegen den Fels. Er schien entspannt, beinah schläfrig zu sein. Er verharrte in dieser Stellung, bis ich aufgegessen hatte. Dann setzte er sich aufrecht und neigte den Kopf nach rechts. Er schien aufmerksam zu lauschen. Zwei- oder dreimal blickte er zu mir hinüber, stand dann plötzlich auf und suchte die Gegend wie ein Jäger mit den Augen ab. Automatisch erstarrte ich auf der Stelle und bewegte nur die Augen, um seine Schritte zu verfolgen. Ganz vorsichtig trat er hinter ein paar Felsen, als erwartete er, daß irgendein Wild hier an unseren Platz kommen werde. Dann bemerkte ich, daß wir uns an einer runden, buchtartigen Krümmung des ausgetrockneten Flußbetts befanden, das von Sandsteinfelsen eingefaßt war.

Don Juan kam plötzlich hinter dem Felsen hervor und lächelte mir zu. Er reckte die Arme, gähnte und ging auf den Felsen zu, auf dem ich stand. Ich lockerte meine angespannte Haltung und und setzte mich.

“Was ist passiert? ” fragte ich.

Laut schreiend antwortete er, hier gebe es nichts Beunruhigendes.

Mein Magen zog sich unwillkürlich zusammen. Seine Antwort war übertrieben laut, es war mir unvorstellbar, daß er ohne einen bestimmten Grund schreien würde.

Ich wollte mich von dem Felsen hinabgleiten lassen, aber er rief mir zu, ich solle noch etwas bleiben.

“Was tust du? ” fragte ich.

Er setzte sich und verbarg sich zwischen zwei Steinen am Fuß des Felsens, auf dem ich mich befand, dann sagte er mit sehr lauter Stimme, er habe sich nur umgesehen, weil er glaubte, etwas gehört zu haben.

Ich fragte, ob er ein großes Tier gehört habe. Er legte die Hand ans Ohr und schrie, er könne mich nicht hören, ich solle meine Worte laut rufen. Ich hatte keine Lust zu schreien, aber er verlangte mit lauter Stimme, daß ich laut spräche. Ich rief, ich wolle wissen, was hier vorgeht, und er schrie zurück, es gebe wirklich nichts Besonderes. Schreiend fragte er mich, ob ich von der Spitze des Felsens irgendetwas Ungewöhnliches sehen könne. Nein, sagte ich, und er forderte mich auf, ihm das Terrain zu beschreiben.

So brüllten wir einige Zeit hin und her, und dann gab er mir ein Zeichen, hinabzusteigen. Ich gesellte mich zu ihm, und er flüsterte mir ins Ohr, es sei nötig gewesen, so laut zu schreien, um unsere Anwesenheit bekanntzumachen, denn ich müsse mich für Kraft dieses Wasserloches erreichbar machen.

Ich sah mich um, aber ich konnte kein Wasserloch entdecken. Er behauptete, daß wir darauf standen.

“Hier gibt es Wasser”, flüsterte er, “und auch Kraft. Hier ist ein Geist, und wir müssen ihn anlocken; vielleicht wird er dich verfolgen.”

Ich wollte mehr über den angeblichen Geist wissen, aber er verlangte völliges Schweigen. Er riet mir, mich völlig ruhig zu verhalten und nicht einmal zu flüstern noch die geringste Bewegung zu machen, die unsere Anwesenheit verraten könnte.

Offenbar fiel es ihm leicht, stundenlang völlig reglos zu verharren; doch für mich war es die reine Folter. Meine Beine schliefen ein, mein Rücken schmerzte, und in Hals und Schultern nahm die Spannung zu. Mein ganzer Körper wurde taub und kalt. Ich fühlte mich sehr unbehaglich, als Don Juan endlich aufstand. Er sprang einfach auf die Füße und reichte mir die Hand, um mir beim Aufstehen zu helfen.

Als ich versuchte, meine Beine zu strecken, mußte ich die unglaubliche Leichtigkeit bewundern, mit der Don Juan nach Stunden der Bewegungslosigkeit aufgesprungen war. Meine Muskeln brauchten einige Zeit, um die zum Gehen nötige Elastizität wiederzugewinnen.

Don Juan schlug den Weg zu seinem Haus ein. Er ging außerordentlich langsam. Er bestimmte, daß ich ihm im Abstand von drei Schritten folgen sollte. Er wich in Bögen vom geraden Weg ab und kreuzte ihn vier- oder fünfmal in verschiedenen Richtungen. Als wir schließlich bei seinem Haus anlangten, war es später Nachmittag.

Ich versuchte, ihn nach den Ereignissen des Tages auszufragen. Er erklärte, es sei unnötig zu sprechen. Für den Augenblick solle ich auf Fragen verzichten, bis wir einen Ort der Kraft erreichten.

Ich starb beinah vor Neugier, was er damit wohl meinte,

und versuchte flüsternd eine Frage zu stellen, aber er ermahnte mich mit einem kalten, strengen Blick, daß es ihm ernst sei.

Lange Zeit saßen wir auf der Veranda. Ich arbeitete an meinen Notizen. Von Zeit zu Zeit reichte er mir ein Stück getrocknetes Fleisch. Schließlich wurde es zu dunkel zum Schreiben. Ich versuchte, an die jüngsten Ereignisse zu denken, aber irgend etwas in mir widersetzte sich, und ich schlief ein.

Samstag, 19. August 1961

Gestern morgen fuhren Don Juan und ich in die Stadt und frühstückten in einem Restaurant. Er riet mir, meine Eßgewohnheiten nicht drastisch zu ändern.

“Dein Körper ist nicht an das Kraft-Fleisch gewöhnt”, sagte er. “Du würdest krank werden, wenn du nicht deine gewohnte Nahrung hast.”

Er selbst griff herzhaft zu. Als ich darüber witzelte, sagte er einfach: “Mein Körper mag alles.”

Gegen Mittag wanderten wir zurück zum Bachbett. Durch ‘lärmendes Sprechen’ und ein Stunden dauerndes, gezwungenes Schweigen suchten wir uns dem Geist bemerkbar zu machen.

Als wir den Ort verließen, schlug Don Juan, statt zum Haus zurückzukehren, den Weg in die Berge ein. Zuerst erreichten wir einige sanfte Hügel, und dann stiegen wir in die höheren Berge. Dort wählte Don Juan eine Stelle aus, wo wir in offenem, unbeschattetem Gelände rasten wollten. Er sagte, wir müßten bis zur Dämmerung warten, und ich solle mich so natürlich wie möglich benehmen; dazu gehörte auch, daß ich so viele Fragen stellte, wie ich nur wollte.

“Ich weiß, daß der Geist hier draußen lauert”, sagte er ganz leise.

“Wo?”

“Dort draußen in den Büschen.”

“Was für ein Geist ist es?”

Er sah mich mit spöttischer Miene an und erwiderte: “Wie viele Sorten gibt es wohl?”

Wir lachten beide.

Ich hatte diese Frage aus reiner Nervosität gestellt.

"Er wird in der Dämmerung hervorkommen", sagte er. "Wir brauchen bloß zu warten."

Ich schwieg. Die Fragen waren mir ausgegangen.

"Diesmal müssen wir ständig weitersprechen", sagte er. "Die menschliche Stimme zieht die Geister an. Gerade jetzt lauert einer dort draußen. Wir wollen uns für ihn erreichbar machen, deshalb sprich nur weiter."

Ich hatte ein idiotisches Gefühl der Leere. Ich wußte nicht, was ich sagen sollte. Er lachte und klopfte mir den Rücken.

"Du bist wirklich eine Nummer", sagte er. "Wenn du sprechen sollst, dann hast du keine Zunge mehr. Los, beweg deine Kinnladen."

Übermütig bewegte er den Unterkiefer auf und ab, wobei er den Mund rasend schnell öffnete und schloß.

"Es gibt gewisse Dinge, über die wir von nun an nur an Orten der Kraft sprechen werden", fuhr er fort. "Ich habe dich hierher geführt, weil dies dein erster Versuch ist. Dies ist ein Ort der Kraft, und wir können hier nur über die Kraft sprechen."

"Ich weiß wirklich nicht, was Kraft ist."

"Kraft ist etwas, womit ein Krieger umgeht", sagte er. "Zu Beginn ist es eine unvorstellbare, weithergeholte Angelegenheit. Es ist schwer, auch nur daran zu denken. So ergeht es jetzt gerade dir. Später wird die Kraft zu einer ernsten Sache. Man hat sie vielleicht nicht, oder man erkennt vielleicht nicht einmal, daß es sie gibt, und doch weiß man, daß etwas da ist, etwas, das man zuvor nicht bemerkt hatte. Außerdem manifestiert sich die Kraft als etwas Unkontrollierbares, das einen überkommt. Es ist mir nicht möglich zu sagen, wie sie kommt oder was sie eigentlich ist. Sie ist nichts, und doch läßt sie Wunder vor deinen Augen geschehen. Und schließlich ist die Kraft etwas in uns selbst, etwas, das unsere Handlungen kontrolliert und trotzdem unserem Befehl gehorcht."

Es entstand eine kurze Pause. Don Juan fragte mich, ob ich verstünde. Es wäre mir albern erschienen, dies zu bejahen. Er schien meine Verblüffung bemerkt zu haben und kicherte.

"Ich werde dich gleich jetzt den ersten Schritt zur Kraft lehren", sagte er in einem Ton, als diktierte er mir einen Brief.

“Ich werde dich lehren, das *Träumen* zu arrangieren.”

Er sah mich an und fragte mich abermals, ob ich wisse, was er meinte. Ich wußte es nicht. Ich hatte ihm kaum folgen können.

“Das *Träumen* arrangieren”, erklärte er, “bedeutet, eine genaue und pragmatische Kontrolle über die allgemeinen Bedingungen eines Traumes zu haben, vergleichbar mit der Kontrolle, die man über jede Entscheidung in der Wüste hat, etwa ob man auf einen Berg steigen oder im Schatten einer Schlucht bleiben will.”

“Du mußt mit etwas ganz Einfachem beginnen”, sagte er. “Heute nacht mußt du im Traum deine Hände ansehen.”

Ich lachte laut heraus. Sein Ton war so beiläufig, als sagte er etwas ganz Alltägliches.

“Warum lachst du? ” fragte er überrascht.

“Wie kann ich im Traum meine Hände ansehen? ”

“Ganz einfach, du richtest einfach den Blick auf sie, einfach so.”

Er neigte den Kopf nach vorn und starrte mit offenem Mund seine Hände an. Diese Gebärde war so komisch, daß ich lachen mußte.

“Im Ernst, wie kannst du so etwas von mir erwarten? “ fragte ich.

“So, wie ich es dir gezeigt habe”, fuhr er mich an. “Du kannst natürlich alles anschauen, was dir, verflucht nochmal, Spaß macht – deine Zehen, deinen Bauch oder meinetwegen deinen Schwanz. Ich sagte, deine Hände, weil mir scheint, daß es am einfachsten ist, sie anzusehen. Glaube nur nicht, daß ich spaße. Das *Träumen* ist so ernst wie das *Sehen* oder das *Sterben* oder alles andere in dieser ehrfurchtgebietenden, geheimnisvollen Welt.

Stell es dir als etwas Angenehmes vor. Denk an all die unglaublichen Dinge, die du vollbringen könntest. Ein Mann, der nach Kraft jagt, kennt in seinen Träumen fast keine Grenzen.”

Ich bat ihn, mir ein paar Hinweise zu geben.

“Was sollen Hinweise!” sagte er. “Schau einfach deine Hände an.”

“Du mußt mir doch mehr darüber sagen können”, beharrte ich.

Er schüttelte den Kopf und kniff die Augen zusammen, wobei er mir kurze Blicke zuwarf.

"Jeder von uns ist anders", meinte er schließlich. "Was du Hinweise nennst, kann nur das sein, was ich selbst tat, als ich lernte. Wir sind nicht gleich. Wir sind uns nicht mal irgendwie ähnlich."

"Vielleicht könnte alles, was du sagst, mir helfen."

"Es wäre einfacher für dich, wenn du einfach anfingst, deine Hände anzuschauen."

Er schien zu überlegen und wippte mit dem Kopf auf und ab.

"Jedesmal wenn du in deinen Träumen etwas ansiehst, verändert es seine Form", sagte er nach langem Schweigen. "Der Trick, das Arrangieren der Träume zu lernen, besteht offenbar darin, die Dinge nicht einfach anzuschauen, sondern ihren Anblick auszudehnen. Das *Träumen* ist real, wenn es einem gelingt, sich auf alles zu konzentrieren. Dann gibt es keinen Unterschied zwischen dem, was man tut, wenn man schläft, und dem, was man tut, wenn man nicht schläft. Siehst du, was ich meine? "

Ich bekannte, daß ich, obgleich ich das Gesagte verstand, seine Prämisse nicht akzeptieren konnte. Ich wandte ein, es gebe in der zivilisierten Welt viele Menschen, die Wahnbilder haben und das, was in der realen Welt vorgeht, nicht von dem unterscheiden können, was in ihren Phantasien stattfindet. Solche Menschen, sagte ich, seien zweifellos geisteskrank, und mein Unbehagen nehme jedesmal zu, wenn er von mir verlangte, wie ein Geisteskranker zu handeln.

Nach dieser langen Erklärung von mir machte Don Juan eine komische Geste der Verzweiflung, wobei er die Hände an die Wangen legte und laut seufzte.

"Laß deine zivilisierte Welt aus dem Spiel", sagte er. "Laß das sein! Niemand verlangt von dir, dich wie ein Irrer zu benehmen. Ich sagte dir schon, ein Krieger muß vollkommen sein, um mit den Kräften umgehen zu können, die er jagt. Wie kannst du glauben, daß ein Krieger nicht imstande ist, die Dinge zu unterscheiden?

Du dagegen, mein Freund, der du weißt, was die reale Welt ist, würdest augenblicklich scheitern, wenn du auf deine

Fähigkeit angewiesen wärst, zu unterscheiden, was real ist und was nicht."

Offenbar hatte ich das, was ich sagen wollte, nicht klar zum Ausdruck gebracht. Jedesmal wenn ich Einwände vorbrachte, faßte ich nur die unerträgliche Frustration in Worte, daß ich mich in einer unhaltbaren Situation befand.

"Ich versuche nicht, aus dir einen Kranken, einen Verrückten zu machen", fuhr Don Juan fort. "Das schaffst du schon allein und ohne meine Hilfe. Aber die Kräfte, die uns leiten, haben dich zu mir geführt, und ich habe mich bemüht, dich zu lehren, deine törichte Lebensweise zu ändern und das starke Leben eines Kriegers zu leben. Dann führten die Kräfte dich abermals und sagten mir, du sollst lernen, das unfehlbare Leben eines Jägers zu leben. Dann führten kannst du das nicht. Aber wer weiß das schon? Nichts ist so geheimnisvoll und ehrfurchtgebietend wie diese unergründliche Welt – wer kann also wissen, wozu du fähig bist? "

In Don Juans Stimme schwang ein Ton der Trauer mit. Ich wollte mich entschuldigen, aber er begann erneut zu sprechen.

"Du brauchst nicht unbedingt deine Hände anzusehen", sagte er. "Wie ich schon sagte, wähle halt irgendetwas, aber wähle etwas im voraus und such es dann in deinen Träumen. Ich sagte nur, nimm die Hände, weil sie immer da sind.

Wenn sie anfangen, ihre Form zu verändern, mußt du den Blick von ihnen wenden und etwas anderes ansehen, und dann schau wieder deine Hände an. Es braucht lange, diese Technik zu vervollkommnen."

Ich war so sehr mit dem Aufschreiben beschäftigt, daß ich nicht bemerkt hatte, wie es dunkel wurde. Die Sonne war bereits hinter dem Horizont verschwunden. Der Himmel war bewölkt, und die Dämmerung brach herein. Don Juan stand auf und sandte einen verstohlenen Blick nach Süden.

"Laß uns gehen", sagte er. "Wir müssen nach Süden gehen, bis der Geist des Wasserloches sich zeigt."

Wir gingen etwa eine halbe Stunde. Die Landschaft veränderte sich abrupt, und wir kamen in eine öde Gegend. Dort war ein großer runder Hügel, auf dem der Chaparral abgebrannt war. Er sah aus wie ein kahler Kopf. Wir gingen auf ihn zu. Ich glaubte, Don Juan wolle den flachen Hang hinaufsteigen, aber er blieb stehen und verharrte in einer wachsamen Haltung. Sein ganzer Körper schien sich anzuspannen und erbebte. Ich konnte mir nicht vorstellen, wie er aufrecht stehen konnte, während seine Muskeln so entspannt waren.

In diesem Augenblick traf mich ein sehr heftiger Windstoß. Don Juan warf sich in die Richtung des Windes, nach Westen herum. Er gebrauchte nicht seine Muskeln, um sich umzuwenden, oder wenigstens gebrauchte er sie nicht so, wie ich die meinen beim Umwenden benutzt hätte. Don Juans Körper schien eher von außen gezogen zu werden. Es war, als hätte ein anderer seinen Körper in die neue Richtung gedrängt.

Ich ließ ihn nicht aus den Augen. Er sah mich aus dem Augenwinkel an. Seine Miene war entschlossen und zielstrebig. Sein ganzes Wesen war Aufmerksamkeit, und ich betrachtete ihn voller Bewunderung. Ich war nie in einer Situation gewesen, die eine so eigenartige Konzentration erfordert hätte.

Plötzlich bebte sein Körper, als sei er unverhofft von einem kalten Wasserguß getroffen worden. Noch einmal bebte er, und dann setzte er sich in Bewegung, als sei nichts geschehen.

Ich folgte ihm. Wir gingen am Osthang des kahlen Hügels entlang, bis wir den mittleren Teil erreicht hatten. Dort blieb er stehen und wandte das Gesicht nach Westen.

Von dort, wo wir standen, sah der Gipfel des Hügels nicht so rund und glatt aus, wie er mir aus der Ferne erschienen war. In der Nähe des Gipfels war ein Spalt, eine Höhle. Ich sah sie unverwandt an, denn Don Juan tat das gleiche. Ein weiterer starker Windstoß ließ ein Frösteln über meinen Rükken laufen. Don Juan wandte sich nach Süden und suchte mit den Augen die Gegend ab.

“Dort!” flüsterte er und deutete auf einen am Boden liegenden Gegenstand.

Ich strengte meine Augen an. Da war etwas auf dem Boden, etwa sieben Meter entfernt. Es war hellbraun, und als ich es ansah, zitterte es. Ich richtete meine ganze Aufmerksamkeit darauf. Der Gegenstand war fast rund und sah aus wie zusammengerollt. Ja, er sah aus wie ein zusammengerollter Hund.

"Was ist das? " flüsterte ich Don Juan zu.

"Ich weiß nicht", flüsterte er zurück und spähte zu dem Gegenstand hinüber. "Was meinst du, wie es aussieht? "

Ich sagte, ich hielte es für einen Hund.

"Zu groß für einen Hund", sagte er bestimmt.

Ich tat ein paar Schritte auf den Gegenstand zu, aber Don Juan hielt mich sanft zurück. Wieder starrte ich hinüber. Eindeutig war es entweder ein schlafendes oder ein totes Tier. Ich meinte seinen Kopf zu sehen; seine Ohren standen ab wie die Ohren eines Wolfes. In diesem Augenblick war ich ganz sicher, daß es ein zusammengerolltes Tier war. Ich glaubte, es könne auch ein braunes Kalb sein. Dies flüsterte ich Don Juan zu.

Er antwortete, es sei zu klein für ein Kalb, außerdem habe es spitze Ohren.

Wieder zitterte das Tier, und dann stellte ich fest, daß es lebte. Ich konnte sogar sehen, wie es atmete, doch es schien nicht regelmäßig zu atmen. Seine Atemzüge waren eher wie ein unregelmäßiges Beben. In diesem Moment hatte ich eine plötzliche Erkenntnis:

"Es ist ein sterbendes Tier", flüsterte ich Don Juan zu.

"Du hast recht", flüsterte er zurück. "Aber was für ein Tier? "

Ich konnte keine besonderen Merkmale an ihm feststellen. Don Juan machte ein paar vorsichtige Schritte auf das Tier zu. Ich folgte ihm. Es war inzwischen recht dunkel geworden, und wir mußten noch zwei Schritte nähertreten, um das Tier sehen zu können.

"Paß auf", flüsterte Don Juan mir ins Ohr. "Wenn es ein sterbendes Tier ist, kann es uns mit letzter Kraft anspringen."

Das Tier, was es auch sein mochte, schien in den letzten Zügen zu liegen. Sein Atem ging unregelmäßig, sein Körper zitterte krampfhaft, aber es veränderte nicht seine zusammengerollte Haltung. Irgendwann jedoch ließ eine gewaltige Zuckung das Tier vom Boden hochschnellen. Ich hörte einen unmenschlichen Schrei, und das Tier streckte die Beine von sich. Seine Klauen waren mehr als furchterregend, sie waren ekelhaft. Nachdem das Tier die Beine von sich gestreckt hatte, fiel es zur Seite und rollte auf den Rücken.

Ich hörte ein furchtbares Knurren, und dann Don Juans Stimme: "Lauf um dein Leben!"

Genau das tat ich. Ich kletterte mit unglaublicher Geschwindigkeit und Behendigkeit zum Gipfel des Hügels hinauf. Als ich halbwegs oben war, sah ich mich um und erblickte Don Juan, der noch an der gleichen Stelle stand. Er gab mir einen Wink, ich solle hinabkommen. Ich lief den Hügel hinunter.

"Was ist passiert? " fragte ich, völlig außer Atem.

"Ich glaube, das Tier ist tot", sagte er.

Wir näherten uns dem Tier vorsichtig. Es lag ausgestreckt auf dem Rücken. Als ich näherkam, schrie ich beinah vor Angst auf. Ich erkannte, daß es noch nicht ganz tot war. Sein Körper bebte noch immer. Seine in die Luft gereckten Beine zitterten heftig. Das Tier lag eindeutig in den letzten Zügen.

Ich trat vor Don Juan. Eine neue krampfartige Zuckung bewegte den Körper des Tieres, und ich konnte seinen Kopf sehen. Entsetzt wandte ich mich zu Don Juan um. Das Tier war, nach seinem Körperbau zu urteilen, ein Säugetier, doch hatte es einen Schnabel wie ein Vogel. Ich starrte es mit grausigem Entsetzen an. Mein Verstand weigerte sich, dies zu glauben. Ich war völlig benommen. Ich konnte kein einziges Wort hervorbringen. Noch nie im Leben hatte ich etwas derartiges miterlebt. Dort, vor meinen eigenen Augen, war etwas Unvorstellbares. Ich wollte, daß Don Juan mir erklärte, was für ein unglaubliches Tier dies sei, doch ich konnte ihm nur etwas zumurmeln. Er starrte mich an. Ich schaute zu ihm, dann auf das Tier, und dann brachte irgend etwas in mir die Welt wieder ins Lot, und ich wußte plötzlich, was dieses Tier war. Ich trat hinzu und hob es auf. Es war ein großer Zweig von einem Busch. Er war verbrannt, und möglicherweise hatte der Wind irgendwelche verbrannten Schlacken herangeweht, die sich in dem dürren Zweig verfangen und ihm das Aussehen eines großen runden Tieres verliehen hatten. Die Farbe der verbrannten Schlacken ließen es hellbraun erscheinen, und hoben es von der grünen Vegetation ab.

Ich lachte über meine Torheit und erklärte Don Juan aufgeregt, der Wind habe den Zweig, als er hindurchblies, wohl wie ein lebendiges Tier erscheinen lassen. Ich glaubte, Don Juan sei zufrieden darüber, wie ich das Rätsel gelöst hatte, aber er drehte sich um und stieg zum Gipfel des Hügels hinauf. Ich folgte ihm. Er kroch in die Vertiefung, die wie eine Höhle aussah. Doch es war keine Höhle, sondern eine flache Einbuchtung im Sandstein.

Don Juan sammelte einige kleine Zweige und fegte damit den Sand beiseite, der sich am Boden der Vertiefung angesammelt hatte.

"Wir müssen den Dreck fortschaffen", sagte er.

Er forderte mich durch ein Zeichen auf mich zu setzen und sagte, ich solle es mir bequem machen, denn wir würden die Nacht hier verbringen.

Ich fing an, über den Zweig zu sprechen, aber er gebot mir Schweigen.

"Was du getan hast, ist kein Triumph", sagte er. "Du hast eine wunderbare Kraft vergeudet, eine Kraft, die diesem dürren Zweig Leben einhauchte."

Er sagte, ein wirklicher Triumph wäre es für mich gewesen, wenn ich mich abgefunden hätte und der Kraft gefolgt wäre, bis die Welt aufgehört hätte zu existieren. Offensichtlich war er nicht böse oder enttäuscht über mein Verhalten. Er stellte mehrmals fest, daß dies nur der Anfang sei und daß es Zeit brauchte, mit der Kraft umzugehen. Er klopfte mir auf die Schulter und witzelte darüber, daß ich noch heute morgen derjenige gewesen war, der wußte, was real ist und was nicht.

Ich war bestürzt. Ich wollte mich für meine Neigung, meiner Sache immer so sicher zu sein, entschuldigen.

"Ist doch egal", sagte er. "In dem Moment, als die Kraft den Zweig berührte, war er ein wirkliches Tier und lebendig. Da das, was ihn lebendig machte, die Kraft war, kam es darauf an, genau wie beim *Träumen* den Anblick auszuhalten. Siehst du, was ich meine?"

Ich wollte noch etwas fragen, aber er brachte mich zum Schweigen und sagte, ich solle mich die ganze Nacht ruhig verhalten, aber wach bleiben, und nur er würde eine Weile sprechen.

Der Geist, der seine Stimme kannte, werde durch ihren Klang vielleicht bezähmt und uns in Ruhe lassen. Wenn man sich der Kraft zugänglich macht, geht es um ernste Dinge. Die Kraft ist eine vernichtende Macht, die leicht zum Tod führen kann und deshalb mit großer Vorsicht behandelt werden muß. Wenn man sich der Kraft zugänglich macht, muß das systematisch, aber immer mit großer Vorsicht geschehen.

Dazu gehört, daß man seine Anwesenheit durch kontrolliertes lautes Sprechen oder andere Formen der geräuschvollen Aktivität bekundet, und dann muß man ein langes, vollkommenes Schweigen einhalten. Der kontrollierte Ausbruch und die kontrollierte Ruhe seien die Merkmale eines Kriegers. Er sagte, ich hätte den Anblick des lebendigen Ungeheuers eigentlich noch etwas länger aushalten sollen. Auf kontrollierte Weise, ohne den Kopf zu verlieren, ohne vor Aufregung und Furcht verwirrt zu sein, hätte ich mich bemühen sollen, "die Welt anzuhalten". Nachdem ich den Berg hinaufgelaufen sei, meinte er, sei ich genau in dem Zustand gesesen, um "die Welt anzuhalten." Dieser Zustand sei aus Angst, Ehrfurcht, Kraft und Tod zusammengesetzt. Es würde ziemlich schwierig sein, sagte er, einen solchen Zustand wieder herbeizuführen.

Ich flüsterte ihm ins Ohr: "Was verstehst du unter 'die Welt anhalten'? "

Er warf mir einen wilden Blick zu, bevor er antwortete: "Es ist eine Technik, die von denen, die nach Kraft jagen, praktiziert wird, eine Technik, durch die man die Welt, wie wir sie kennen, einstürzen lassen kann."

11. Die Stimmung eines Kriegers

Am 31. August 1961 fuhr ich bei Don Juans Haus vor, und noch bevor ich Gelegenheit hatte, ihn zu begrüßen, steckte er den Kopf durch das Wagenfenster, lächelte und sagte: "Wir müssen ziemlich weit zu einem Ort der Kraft fahren, und es ist schon beinah Mittag."

Er öffnete den Wagenschlag, setzte sich neben mich auf den Vordersitz und wies mich an, etwa hundert Kilometer nach Süden zu fahren. Dann wandten wir uns auf einer Sandstraße nach Osten und folgten ihr, bis wir die Hänge des Gebirges erreichten. Ich parkte mein Auto neben der Straße in einer Mulde, die Don Juan wählte, weil sie tief genug war, um den Wagen gegen die Sicht abzuschirmen. Von dort erklommen wir unmittelbar die flachen Hügel, die eine weite, unwirtliche Ebene durchzogen.

Als es dunkelte, suchte Don Juan einen Schlafplatz. Er verlangte völliges Schweigen.

Am nächsten Morgen aßen wir ein genügsames Mahl und setzten unsere Wanderung in östlicher Richtung fort. Die Vegetation bestand nun nicht mehr aus dem Buschwerk der Wüste, sondern aus dichten, grünen Büschen und Bäumen.

Am Nachmittag kletterten wir auf eine gewaltige Klippe aus Mischgestein, die wie eine Mauer aussah. Don Juan setzte sich und gab mir einen Wink, es ihm gleichzutun.

"Dies ist ein Ort der Kraft", sagte er nach kurzer Pause. "Dies ist ein Ort, an dem vor langer Zeit Krieger begraben wurden."

In diesem Augenblick flog eine Krähe krächzend über uns hinweg. Don Juan verfolgte aufmerksam ihren Flug.

Ich untersuchte den Fels und fragte mich, wie und wo die Krieger beerdigt worden seien, als er mich an der Schulter berührte.

"Nicht hier, du Narr", sagte er. "Dort unten."

Er deutete auf ein Feld direkt unter uns, östlich am Fuß der Klippe gelegen. Er erklärte, daß dieses Feld von einer natürlichen Einfriedung aus Felsblöcken umgeben war. Von der Stelle, wo ich saß, sah ich eine Fläche von etwa hundert Metern Durchmesser, die die Form eines geschlossenen Kreises hatte. Sie war mit dichtem Gebüsch bestanden, das die Felsblöcke verbarg. Ich hätte die runde Formation nicht einmal bemerkt, wenn Don Juan mich nicht darauf aufmerksam gemacht hätte.

Er sagte, solche Plätze gebe es überall in der alten Welt der Indianer. Sie seien nicht direkt Orte der Kraft, so wie bestimmte Hügel oder Bodenformationen der Wohnsitz von

Geistern sind, sondern eher Orte der Erleuchtung, wo man Lehren erhalten und Lösungen für Probleme finden kann.

"Du brauchst nichts anderes zu tun als herzukommen", sagte er. "Oder die Nacht auf diesem Felsen zu verbringen, um deine Gefühle zu ordnen."

"Werden wir hier die Nacht verbringen?"

"Das hatte ich vor, doch eine kleine Krähe sagte mir eben, wir sollten es besser nicht tun."

Ich wollte mehr über die Krähe erfahren, aber er brachte mich mit einer ungeduldigen Handbewegung zum Schweigen.

"Schau auf diesen Kreis von Felsblöcken", sagte er. "Bewahre ihn im Gedächtnis, dann wird eines Tages eine Krähe dich zu einem anderen solchen Ort führen. Je vollkommener seine Rundgestalt ist, desto größer ist seine Kraft."

"Sind die Gebeine der Krieger noch immer hier begraben?"

Don Juan machte eine komische Geste der Ratlosigkeit und grinste breit.

"Dies ist kein Friedhof", sagte er. "Hier liegt niemand begraben. Ich sagte, daß Krieger hier einst begraben wurden. Ich meinte damit, daß sie hierher zu kommen pflegten, um sich für eine Nacht oder zwei Tage, oder wie lange es nötig sein mochte, zu begraben. Ich meinte damit nicht, daß die Gebeine von Toten hier begraben sind. Was gehen mich Friedhöfe an? Dort gibt es keine Kraft. In den Gebeinen eines Kriegers ist zwar Kraft, aber sie finden sich nie auf Friedhöfen, und in den Gebeinen eines Wissenden ist noch mehr Kraft, aber es ist praktisch unmöglich, sie zu finden."

"Was ist ein Wissender, Don Juan?"

"Jeder Krieger kann ein Wissender werden. Wie ich dir sagte, ist ein Krieger ein unfehlbarer Jäger, der die Kraft jagt. Wenn seine Jagd erfolgreich ist, kann er ein Wissender werden."

"Was . . ."

Er unterbrach meine Frage mit einer Handbewegung. Er stand auf, bedeutete mir, ihm zu folgen, und begann, an der Ostseite der Klippe hinabzusteigen. Ein deutlich erkennbarer Steig führte durch die beinah senkrechte Wand, auf die runde Fläche zu.

Langsam arbeiteten wir uns den gefährlichen Pfad hinab, und als wir unten ankamen, führte Don Juan mich ohne Verweilen durch den dichten Chaparral zur Mitte des Kreises. Er benutzte ein paar dichte, trockene Zweige, um für uns eine Stelle zum Niedersitzen sauberzufegen. Auch diese Stelle war kreisrund.

"Ich hatte vor, dich die Nacht über hier zu begraben", sagte er, "aber ich weiß, daß es noch nicht Zeit dafür ist. Du hast keine Kraft. Ich werde dich nur kurze Zeit begraben."

Ich wurde bei dem Gedanken, eingeschlossen zu sein, sehr unruhig und fragte ihn, wie er mich begraben wolle. Er kicherte wie ein Kind und begann trockene Zweige zusammenzusuchen. Er ließ sich nicht von mir helfen und sagte, ich solle mich setzen und warten. Die Zweige, die er zusammensuchte, warf er in den gesäuberten Kreis. Er ließ mich, mit dem Kopf nach Osten, niederliegen und baute einen Käfig um meinen Körper herum. Diesen fügte er zusammen, indem er etwa siebzig Zentimeter lange Stöcke in die weiche Erde steckte; diese Äste, die in Gabeln ausliefen, dienten als Stützen für einige lange Stöcke, die dem Käfig einen Rahmen und das Aussehen eines offenen Sarges gaben. Er bedeckte den kastenartigen Käfig, indem er kleinere Zweige und Blätter über die langen Äste breitete, wobei er mich von den Schultern abwärts zudeckte. Meinen Kopf, der auf meiner Jacke wie auf einem Kissen ruhte, ließ er frei.

Dann nahm er ein großes trockenes Holzscheit, mit dem er die Erde um mich herum lockerte und bedeckte damit den Käfig.

Der Rahmen war so fest und die Blätter waren so gut angeordnet, daß keine Erde nach innen fiel. Ich konnte die Füße frei bewegen und sogar hinein und hinaus schlüpfen.

Ein Krieger, sagte Don Juan, baue den Käfig normalerweise selbst und schlüpfte dann hinein, um ihn von innen zu verschließen.

"Und die Tiere?" fragte ich. "Können sie die Erddecke fortkratzen und in den Käfig schlüpfen und den Mann verletzen?"

"Nein, darum sorgt ein Krieger sich nicht. Du sorgst dich darum, weil du keine Kraft hast. Ein Krieger hingegen wird von seiner unbeugsamen Absicht geleitet und kann alles abwehren. Keine Ratte, keine Schlange und kein Berglöwe könnten ihm etwas anhaben."

"Wozu begraben die Krieger sich, Don Juan? "

"Wegen der Erleuchtung und der Kraft."

Ich hatte ein äußerst angenehmes Gefühl der Ruhe und Zufriedenheit. In diesem Augenblick erschien die Welt im Lot. Die Stille war köstlich und gleichzeitig entnervend. Ich war eine solche Stille nicht gewöhnt. Ich versuchte zu sprechen, aber er brachte mich zum Schweigen. Nach einiger Zeit begann die Ruhe des Ortes meine Stimmung zu beeinflussen. Ich dachte an mein Leben und an meine persönliche Geschichte und erlebte das vertraute Gefühl der Trauer und Reue. Ich sagte, daß ich es nicht verdiente, hier zu sein, daß diese Welt stark und gerecht sei, und ich sei schwach, und daß mein Geist durch die Umstände meines Lebens deformiert worden sei.

Er lachte und drohte, er werde meinen Kopf mit Erde bedecken, wenn ich weiter solchen Unsinn redete. Ich sei ein Mensch, sagte er. Und wie jeder Mensch verdiente ich alles, was das Los eines Menschen sei – Freude, Schmerz, Trauer und Kampf –, und es komme nicht darauf an, wie man handele, solange man nur als Krieger handele.

Die Stimme beinah zu einem Flüstern senkend, sagte er, wenn ich wirklich glaubte, daß mein Geist deformiert sei, dann solle ich ihn einfach festigen – ihn reinigen, vervollkommnen –, denn es gebe für uns keine lohnendere Aufgabe im Leben. Den Geist nicht festigen heiße den Tod suchen, und das sei dasselbe wie nichts suchen, denn der Tod ereile uns ohnehin.

Er machte eine lange Pause, dann sagte er im Ton unerschütterlicher Überzeugung: "Nach der Vervollkommnung des Kriegergeistes zu streben, ist die einzige unseres Menschseins würdige Aufgabe."

Seine Worte wirkten wie ein Katalysator. Ich empfand das Gewicht meiner früheren Taten als eine unerträgliche, hemmende Last. Ich gestand mir ein, daß es keine Hoffnung für mich gab. Ich begann zu weinen, während ich über mein Leben sprach. Ich sagte, ich sei so lange umhergeirrt, daß ich gegen Schmerz und Trauer gefühllos geworden sei, mit Ausnahme bestimmter Gelegenheiten, wenn ich mir meines Alleinseins und meine Hilflosigkeit bewußt wurde.

Er sagte nichts. Er packte mich unter den Achseln und zog mich aus dem Käfig. Als er mich losließ, setzte ich mich aufrecht. Er setzte sich neben mich. Ein ungemütliches Schweigen machte sich breit. Ich glaubte, er wolle mir Zeit geben, mich wieder zu fangen. Ich nahm mein Notizbuch und kritzelte aus Nervosität etwas hinein.

"Du fühlst dich wie ein Blatt im Wind, nicht wahr?" sagte er schließlich und sah mich an.

Das war es, genau so fühlte ich mich. Offenbar konnte er sich in mich hineinversetzen. Er meinte, meine Stimmung erinnere ihn an ein Lied, und er begann es mit leiser Stimme zu singen. Sein Gesang war sehr angenehm, und die Verse trugen mich davon: "Ich bin so weit weg vom Himmel, unter dem ich geboren bin. Ungeahnte Sehnsucht greift nach meinen Gedanken. Jetzt, wo ich so allein und traurig bin wie ein Blatt im Wind, möchte ich manchmal weinen, möchte ich manchmal vor Sehnsucht lachen." (Que lejos estoy del cielo donde he nacido. Immensa nostalgia invade mi pensiamento. Ahora que estoy tan solo y triste cual hoja al viento, quisiera llorar, quisiera reir de sentimiento.)

Lange sprachen wir kein Wort. Schließlich brach er das Schweigen.

"Seit dem Tag als du geboren wurdest, hat immer jemand, auf die eine oder andere Weise, etwas mit dir getan", sagte er.

"Das stimmt."

"Und sie haben manchmal Dinge getan, die gegen deinen Willen waren."

"Stimmt".

"Und jetzt bist du hilflos wie ein Blatt im Wind."

"Das stimmt, so ist es."

Die Umstände meines Lebens, sagte ich, seien manchmal niederschmetternd gewesen. Er hörte aufmerksam zu, aber ich konnte nicht feststellen, ob er nur einfach liebenswürdig war oder wirklich Anteil nahm, bis ich bemerkte, daß er ein Lächeln zu verbergen suchte.

"Ganz gleich wie gern du dich bemitleidest, du mußt das ändern", sagte er mit weicher Stimme. "Es verträgt sich nicht mit dem Leben eines Kriegers."

Er lachte und sang das Lied noch einmal, doch diesmal verzerrte er die Betonung mancher Worte; das Ergebnis war eine lächerliche Wehklage. Der Grund, warum das Lied mir gefallen habe, meinte er, sei, daß ich in meinem Leben nichts anderes getan hätte, als an allem etwas auszusetzen und zu wehklagen. Ich konnte ihm nicht widersprechen. Er hatte recht. Doch ich glaubte, daß ich gute Gründe hatte, mein Gefühl, ein Blatt im Wind zu sein, zu rechtfertigen.

“Das Schwerste überhaupt ist es, sich in die Stimmung eines Kriegers zu versetzen. Es hat keinen Sinn, traurig zu sein und zu klagen, und sich dazu berechtigt zu fühlen, im Glauben, daß immer jemand uns irgend etwas antut. Niemand tut irgend jemand etwas an, am wenigsten einem Krieger.

Du bist hier bei mir, weil du hier sein willst. Du hättest bereits die volle Verantwortung übernehmen sollen, dann würde sich die Vorstellung, daß du ein Blatt im Winde bist, für dich verbieten.”

Er stand auf und fing an, den Käfig zu zerlegen. Er schippte die Erde dorthin zurück, wo er sie hergenommen hatte, und verstreute die Stöcke sorgfältig im Chaparral. Dann bedeckte er den gesäuberten Kreis mit Pflanzenresten, so daß der Ort so zurückblieb, als hätte ihn nie jemand berührt.

Ich machte eine Bemerkung über seine Sorgfalt. Ein guter Jäger, sagte er, würde wissen, daß wir hier gewesen sind, gleichgültig, wie sorgfältig wir die Spuren beseitigten, denn die Spuren von Menschen könnten nie völlig verwischt werden.

Er saß mit untergeschlagenen Beinen und forderte mich auf, mich so bequem wie möglich mit dem Gesicht zu der Stelle zu setzen, an der er mich begraben hatte, und so zu verharren, bis meine traurige Stimmung verflogen sei.

“Ein Krieger begräbt sich, um Kraft zu finden, und nicht um vor Selbstmitleid zu weinen”, sagte er.

Ich versuchte, mich zu rechtfertigen, aber er unterbrach mich mit einer ungeduldigen Kopfbewegung. Er sagte, er habe mich schleunigst aus dem Käfig ziehen müssen, denn meine Stimmung sei unerträglich gewesen und er habe Angst gehabt, der Ort werde meine Weichheit übelnehmen und mich verletzen.

“Selbstmitleid verträgt sich nicht mit Kraft”, sagte er. “Die Stimmung eines Kriegers verlangt Selbstbeherrschung, und gleichzeitig verlangt sie Selbstvergessen.”

“Wie ist das möglich? ” fragte ich. “Wie kann der Krieger sich gleichzeitig beherrschen und vergessen? ”

“Das ist eine schwierige Technik”, sagte er.

Er schien zu überlegen, ob er weitersprechen wollte oder nicht. Zweimal war er im Begriff etwas zu sagen, aber er besann sich und lächelte.

“Du hast deine Traurigkeit noch nicht überwunden”, sagte er. “Du fühlst dich immer noch schwach, und es hat keinen Sinn, jetzt über die Stimmung eines Kriegers zu sprechen.”

Fast eine Stunde verging in völligem Schweigen. Dann fragte er mich unvermittelt, ob es mir gelungen sei, die Techniken des ‘Träumens’ zu erlernen, die er mich gelehrt hatte.

Ich hatte mich fleißig darin geübt, und nach ungeheuren Anstrengungen war es mir gelungen, ein gewisses Maß an Kontrolle über meine Träume zu erlangen. Don Juan hatte ganz recht als er sagte, man könne diese Übungen als Unterhaltung auffassen. Zum erstenmal im Leben hatte ich mich auf das Einschlafen gefreut.

Ich gab ihm einen genauen Bericht über meine Fortschritte. Es war mir relativ leicht gefallen, das Bild meiner Hände anzuhalten, nachdem ich gelernt hatte, mich zu zwingen, sie anzusehen. Meine Traumbilder, auch wenn sie nicht immer meine Hände zeigten, hielten offenbar lange an, bis ich schließlich die Kontrolle verlor und mich in normale, unvorhersehbare Träume verlor. Es hing nicht von meinem Willen oder dergleichen ab, wenn ich mir den Befehl gab, meine Hände oder ein anderes Detail des Traumes anzusehen. Es geschah ganz einfach. Irgendwann fiel mir ein, daß ich auf meine Hände und dann auf die Umgebung schauen mußte. Es gab aber auch Nächte, nach denen ich mich nicht erinnern konnte, daß mir das gelungen war.

Er schien zufrieden und wollte wissen, was ich denn normalerweise in meinen Traumbildern gesehen hatte. Es fiel mir nichts besonderes ein, und so fing ich an, ausführlich einen Alptraum zu erzählen, den ich in der vergangenen Nacht gehabt hatte.

“Sei nicht so weitschweifig”, sagte er trocken.

Ich sagte ihm, daß ich meine Träume in allen Einzelheiten aufgeschrieben hatte. – Seit ich begonnen hatte, meine Hände anzusehen, waren meine Träume sehr lebhaft geworden, und meine Fähigkeit, mich zu erinnern, hatte so stark zugenommen, daß ich mich auf die kleinsten Details besinnen konnte.

Don Juan sagte, es sei Zeitverschwendung, darauf zu achten, denn Einzelheiten und Lebhaftigkeit der Träume seien überhaupt nicht wichtig.

"Die normalen Träume werden sehr lebhaft, sobald man anfängt, das *Träumen zu arrangieren*", sagte er. "Diese Lebhaftigkeit und Klarheit ist eine furchtbare Barriere, und bei dir ist es schlimmer als bei irgendeinem, den ich im Leben getroffen habe. Du hast die schlimmste Manie. Du schreibst alles auf."

Ich hielt das, was ich tat, für richtig. Indem ich peinlich genau über meine Träume Buch führte, erhielt ich ein hohes Maß an Klarheit über das Wesen der Traumbilder, die ich im Schlaf hatte.

"Hör auf damit", herrschte er mich an. "Das nützt gar nichts. Du tust nichts anderes, als dich vom eigentlichen Zweck des *Träumens* ablenken, und der ist: Kontrolle und Kraft."

Er lehnte sich zurück, bedeckte seine Augen mit dem Hut und sprach, ohne mich anzusehen.

"Ich will dir alle Techniken ins Gedächtnis rufen, die du üben mußt", sagte er. "Zunächst muß du den Blick auf deine Hände richten, das ist der Ausgangspunkt. Dann richte den Blick auf andere Gegenstände und schau sie kurz an. Richte den Blick auf so viele Dinge wie möglich. Denk daran, daß die Bilder, wenn du nur kurz hinschaust, sich nicht verändern. Dann kehre wieder zu deinen Händen zurück.

Jedesmal, wenn du die Hände ansiehst, erneuerst du die Kraft, die zum *Träumen* nötig ist, daher schau anfangs nicht zuviele Dinge an. Vier Gegenstände auf einmal sind genug. Später magst du den Gesichtskreis erweitern, bis du mit dem Blick erfassen kannst soviel du willst; aber sobald die Bilder anfangen, sich zu verändern, und du spürst, daß du die Kontrolle verlierst, kehr zu deinen Händen zurück.

Wenn du meinst, daß du die Dinge unbegrenzt lange ansehen kannst, dann bist du für eine neue Technik bereit. Ich werde dich diese Technik jetzt lehren, aber ich erwarte, daß du sie erst dann anwendest, wenn du bereit bist."

Er schwieg etwa eine Viertelstunde. Dann setzte er sich auf und sah mich an.

"Der nächste Schritt beim *Arrangieren der Träume* besteht darin, daß man lernt zu reisen", sagte er. "Genau wie du gelernt hast, deine Hände anzusehen, kannst du dich zwingen, dich fortzubewegen, dich an bestimmte Orte zu begeben. Als erstes mußt du einen Platz bestimmen, an dem du sein willst. Wähle einen dir gut bekannten Ort – vielleicht deine Schule oder einen Park oder das Haus eines Freundes – und dann zwinge dich, dich dorthin zu begeben.

Diese Technik ist sehr schwierig. Du mußt dabei zwei Dinge tun. Du mußt dich einmal zwingen, dich an die jeweilige Örtlichkeit zu begeben. Und dann, wenn du diese Technik beherrschst, mußt du lernen, exakt die Zeit deiner Reise zu kontrollieren."

Während ich all dies aufschrieb, hatte ich das Gefühl, ich sei wirklich verrückt. Da schrieb ich hier irrsinnige Anweisungen nieder, die, um befolgt zu werden, meine völlige Selbstaufgabe verlangten. Ich hatte eine Anwandlung von Reue und Bestürzung.

"Was machst du mit mir, Don Juan?" fragte ich, ohne es wörtlich zu meinen.

Er schien überrascht. Einen Moment schaute er mich an, dann lächelte er.

"Diese Frage stellst du mir immer wieder. Ich mache überhaupt nichts mit dir. Du machst dich für die Kraft erreichbar; du bist auf der Jagd nach ihr, und ich führe dich."

Er neigte den Kopf zur Seite und sah mich prüfend an. Mit der einen Hand hielt er mich am Kinn und mit der anderen am Hinterkopf und bewegte meinen Kopf vor und zurück. Meine Halsmuskeln waren sehr angespannt, und das Bewegen des Kopfes verringerte die Spannung.

Don Juan schaute kurz zum Himmel hinauf und schien dort etwas zu suchen.

"Es ist Zeit, aufzubrechen", sagte er knapp und stand auf. Wir gingen nach Osten, bis wir in einem von zwei hohen Bergen eingefaßten Tal auf eine Gruppe kleiner Bäume trafen. Es war nun fast fünf Uhr Nachmittag. Er sagte beiläufig, daß wir vielleicht an dieser Stelle die Nacht verbringen müßten. Er wies auf die Bäume und sagte, es gebe hier Wasser.

Er spannte seinen Körper an und schnupperte wie ein Tier in der Luft. Ich sah, wie seine Bauchmuskeln sich in kurzen

Wellen zusammenzogen, als er in rascher Folge die Luft einatmete und ausstieß. Er forderte mich auf, es ihm gleichzutun und selbst festzustellen, wo das Wasser sei. Zögernd versuchte ich, ihn nachzuahmen. Nachdem ich fünf oder sechs Minuten so schnell geatmet hatte, war mir schwindlig, aber meine Nase war ungewöhnlich frei geworden und ich konnte tatsächlich den Duft von Flußweiden riechen. Ich vermochte aber nicht zu sagen, wo sie standen.

Don Juan befahl mir, mich einige Minuten auszuruhen, und dann hieß er mich weiter die Luft zu schnuppern. Das zweitemal war es noch intensiver. Ich konnte sogar feststellen, daß die Weidenduftwolke von rechts heranwehte. Wir brachen in diese Richtung auf und fanden, etwa einen halben Kilometer entfernt, eine sumpfige Stelle mit stehendem Wasser. Wir gingen um sie herum zu einer etwas höhergelegenen flachen Mesa, einer tafelförmigen Bodenformation. Rund um die Mesa stand dichter Chaparral.

“An diesem Ort wimmelt es von Berglöwen und anderen Katzen”, sagte Don Juan beiläufig, als sei das ganz alltäglich.

Ich sprang an seine Seite, und er fing an zu lachen.

“Normalerweise würde ich nicht hierherkommen”, sagte er. Aber die kleine Krähe wies mir diesen Weg. Hier muß etwas Besonderes sein.”

“Müssen wir wirklich hier sein, Don Juan? ”

“Ja, das müssen wir. Sonst würde ich diesen Ort meiden.”

Ich wurde sehr nervös. Er sagte, ich solle aufmerksam auf seine Worte achten.

“Das einzige, was wir an diesem Ort tun können, ist Löwen jagen”, sagte er. “Ich werde es dich also lehren.

Es gibt eine besondere Art, Fallen für Wasserratten zu bauen, die in der Nähe von Wasserlöchern leben. Sie dienen als Köder. Die Kanten des Käfigs sind so eingerichtet, daß sie zusammenklappen, und die Seiten sind mit scharfen Stacheln versehen. Wenn die Falle aufgestellt ist, sind die Stacheln verborgen, und sie sind wirkungslos, bis etwas den Käfig berührt. Dann klappen die Kanten zusammen, und die Stacheln durchbohren alles, was die Falle berührt.”

Ich verstand nicht, was er meinte, aber er zeichnete ein Diagramm auf den Boden und zeigte es mir: Wenn die Stäbe in scharnierartigen Vertiefungen am Rahmen befestigt wurden, dann klappte der Käfig nach der Seite zusammen, sobald etwas ihn oben berührte. Die Stacheln waren zugespitzte scharfte Hartholzsplitter, die über den ganzen Rahmen verteilt befestigt wurden.

Don Juan erklärte, daß man normalerweise eine schwere Ladung Felsbrocken in einem Geflecht aus Stäben über dem Käfig aufhängt und mit diesem verbindet. Wenn der Berglöwe nun zu der mit Wasserratten beköderten Falle kommt, versucht er normalerweise, die Falle mit einem kraftvollen Prankenschlag zu zerstören. Dann dringen die Splitter in seine Pranken ein und die Katze spring vor Schmerz auf, wobei sie die über ihr hängende Steinlawine auslöst.

"Vielleicht wirst du eines Tages einen Berglöwen fangen müssen", sagte er. "Sie haben besondere Kräfte. Sie sind unglaublich schlau, und man kann sie nur fangen, wenn man sie durch ihren Schmerz und durch den Duft von Flußweiden überlistet.

Erstaunlich schnell und geschickt fügte er nun eine solche Falle zusammen, und nach längerem Warten fing er drei rundliche, pausbäckige, eichhörnchenartige Nagetiere.

Er forderte mich auf, eine Handvoll Weidenzweige vom Rand des Sumpfes herzuholen und hieß mich, meine Kleider damit einreiben. Er tat dasselbe. Dann flocht er geschickt zwei einfache Tragnetze aus Schilf, hob aus dem Sumpf einen großen Klumpen grüner Pflanzen und Erde aus und trug ihn zur Mesa hinauf, wo er sich versteckte.

Inzwischen hatten die eichhörnchenartigen Nager ein lautes Quieken angestimmt.

Don Juan sagte mir aus seinem Versteck heraus, ich solle das andere Tragnetz nehmen, einen ordentlichen Batzen Erde und Pflanzen holen und auf die unteren Äste eines Baumes neben die Falle klettern, in der die Nagetiere saßen.

Don Juan sagte, er wolle die Katze und die Nagetiere nicht verletzen, darum wolle er den Löwen, wenn er sich der Falle näherte, mit Erdklumpen bewerfen. Er sagte, ich solle gut aufpassen und nach ihm meinen Erdklumpen auf die Katze werfen, um sie zu verscheuchen. Er riet mir, sehr vorsichtig zu sein und nicht vom Baum zu fallen. Schließlich wies er mich noch an, mich so still zu verhalten, daß ich nicht von den Ästen des Baumes zu unterscheiden wäre.

Ich sah nicht, wo Don Juan sich befand. Das Quieken der Nager wurde sehr laut, und schließlich war es so dunkel, daß ich kaum noch die groben Umrisse des Terrains erkennen konnte. Plötzlich hörte ich ganz nah das Geräusch weicher Schritte und gedämpfte, katzenartige Atemzüge, dann ein leises Grollen, und die eichhörnchenartigen Nagetiere hörten auf zu quieken. Jetzt sah ich auch die dunkle Masse eines Tieres direkt unter dem Baum, auf dem ich hockte. Noch ehe ich mich genau davon überzeugen konnte, ob es ein Berglöwe war, stürzte es sich auf die Falle, doch bevor es sie erreichte, wurde es von irgend etwas getroffen und schrak zurück. Ich schleuderte meinen Erdklumpen, wie Don Juan mich angewiesen hatte. Er traf zwar nicht, machte aber sehr lauten Lärm. In diesem Moment stieß Don Juan mehrere durchdringende Schreie aus, die mir ein Frösteln über den Rücken jagten, und die Katze sprang mit größter Eile über die Mesa und verschwand.

Don Juan fuhr noch eine Weile mit diesen durchdringenden Schreien fort, und dann befahl er mir, vom Baum herabzusteigen, den Käfig mit den Eichhörnchen zu holen, so schnell wie möglich zur Mesa zu rennen und zu ihm zu kommen.

Ich brauchte nur unglaublich kurze Zeit, bis ich neben Don Juan stand. Er sagte, ich solle seine Schreie so genau wie möglich nachahmen, um den Löwen fernzuhalten, während er den Käfig zerlegte und die Nagetiere freiließ.

Ich fing an zu schreien, brachte aber nicht die gleiche Wirkung zustande. Durch die Aufregung war meine Stimme zu heiser.

Er sagte, ich solle mich vergessen und mit echtem Gefühl schreien, denn der Löwe sei noch immer in der Nähe. Da wurde ich mir der Situation plötzlich voll bewußt. Der Löwe war real. Ich stieß mehrere großartige, durchdringende Schreie aus.

Don Juan lachte schallend.

Er ließ mich noch eine Weile schreien, und dann meinte er, wir müßten den Ort möglichst leise verlassen, denn der Löwe sei nicht dumm und würde sich wahrscheinlich an die Stelle zurückpirschen, wo wir waren.

"Bestimmt wird er uns verfolgen", sagte er. "Egal wie vorsichtig wir sind, wir werden eine Spur hinterlassen, breit wie der Pan American Highway."

Ich ging dicht neben Don Juan. Von Zeit zu Zeit blieb er eine Weile stehen und lauschte. Irgendwann begann er im Dunklen zu laufen, und ich folgte ihm, wobei ich die Hände vor die Augen hielt, um sie vor den Zweigen zu schützen.

Schließlich erreichten wir den Fuß der Klippe, auf der wir zuvor gewesen waren. Don Juan sagte, wir seien in Sicherheit, wenn es uns gelänge, hinaufzuklettern, ohne daß der Löwe uns erwischte. Er ging voran, um mir den Weg zu zeigen. Wir begannen, in der Dunkelheit zu klettern. Ich weiß nicht wie, aber ich folgte ihm mit völlig sicheren Schritten. Als wir nicht weit vom Gipfel entfernt waren, hörte ich einen eigenartigen Tierschrei. Es war beinah wie das Muhen einer Kuh, nur, daß es etwas länger anhielt und rauher klang.

"Rauf, nach oben!" schrie Don Juan.

In völliger Dunkelheit krabbelte ich vor Don Juan her zum Gipfel hinauf. Als er den flachen Gipfel der Klippe erreichte, saß ich bereits oben und rang um Atem.

Er wälzte sich am Boden. Einen Moment glaubte ich, die Anstrengung sei zu groß für ihn gewesen, doch er lachte sich kaputt darüber, wie schnell ich geklettert war.

Einige Stunden saßen wir in völligem Schweigen, dann brachen wir auf und kehrten zu meinem Auto zurück.

Sonntag, den 3. September 1961

Als ich erwachte, war Don Juan nicht im Haus. Ich überarbeitete meine Notizen und hatte genügend Zeit, etwas Feuerholz aus dem nahen Chaparral zu holen, bevor er zurückkehrte. Ich aß gerade, als er ins Haus trat. Er lachte über meine – wie er sagte – Routine, um Schlag zwölf zu essen, aber dann nahm auch er von meinen Sandwiches.

Ich sagte ihm, das Erlebnis mit dem Berglöwen sei für mich rätselhaft. Rückblickend erschien mir alles unwirklich. Es war, als sei alles für mich inszeniert worden. – Die Folge der Ereignisse war so rasch gewesen, daß ich gar keine Zeit gehabt hatte, mich zu fürchten. Ich hatte wohl die Zeit gefunden, um zu handeln, nicht aber um über die Umstände nachzudenken, in denen ich mich befand. Beim Aufschreiben meiner Notizen waren mir dann Zweifel gekommen, ob ich den Berglöwen wirklich gesehen hatte. Meine Erinnerung an den trockenen Zweig war noch frisch.

"Es war ein Berglöwe", sagte Don Juan mit Nachdruck.

"War es ein wirkliches Tier aus Fleisch und Blut?"

"Natürlich."

Ich sagte, der Verdacht sei mir gekommen, weil alles so reibungslos abgelaufen war. Fast, als habe der Löwe dort draußen gewartet, als sei er darauf dressiert, genau das zu tun, was Don Juan plante.

Meine Salve skeptischer Bemerkungen brachte ihn nicht aus der Ruhe. Er lachte mich aus.

"Du bist ein Spaßvogel", sagte er. "Du hast die Katze gesehen und gehört. Sie war genau unter dem Baum, auf dem du saßest. Nur wegen dem Duft der Flußweiden hat sie dich nicht gerochen und angefallen. Du hattest doch einen Buschen davon auf den Knien liegen. Alles, was anders riecht, auch Katzen, töten sie."

Ich sagte, es sei nicht so, daß ich ihm mißtraute, nur sei alles, was in jener Nacht geschehen war, meinem Alltagsleben sehr fremd. – Beim Aufschreiben meiner Notizen hatte ich sogar einen Moment angenommen, Don Juan habe die Rolle des Löwen gespielt. Diese Vorstellung hatte ich jedoch wieder aufgeben müssen, weil ich tatsächlich den Schatten eines vierbeinigen Tieres gesehen hatte, das den Käfig anfiel und dann über die Mesa davonsprang.

"Warum regst du dich so auf?" fragte er. "Es war einfach eine Großkatze. Dort in den Bergen muß es Tausende von Katzen geben. Na und? Wie üblich hast du deine Aufmerksamkeit auf das falsche Objekt gerichtet. Es ist doch gleichgültig, ob es ein Löwe oder meine Hose war. Was einzig zählte, waren deine Gefühle in diesem Augenblick."

Noch nie in meinem ganzen Leben hatte ich eine große Wildkatze in Freiheit gesehen oder gehört. Der Gedanke, daß sie nur ein paar Meter von mir entfernt gewesen war, war kaum faßbar.

Don Juan hörte geduldig zu, während ich das ganze Erlebnis noch einmal durchsprach.

“Warum diese Furcht vor der großen Katze? ” fragte er mit neugieriger Miene. “Du bist den meisten Tieren, die hier leben, nahe gewesen, und nie hattest du eine solche Furcht vor ihnen. Magst du Katzen? ”

“Nein.”

“Nun, dann vergiß es. Es ging bei dieser Lektion ja auch nicht darum, Löwen zu jagen.”

“Worum ging es denn? ”

“Die kleine Krähe zeigte mir diesen besonderen Ort, und an diesem Ort *sah* ich die Möglichkeit, dir verständlich zu machen, wie man handelt, während man in der Stimmung eines Kriegers ist.

Alles, was du gestern abend getan hast, geschah in der richtigen Stimmung. Als du vom Baum heruntersprangst, um den Käfig zu holen und zu mir zu laufen, da warst du beherrscht und gleichzeitig selbstvergessen. Du war nicht vor Angst gelähmt. Und dann, kurz vor dem Gipfel der Klippe, als der Löwe brüllte, da hast du dich sehr gut verhalten. Ich bin sicher, du würdest nicht glauben, was du getan hast, wenn du die Klippe bei Tageslicht siehst. Du hattest eine gewisse Selbstvergessenheit und zugleich hattest du eine gewisse Selbstkontrolle. Du hast dich nicht gehenlassen und dir nicht die Hosen naß gemacht, und trotzdem hast du dich selbst vergessen und bist in völliger Dunkelheit die Wand hinaufgeklettert. Du hättest den Pfad verfehlen und zu Tode stürzen können. Um im Dunklen diese Wand hinaufzuklettern, war es nötig, daß du dich zusammennahmst und dich gleichzeitig gehenließest. Das ist es, was ich die Stimmung eines Kriegers nenne.”

Alles, was ich in dieser Nacht getan hätte, sagte ich, sei das Produkt meiner Angst und nicht die Folge irgendeiner kontrollierten und selbstvergessenen Stimmung gewesen.

“Das weiß ich”, sagte er lächelnd. “Und ich wollte dir zeigen, daß du dich, wenn du in der richtigen Stimmung bist, über deine Grenzen hinaus anspornen kannst. Ein Krieger bestimmt selbst seine Stimmung. Das wußtest du nicht. Die Angst versetzte dich in die Stimmung eines Kriegers, aber jetzt, wo du es weißt, kann dir alles helfen, dich in diese Stimmung zu versetzen.”

Ich wollte ihm widersprechen, war mir aber über meine

Gründe nicht im klaren. Irgendwie spürte ich eine unerklärliche Wut.

"Es ist vorteilhaft, stets in einer solchen Stimmung zu handeln", fuhr er fort. "Es beseitigt die Schlacken und läßt einen gereinigt zurück. Es war ein großartiges Gefühl, als du den Gipfel erreichtest, nicht wahr?"

Ich sagte, ich verstünde, was er meine, und doch fühlte ich, daß es verrückt wäre, seine Lehren auf mein Alltagsleben anwenden zu wollen.

"Für jede einzelne Handlung braucht man die Stimmung eines Kriegers", sagte er. "Sonst wird man entstellt und häßlich. Ein Leben ohne diese Stimmung ist ohnmächtig. Sieh dich selbst an. Alles verletzt dich und macht dich unglücklich. Du jammerst und klagst und glaubst, jeder läßt dich nach seiner Pfeife tanzen. Du bist ein Blatt im Wind. In deinem Leben gibt es keine Kraft. Was für ein häßliches Gefühl muß das sein.

Ein Krieger hingegen ist ein Jäger. Er stellt alles in Rechnung. Das ist die Kontrolle, die er hat. Aber sobald seine Berechnungen durchgeführt sind, handelt er. Er läßt sich gehen. Das ist die Selbstvergessenheit. Ein Krieger ist kein Blatt im Wind. Niemand kann ihn hin und her schieben. Niemand kann ihn veranlassen, gegen seinen Willen oder gegen seine bessere Einsicht etwas zu tun. Ein Krieger ist darauf eingestellt, zu überleben, und er überlebt auf die bestmögliche Weise."

Diese Einstellung gefiel mir, auch wenn ich sie für unrealistisch hielt. Sie erschien mir für die komplizierte Welt, in der ich lebte, als zu starke Vereinfachung.

Er lachte über meine Einwände, und ich beharrte darauf, daß die Stimmung eines Kriegers mir unmöglich helfen könne, das Gefühl zu überwinden, durch die Handlungen meiner Mitmenschen verletzt oder sogar in Mitleidenschaft gezogen zu werden, wie dies der Fall wäre, wenn ich zum Beispiel von einem grausamen, bösartigen Menschen, dem ich ausgeliefert sein mochte, körperlich gequält würde.

Er lachte schallend und gab zu, daß das Beispiel richtig gewählt sei.

"Ein Krieger kann zwar verletzt, nicht aber persönlich angegriffen werden", sagte er. "Für einen Krieger liegt in den

Handlungen seiner Mitmenschen nichts persönlich Angreifendes, solange er selbst in der richtigen Stimmung handelt."

Gestern abend wurdest du von dem Löwen nicht persönlich angegriffen. Die Tatsache, daß er uns jagte, ärgerte dich nicht. Weder hörte ich dich auf ihn schimpfen, noch hörte ich dich sagen, er habe kein Recht, uns zu verfolgen. Immerhin hätte es ein grausamer, bösartiger Löwe sein können. Aber daran dachtest du gar nicht, während du kämpftest, um ihm zu entkommen. Das einzige, worauf es dir ankam, war, zu überleben. Und das hast du sehr gut gemacht.

Wärest du allein gewesen und hätte der Löwe dich getötet, dann hättest du nie daran gedacht, dich zu beklagen oder dich durch sein Tun persönlich angegriffen zu fühlen.

Die Stimmung eines Kriegers ist keineswegs etwas so Ausgefallenes, um nicht in deiner Welt wie in der Welt eines jeden anderen nützlich zu sein. Man braucht sie, um sich von all dem Quatsch zu befreien."

Ich erklärte meinen Standpunkt: Der Löwe und meine Mitmenschen waren für mich nicht miteinander vergleichbar, denn die Tricks meiner Mitmenschen kannte ich genau, während ich über den Löwen nichts wußte. Was mich bei meinen Mitmenschen angriff, war die Tatsache, daß sie böswillig und vorsätzlich handelten.

"Ich weiß, ich weiß", sagte Don Juan geduldig. "Es ist nicht einfach, die Stimmung eines Kriegers zu erreichen. Es ist eine Revolution. Es ist die großartige Tat des Kriegergeistes, den Löwen und die Wasserratten und unsere Mitmenschen auf die gleiche Stufe zu stellen. Es erfordert Kraft, das zu tun."

12. Ein Gefecht der Kraft

Donnerstag, 28. Dezember 1961

In aller Frühe brachen wir zu einer Fahrt auf. Wir fuhren nach Süden und dann Richtung Osten in die Berge. Don Juan hatte Kalebassen mit Nahrung und Wasser mitgenommen. Wir aßen im Auto, bevor wir zu Fuß weitergingen.

"Bleib nah bei mir", sagte er. "Dies ist ein dir unbekanntes Gebiet, und du sollst keine Risiken eingehen. Wir gehen auf die Suche nach Kraft, und alles, was du tust, ist wichtig. Beobachte den Wind, besonders gegen Ende des Tages. Beobachte, wann er die Richtung wechselt, und wähle deinen Platz immer so, daß ich dich gegen ihn abschirme."

"Was werden wir in den Bergen tun, Don Juan? "

"Du wirst nach Kraft jagen."

"Ich meine, was werden wir im einzelnen tun? "

"Wenn man nach Kraft jagt, gibt es keinen Plan. Kraft jagen und Wild jagen ist dasselbe. Ein Jäger jagt, was sich ihm bietet. Daher mußt du immer bereit sein.

Du weißt über den Wind Bescheid, und jetzt kannst du selbst die Kraft im Wind jagen. Aber es gibt noch andere Dinge, über die du nichts weißt, und die, wie der Wind, zu bestimmten Zeiten und an bestimmten Orten das Zentrum der Kraft sind.

Kraft ist eine ganz besondere Sache", sagte er. "Es ist unmöglich, sie festzulegen und zu sagen, was sie wirklich ist. Sie ist das Gefühl, das man bei bestimmten Dingen hat. Kraft ist etwas Persönliches. Sie gehört einem allein. Mein Wohltäter zum Beispiel konnte einen Menschen todkrank machen, wenn er ihn nur ansah. Frauen schmolzen dahin, wenn er ihnen einen Blick zuwarf. Aber er machte die Menschen nicht immer krank, sondern nur dann, wenn seine persönliche Kraft im Spiel war."

"Wie entschied er, wen er krank machte? "

"Das weiß ich nicht. Er selbst wußte es nicht. So ist die Kraft. Sie befiehlt dir, und trotzdem gehorcht sie dir.

Wer nach Kraft jagt, der fängt sie ein und speichert sie als seinen persönlichen Besitz. So nimmt die persönliche Kraft zu, und es ist möglich, daß ein Krieger so viel persönliche Kraft hat, daß er ein Wissender wird."

"Wie speichert man die Kraft, Don Juan? "

"Auch das ist ein Gefühl. Es hängt davon ab, was für ein Mensch der Krieger ist. Mein Wohltäter war ein Mensch von gewalttätiger Natur. Durch dieses Gefühl speicherte er die Kraft. Alles, was er tat, war stark und direkt. Er hinterließ mir eine Erinnerung an etwas, das die Dinge durchschlug. Und alles, was ihm zustieß, ereignete sich ebenso."

Ich sagte, ich könne nicht verstehen, wie die Kraft durch ein Gefühl gespeichert wird.

“Das zu erklären ist unmöglich”, sagte er nach langer Pause. “Du mußt es selbst tun.”

Er hob die Kalebassen mit Proviant auf und lud sie sich auf den Rücken. Er reichte mir eine Schnur mit acht getrockneten Fleischstücken und forderte mich auf, sie mir um den Hals zu hängen.

“Das ist Kraft-Speise”, sagte er.

“Wodurch wird sie zu Kraft-Speise, Don Juan? ”

“Das ist das Fleisch eines Tieres, das Kraft besaß. Eines Rehs, eines ungewöhnlichen Rehs. Meine persönliche Kraft hat es mir zugeführt. Dieses Fleisch wird uns Wochen, wenn nötig Monate ernähren. Kaue es in kleinen Stücken, und kaue es gründlich. Laß die Kraft langsam in deinen Körper eindringen.”

Wir machten uns auf den Weg. Es war kurz vor elf Uhr morgens. Noch einmal erinnerte mich Don Juan daran, wie ich mich verhalten sollte.

“Beobachte den Wind”, sagte er. “Laß dich nicht durch ihn aus dem Gleichgewicht bringen. Und laß dich nicht durch ihn ermüden. Kau deine Kraft-Speise und verbirg dich vor dem Wind hinter mir. Der Wind wird mir nichts anhaben. Wir kennen einander sehr gut.”

Er führte mich auf einen Weg, der direkt in die hohen Berge führte. Es war ein wolkiger Tag, und es sah nach Regen aus. Ich sah die niedrigen Regenwolken und Nebelschwaden auf uns hinabtreiben. Bis etwa drei Uhr nachmittags wanderten wir in völligem Schweigen. Das getrocknete Fleisch zu kauen, war wirklich eine Stärkung. Und aufmerksam auf plötzliche Richtungsänderungen des Windes zu achten, war eine mysteriöse Angelegenheit – es ging so weit, daß ich diese körperlich fühlte, bevor sie tatsächlich eintraten. Wie mir schien, spürte ich die Wellen des Windes als Druck auf die obere Hälfte des Brustkorbs, auf die Bronchien. Kurz bevor ich einen Windstoß spürte, nahm ich ein Zucken an Brust und Kehle wahr.

Don Juan blieb kurz stehen und schaute sich um. Offenbar orientierte er sich, und dann wandte er sich nach rechts. Ich bemerkte, daß er ebenfalls Trockenfleisch kaute. Ich fühlte mich frisch und war gar nicht müde. Die Aufgabe, auf den Wechsel des Windes aufzupassen, hatte mich so in Anspruch genommen, daß ich völlig die Zeit vergessen hatte.

Wir gingen in eine tiefe Schlucht und dann auf ein kleines Plateau an der Flanke eines gewaltigen Berges. Wir stiegen sehr hoch hinauf, beinah bis zum Gipfel.

Don Juan kletterte auf einen hohen Felsen am Rand des Plateaus und half mir hinauf. Der Felsen war so gelegen, daß er wie eine Kuppel über den steilen Wänden aussah. Wir umrundeten ihn langsam. Schließlich mußte ich auf dem Gesäß über das Gestein rutschen, wobei ich mich mit Händen und Fersen am Boden festhielt. Ich war schweißgebadet und mußte immer wieder meine Hände trockenreiben.

Auf der anderen Seite sah ich eine sehr große, flache Höhle nicht weit vom Gipfel des Berges entfernt. Sie wirkte wie ein aus dem Felsen gehauenes Gewölbe. Der Sandstein war in der Form eines von zwei Säulen eingefaßten Balkons verwittert.

Don Juan sagte, wir würden dort die Nacht verbringen, es sei ein sehr sicherer Platz, denn er war zu flach, um Löwen und anderen Raubtieren als Unterschlupf zu dienen, zu offen als Schlupfwinkel für Ratten und zu windig für Insekten. Er lachte und sagte, der Platz sei ideal für Menschen, denn kein anderes Lebewesen könne es dort aushalten.

Behende wie eine Bergziege kletterte er hinauf. Ich bewunderte seine erstaunliche Gewandtheit. Langsam ließ ich mich auf dem Gesäß über den Fels hinabgleiten und versuchte dann, die Bergflanke hinaufzuklettern, um das Felsband zu erreichen. Die letzten paar Meter erschöpften mich völlig. Ich fragte Don Juan scherzhaft, wie alt er wohl sei. Um so zu dem Sims hinaufzuklettern, wie er es getan hatte, so dachte ich, mußte man schon sehr gut in Form und jung sein.

"Ich bin so jung, wie ich sein will", sagte er. "Auch das ist eine Frage der persönlichen Kraft. Wenn du Kraft speicherst, kann dein Körper unglaubliche Dinge vollbringen. Wenn du hingegen die Kraft vergeudest, dann wirst du im Handumdrehen ein fetter alter Mann sein."

Der Sims verlief von Osten nach Westen. Die offene Seite der balkonartigen Gesteinsformation wies nach Süden. Ich trat ans westliche Ende. Der Ausblick war großartig. Der Regen hatte unseren Standort ausgespart. Wie ein Vorhang aus durchsichtigem Material hing er über dem Flachland.

Don Juan sagte, wir hätten genügend Zeit, um uns einen

Wetterschutz zu bauen. Er forderte mich auf, so viele Steine aufeinanderzuschichten, wie ich zum Sims hinaufschleppen konnte, während er Zweige für ein Dach zusammensuchte. Binnen einer Stunde hatten wir am östlichen Ende des Simses eine etwa einen halben Meter dicke Mauer errichtet. Sie war etwa fünfzig Zentimeter lang und einen Meter hoch. Er flocht und band die Zweige, die er gesammelt hatte, zu einem Dach zusammen, das er auf zwei langen, in Gabeln auslaufenden Stangen befestigte. Eine weitere Stange von gleicher Länge wurde am Dach selbst befestigt und stützte es auf der Seite, die der Mauer gegenüber lag. Das Bauwerk sah aus wie ein hoher Tisch mit drei Beinen.

Don Juan setzte sich mit gekreuzten Beinen darunter, ganz an den Rand des Balkons. Er sagte, ich solle mich rechts neben ihn setzen. Wie schwiegen eine Weile.

Don Juan brach das Schweigen. Er flüsterte, wir müßten uns ganz normal verhalten. Ich fragte, ob ich etwas bestimmtes tun solle. Er sagte, ich solle mich mit Schreiben beschäftigen und so tun, als säße ich am Schreibtisch und dächte an nichts anderes als ans Schreiben. Irgendwann würde er mich anstubsen und dann sollte ich in die Richtung schauen, die er mir mit den Augen weist. Er ermahnte mich, kein Wort zu sagen, ganz gleich, was ich sehen würde. Nur er könne ungestraft sprechen, weil er mit allen Kräften in diesen Bergen bekannt sei.

Ich befolgte seine Anweisungen und schrieb länger als eine Stunde. Ich war ganz in meine Arbeit versunken. Plötzlich spürte ich eine leichte Berührung am Arm und sah, wie Don Juan mit dem Kopf auf eine etwa zweihundert Meter entfernte Nebelbank wies, die vom Gipfel des Berges herabschwebte. Don Juan flüsterte mir mit so leiser Stimme ins Ohr, daß es selbst auf diese kurze Entfernung kaum hörbar war:

“Laß den Blick über die Nebelbank hin und her schweifen, aber sieh sie nicht direkt an. Zwinkere mit den Augen, aber richte sie nicht starr auf den Nebel. Wenn du in der Nebelbank eine grüne Stelle entdeckst, dann zeig sie mir mit den Augen.”

Ich ließ den Blick von links nach rechts über die Nebelbank gleiten, die langsam zu uns herabsank. Es verging etwa eine halbe Stunde. Nun wurde es dunkel. Der Nebel rückte sehr langsam vorwärts. Irgendwann hatte ich plötzlich das Gefühl, rechts von mir ein schwaches Leuchten wahrzunehmen. Zuerst dachte ich, ich hätte einen Flecken grünen Buschwerks durch den Nebel schimmern sehen. Wenn ich direkt hinschaute, bemerkte ich nichts, aber wenn ich indirekt hinsah, dann konnte ich vage eine grünliche Stelle erkennen.

Ich machte Don Juan darauf aufmerksam. Er kniff die Augen zusammen und starrte hin.

"Konzentriere deinen Blick auf diese Stelle", flüsterte er mir ins Ohr. "Schau auf diese Stelle, bis du *siehst.*"

Ich wollte ihn fragen, was ich sehen sollte, aber er sah mich bedeutungsvoll an, wie um mich daran zu erinnern, daß ich nicht sprechen sollte.

Ich starrte wieder hin. Ein von oben herabgesunkener Nebelstreifen hing dort wie ein Stück fester Materie. Er befand sich genau dort, wo ich die grüne Tönung bemerkt hatte. Als meine Augen wieder ermüdeten, und ich blinzeln mußte, sah ich zuerst, daß dieser Nebelstreif die Nebelbank überlagerte, und dann sah ich dazwischen ein schmales Nebelband, das wie eine schmale, freischwebende Konstruktion aussah, wie eine Brücke, die den Berg über mir mit der Nebelbank vor mir verband. Einen Augenblick meinte ich zu sehen, wie der durchsichtige Nebel, der vom Gipfel des Berges herabgeweht wurde, über die Brücke hinzog, ohne sie aufzulösen. Es war, als sei die Brücke tatsächlich aus solidem Material. Einen Augenblick wurde das Trugbild so vollkommen, daß ich sogar die dunklere Färbung an der Unterseite der Brücke von der hellen Sandsteinfarbe ihrer Seitenwand zu unterscheiden meinte.

Verblüfft starrte ich die Brücke an. Entweder erhob ich mich dann auf ihr Niveau, oder die Brücke sank zu mir herab. Plötzlich erblickte ich vor mir einen waagrechten Steg. Es war ein ungemein langer, fester Steg, schmal und ohne Geländer, aber breit genug, um darauf zu gehen.

Don Juan schüttelte heftig meinen Arm. Ich spürte, wie mein Kopf auf und ab schwang, und dann bemerkte ich, daß meine Augen furchtbar juckten. Ich rieb sie ganz unbewußt. Don Juan fuhr fort, mich zu schütteln, bis ich wieder die Augen öffnete.

Er goß etwas Wasser aus seiner Kalebasse in die hohle Hand und besprengte mein Gesicht. Es war ein sehr unangenehmes Gefühl. Die Wassertropfen waren so kalt, daß sie sich wie Wunden auf meiner Haut anfühlten. Dann stellte ich fest, daß mein Körper sehr heiß war. Ich fieberte.

Don Juan gab mir eilig etwas Wasser zu trinken und benetzte meine Ohren und meinen Hals.

Ich hörte einen sehr lauten, unheimlichen, gedehnten Vogelruf. Don Juan horchte eine Weile angespannt, und dann stieß er mit dem Fuß gegen die Steine der Mauer und brachte das Dach zum Einstürzen. Er schleuderte das Dach ins Gebüsch und warf die Steine, einen nach dem anderen, in den Abgrund.

Er flüsterte mir ins Ohr: "Trink etwas Wasser und kau dein Trockenfleisch! Wir können nicht hierbleiben. Dieser Schrei – das war kein Vogel."

Wir kletterten vom Felssims hinab und begannen nach Osten zu gehen. In kürzester Zeit war es so dunkel, daß mir war, als hinge ein Vorhang vor meinen Augen. Der Nebel war wie eine undurchdringliche Schranke. Mir war nie aufgefallen, wie lähmend der Nebel in der Nacht war. Ich verstand nicht, wie Don Juan laufen konnte. Ich hielt mich an seinem Arm fest, als sei ich blind.

Irgendwie hatte ich das Gefühl, als liefe ich am Rande eines Abgrunds dahin. Meine Beine weigerten sich, voranzugehen. Mein Verstand vertraute Don Juan, und vernunftmäßig war ich bereit, weiterzugehen, doch mein Körper widersetzte sich, und Don Juan mußte mich in völliger Dunkelheit voranzerren.

Er mußte das Terrain in- und auswendig kennen. An einer bestimmten Stelle blieb er stehen und hieß mich niedersitzen. Ich wagte nicht, seinen Arm loszulassen.

Ich spürte geradezu körperlich und jenseits allen Zweifels, daß ich auf einer zerklüfteten Bergkuppel saß und, wenn ich nur einen Zentimeter nach rechts rückte, einen tiefen Sturz in den Abgrund tun würde. Ich war völlig sicher, daß ich auf einer abschüssigen Bergflanke saß, denn mein Körper rückte unwillkürlich nach rechts. Ich glaubte, er tue dies, um sich in der Vertikalen zu halten, daher versuchte ich, mich zum

Ausgleich, so weit ich konnte, nach links gegen Don Juan zu lehnen.

Plötzlich rückte Don Juan von mir ab, und ohne diese Stütze seines Körpers fiel ich zu Boden. Der Aufprall auf dem Boden stellte mein Gleichgewichtsgefühl wieder her. Ich lag auf einer ebenen Stelle. Ich begann, tastend meine unmittelbare Umgebung zu erkunden. Ich spürte trockene Blätter und Zweige.

Plötzlich zuckte ein Blitz auf, der die ganze Gegend erhellte. Ich sah Don Juan zu meiner Linken stehen. Hinter ihm sah ich riesige Bäume und eine Höhle.

Don Juan sagte, ich solle in die Höhle gehen. Ich kroch hinein und lehnte mich mit dem Rücken gegen den Fels.

Ich spürte, wie Don Juan sich herüberbeugte und mir zuflüsterte, ich solle ganz still bleiben.

Es blitzte dreimal hintereinander. Ein Blick zeigte mir, daß Don Juan mit gekreuzten Beinen zu meiner Linken saß. Die Höhle war eine konkave Gesteinsformation, groß genug, um zwei oder drei sitzenden Personen Platz zu bieten. Die Höhle schien in den Fuß eines Felsens eingelassen. Es war wirklich klug gewesen, dachte ich, daß ich auf allen Vieren hineingekrochen war, denn wäre ich aufrecht gegangen, so hätte ich mir den Kopf am Felsen angestoßen.

Die Helligkeit der Blitze gab mir eine Vorstellung, wie dicht die Nebelbank war. Die Stämme gigantischer Bäume hoben sich als dunkle Umrisse gegen die undurchsichtige hellgraue Masse des Nebels ab.

Don Juan flüsterte mir zu, der Nebel und die Blitze seien miteinander verbündet, und ich müsse eine anstrengende Nachtwache halten, weil ich in ein Gefecht der Kraft verwickelt sei. In diesem Augenblick verwandelte ein gewaltiger Blitzstrahl den ganzen Schauplatz ins Irreale. Der Nebel wirkte wie ein weißer Filter, der das Licht der elektrischen Entladung gefrieren ließ und es einheitlich streute; der Nebel war wie eine zwischen den Bäumen hängende, dichte, weißliche Substanz, doch direkt vor mir lichtete er sich über dem Boden. Deutlich konnte ich die Umrisse der Landschaft erkennen. Wir befanden uns in einem Pinienwald. Um uns her standen sehr hohe Bäume. Sie waren so ungemein hoch, daß ich hätte schwören können, wir seien in den Red-Woods, hätte ich nicht genau gewußt, wo wir uns tatsächlich befanden.

Dann gab es eine mehrere Minuten andauernde Salve von Blitzen. Jeder Blitz ließ die Umrisse, die ich bereits wahrgenommen hatte, deutlicher hervortreten. Direkt vor mir sah ich ganz klar einen Weg. Dort gab es keine Vegetation. Er schien in eine Lichtung zu münden.

Es waren so viele Blitze, daß ich nicht feststellen konnte, woher sie kamen. Die Szenerie wurde so überhell beleuchtet, daß ich mich nun viel wohler fühlte. Meine Angst und Unsicherheit waren verschwunden, sobald es hell genug war, um den schweren Vorhang der Dunkelheit zu lüften. Als daher eine längere Pause zwischen den einzelnen Blitzen eintrat, war ich nicht mehr durch die mich umgebende Finsternis desorientiert.

Don Juan flüsterte mir zu, ich hätte nun wahrscheinlich genug beobachtet und solle meine Aufmerksamkeit auf das Geräusch des Donners konzentrieren. Zu meiner Verwunderung stellte ich fest, daß ich überhaupt nicht auf den Donner geachtet hatte, und dies, obwohl es wirklich ungeheuer laut donnerte. Don Juan fügte hinzu, ich solle die Richtung feststellen, aus der das Geräusch kam, und dorthin blicken.

Es gab jetzt keine Blitz- und Donnersalven mehr, sondern nur noch sporadische, sehr helle und von starkem Donner begleitete Blitze. Der Donner schien immer von rechts zu kommen. Der Nebel hob sich, und ich konnte, da ich mich bereits an die pechschwarze Dunkelheit der Nacht gewöhnt hatte, die Umrisse der Vegetation ausmachen. Es blitzte und donnerte weiterhin, und plötzlich riß die ganze rechte Seite auf, und ich konnte den Himmel sehen.

Das Gewitter schien sich nach rechts zu verlagern. Wieder strahlte ein Blitz auf, und ganz rechts in der Ferne sah ich einen Berg. Der Blitz erleuchtete den Hintergrund, vor dem sich die massige Silhouette des Berges abzeichnete. Er war mit Bäumen bewachsen; sie sahen aus wie feinsäuberliche schwarze Scherenschnitte vor dem strahlend weißen Himmel. Ich konnte sogar die Haufenwolken über den Bergen sehen.

Der Nebel um uns her hatte sich völlig gelichtet. Es wehte ein stetiger Wind, und ich konnte in den großen Bäumen zu meiner Linken die Blätter rascheln hören. Das Gewitter war zu weit entfernt, um diese Bäume zu beleuchten, doch ihre dunklen massiven Silhouetten blieben erkennbar. Das Licht des Gewitters erlaubte mir jedoch festzustellen, daß rechts von mir in der Ferne eine Bergkette lag, und daß es nur zu meiner Linken Wald gab. Mir war, als schaute ich in ein dunkles Tal hinab, das ich aber nicht sehen konnte. Das Gebiet, über dem das Gewitter sich entlud, lag auf der gegenüberliegenden Seite des Tales.

Dann begann es zu regnen. Ich lehnte mich, so weit ich konnte, an den Felsen zurück. Mein Hut bot mir guten Schutz. Ich saß mit an die Brust hochgezogenen Knien, und nur meine Strümpfe und Schuhe wurden naß.

Es regnete lange. Der Regen war lauwarm. Ich spürte ihn an den Füßen. Und dann schlief ich ein.

Ich wurde durch Vogelgezwitscher geweckt. Ich sah mich nach Don Juan um. Er war nicht da. Normalerweise hätte ich mich beunruhigt gefragt, ob er mich im Stich gelassen habe, aber durch den Schock, den der Anblick der Umgebung mir versetzte, war ich wie gelähmt.

Ich stand auf. Ich hatte tropfnasse Füße, die Krempe meines Hutes war naß und es stand noch immer etwas Wasser darin, das nun auf mich herabtropfte. Ich befand mich nicht in einer Höhle, sondern unter dichtem Gebüsch. Für einen Augenblick stürzte ich in eine nie zuvor erlebte Verwirrung. Ich befand mich auf einem flachen Stück Land zwischen zwei niedrigen, mit Gebüsch bestandenen Hügeln. Zu meiner Linken gab es keine Bäume, und zu meiner Rechten kein Tal. Direkt vor mir, wo ich einen Pfad im Walde gesehen hatte, stand ein riesiger Busch.

Ich weigerte mich zu glauben, was ich sah. Angesichts der Unvereinbarkeit dieser beiden Versionen von Realität rang ich um eine Erklärung. Ich überlegte, es sei doch gut möglich, daß ich so fest geschlafen hatte, daß Don Juan mich, ohne mich zu wecken, auf dem Rücken an einen anderen Ort hatte tragen können.

Ich untersuchte die Stelle, wo ich geschlafen hatte. Dort war der Boden trocken, wie auch an der Stelle daneben, wo Don Juan gesessen hatte.

Ich rief ein paarmal nach ihm, dann befiel mich Angst und ich brüllte seinen Namen, so laut ich konnte. Er kam hinter den Büschen hervor. Sofort war mir klar, daß er wußte, was hier vorging. Er lächelte so hintergründig, daß ich schließlich selbst lachen mußte.

Ich wollte keine Zeit verlieren, indem ich mit ihm Verstecken spielte. Ich platzte gleich mit dem heraus, was mich bedrückte. So genau wie möglich beschrieb ich jede Einzelheit meiner die ganze Nacht währenden Halluzinationen. Er hörte zu, ohne mich zu unterbrechen. Doch er konnte keine ernste Miene behalten und fing mehrmals an zu lachen, beherrschte sich aber sofort wieder.

Drei- oder viermal bat ich ihn um Erklärungen. Er schüttelte nur den Kopf, als sei die ganze Sache auch ihm unbegreiflich.

Nachdem ich meinen Bericht beendet hatte, sah er mich an und sagte: "Du siehst elend aus. Vielleicht mußt du mal in die Büsche."

Er lachte auf und fügte hinzu, ich solle meine Kleider ausziehen und auswringen, damit sie trocknen könnten.

Die Sonne strahlte hell. Es waren nur wenige Wolken am Himmel. Es war ein windiger, frischer Tag.

Don Juan entfernte sich und sagte, er wolle ein paar Pflanzen sammeln und ich solle meine Fassung wiedergewinnen und ihn nicht rufen, ehe ich nicht wieder ruhig und stark sei.

Meine Kleidung war wirklich naß. Ich setzte mich in die Sonne und ließ mich trocknen. Ich fühlte, die einzige Möglichkeit, mich zu entspannen, war, mein Notizbuch hervorzuholen und zu schreiben. Ich aß, während ich an meinen Aufzeichnungen arbeitete.

Nach einigen Stunden war ich entspannter und rief Don Juan. Er antwortete von irgendwo in der Nähe des Berggipfels.

Er forderte mich auf, die Kalebassen zu nehmen und zu ihm hinaufzusteigen. Als ich oben ankam, fand ich ihn auf einem glatten Stein sitzen. Er öffnete die Kalebassen und nahm sich etwas zu essen. Er reichte mir zwei große Stücke Fleisch.

Ich wußte nicht, wo beginnen. Es gab so vieles, was ich fragen wollte. Er schien meine Stimmung zu erraten und lachte sehr vergnügt.

"Wie fühlst du dich? " fragte er in scherzendem Ton.

Ich wollte nichts sagen. Ich war immer noch fassungslos. Don Juan forderte mich auf, mich auf die flache Steinplatte zu setzen. Er sagte, der Stein sei ein Kraft-Objekt, und ich würde, nachdem ich einige Zeit darauf gesessen hätte, mich erneuert fühlen.

"Setz dich her", befahl er knapp.

Er lächelte nicht. Sein Blick war durchdringend. Automatisch nahm ich Platz.

Er sagte, ich sei achtlos mit der Kraft umgegangen, indem ich mißmutig geworden sei, und ich müsse damit aufhören, sonst würde die Kraft sich gegen uns beide wenden, und wir würden diese unwirtlichen Berge nie mehr lebend verlassen.

Nach kurzer Pause fragte er beiläufig: "Wie steht es mit dem *Träumen*? "

Ich berichtete, wie schwer es mir inzwischen fiel, mir zu befehlen, auf meine Hände zu schauen. Anfangs war es relativ leicht gewesen, vielleicht weil es etwas Neues für mich war. Es war mir nicht schwergefallen, mich daran zu erinnern, daß ich auf meine Hände schauen mußte. Aber der Reiz des Neuen hatte nachgelassen, und in manchen Nächten konnte ich es nun überhaupt nicht mehr.

"Du mußt zum Schlafen ein Stirnband tragen", sagte er. "Es ist eine schwierige Sache, sich so ein Stirnband zu beschaffen. Ich kann dir keines geben, denn du mußt es dir selbst aus dem Nichts herstellen. Aber das kannst du nicht, bevor du nicht während des *Träumens* ein Bild davon gesehen hast. Verstehst du mich? Das Stirnband muß genau nach diesem Bild gemacht werden. Und es muß ein Querband haben, das fest an der Schädeldecke anliegt. Es kann auch wie eine enge Kappe sein. Das *Träumen* ist leichter, wenn man ein Kraft-Objekt auf dem Kopf trägt. Du könntest auch deinen Hut oder eine Mönchskapuze aufsetzen, wenn du schlafen gehst, aber diese Gegenstände führen nur zu heftigen Träumen, nicht aber zum *Träumen*."

Er schwieg eine Weile, dann erzählte er mir mit einem wahren Wortschwall, daß die Vision des Stirnbandes nicht nur im 'Träumen', sondern auch im Wachen sowie als Folge irgendwelcher belangloser und beziehungsloser Vorgänge – etwa beim Beobachten fliegender Vögel, der Bewegung des Wassers, der Wolken usw. – auftreten könne.

“Ein Jäger der Kraft beobachtet alles”, fuhr er fort, “und alles verrät ihm ein Geheimnis.”

“Aber wieso weiß man mit Sicherheit, daß die Dinge Geheimnisse verraten? ” fragte ich.

Ich glaubte, daß er vielleicht eine besondere Formel hatte, die es ihm gestattete, exakte Interpretationen zu geben.

“Die einzige Möglichkeit, dies mit Sicherheit zu wissen, besteht darin, alle Anweisungen zu befolgen, die ich dir, seit du zu mir kamst, gegeben habe. Um Kraft zu haben, muß man mit der Kraft leben.”

Er lächelte wohlwollend. Seine Wildheit schien von ihm abgefallen. Er tätschelte mir sogar sanft den Arm.

“Iß deine Kraft-Speise”, drängte er mich.

Ich kaute etwas von dem getrockneten Fleisch, und in diesem Augenblick kam mir plötzlich der Gedanke, daß das Trockenfleisch womöglich eine psychotrope Substanz enthielt – daher die Halluzinationen. Einen Moment war ich beinah erleichtert. Wenn er etwas in das Fleisch getan hatte, dann waren meine Trugbilder völlig verständlich. Ich bat ihn, mir zu sagen, ob in dem ‘Kraft-Fleisch’ etwas dergleichen sei.

Er lachte, antwortete aber nicht direkt. Ich bestürmte ihn, wobei ich ihm versicherte, daß ich nicht böse oder auch nur verärgert sei, sondern daß ich es wissen müsse, damit ich mir die Ereignisse der vergangenen Nacht zufriedenstellend erklären könne. Ich drang in ihn, redete ihm zu und bat ihn schließlich inständig, mir die Wahrheit zu sagen.

“Du bist wohl übergeschnappt”, sagte er und schüttelte ungläubig den Kopf. “Du hast eine schreckliche Neigung. Du kannst es nicht lassen, alles zufriedenstellend zu erklären. In dem Fleisch ist nichts anderes als Kraft. Sie ist weder durch mich noch durch einen anderen Menschen, sondern durch die Kraft selbst hineingelangt. Es ist das getrocknete Fleisch eines Rehs, und dieses Reh wurde mir in ähnlicher Weise geschenkt wie dir vor nicht allzu langer Zeit ein gewisses Kaninchen. Weder du noch ich taten etwas in das Kaninchen. Ich habe nicht von dir verlangt, das Fleisch des Kaninchens zu trocknen, denn dies hätte mehr Kraft vorausgesetzt, als du hattest. Ich befahl dir aber, das Fleisch zu essen. Aus Dummheit hast du nicht viel davon gegessen.

Was du gestern erlebtest, war kein Spaß und keine Posse. Du hattest eine Begegnung mit der Kraft. Der Nebel, die Dunkelheit, der Donner, die Blitze und der Regen – das alles waren Teile eines großen Gefechts der Kraft. Du hattest Glück, wie nur ein Narr es haben kann. Ein Krieger hätte alles darum gegeben, einem solchen Gefecht beizuwohnen."

Ich wandte ein, daß der ganze Vorgang kein Gefecht der Kraft gewesen sein könne, weil er nicht real gewesen sei.

"Und was ist real? " fragte Don Juan mich ganz ruhig.

"Das hier, was wir sehen, das ist real", sagte ich und wies auf die Umgebung.

"Aber das war auch die Brücke gestern abend, auch der Wald und alles andere."

"Aber wenn diese Dinge real waren, wo sind sie denn jetzt? "

"Sie sind hier. Hättest du genug Kraft, dann könntest du sie zurückrufen. Jetzt kannst du es nicht, weil du es für nützlich hältst, dauernd zu zweifeln und zu nörgeln. Es nützt dir nichts, mein Freund, es nützt nichts. Direkt hier vor uns türmen sich Welten über Welten. Und mit ihnen ist nicht zu spaßen. Hätte ich dich gestern abend nicht am Arm gepackt, dann wärst du über diese Brücke gegangen, ob du es wolltest oder nicht. Und zuvor mußte ich dich vor dem Wind schützen, der nach dir suchte."

"Was wäre geschehen, wenn du mich nicht geschützt hättest? "

"Da du nicht genug Kraft hast, hätte der Wind dich vom Weg abirren lassen und dich vielleicht durch einen Sturz in eine Schlucht getötet. Aber das eigentlich Wichtige gestern abend war der Nebel. Zwei Dinge hätten dir im Nebel widerfahren können. Du hättest über die Brücke auf die andere Seite gehen können, oder du hättest zu Tode stürzen können. Das wäre jeweils von der Kraft abhängig gewesen. Eines aber war sicher: Hätte ich dich nicht beschützt, dann hättest du die Brücke betreten müssen, ganz gleich, was geschehen wäre. Das ist das Wesen der Kraft. Wie ich dir schon sagte, sie befiehlt dir, und trotzdem gehorcht sie dir. Gestern abend zum Beipiel hätte die Kraft dich gezwungen, über die Brücke zu gehen, und dann hätte sie dir gehorcht, indem sie dich beim Hinübergehen gestützt hätte. Ich habe dich zurückgehalten, weil ich weiß, daß es dir nicht möglich ist, die Kraft zu nützen, und ohne Kraft wäre die Brücke eingestürzt."

“Hast auch du die Brücke gesehen, Don Juan? ”

“Nein, ich sah nur die Kraft. Es hätte alles mögliche sein können. Diesmal war die Kraft für dich eine Brücke. Ich weiß nicht, warum gerade eine Brücke. Wir Menschen sind höchst rätselhafte Wesen.”

“Hast du je eine Brücke im Nebel gesehen, Don Juan? ”

“Nein, aber das kommt, weil ich nicht so bin wie du. Ich habe anderes gesehen. Meine Gefechte der Kraft waren sehr verschieden von den deinen.”

“Was hast du gesehen, Don Juan, kannst du es mir sagen? ”

“Während meines ersten Gefechts der Kraft sah ich im Nebel meine Feinde. Du hast keine Feinde. Du haßt niemanden. Ich aber haßte damals. Ich ließ mich gehen, die Menschen zu hassen. Heute tu ich das nicht mehr. Ich habe meinen Haß überwunden, aber damals hätte mein Haß mich beinah vernichtet.

Dein Gefecht der Kraft hingegen war eine klare Sache. Es hat dich nicht vernichtet. Du selbst zerstörst dich jetzt mit deinen überflüssigen Gedanken und Zweifeln. Das ist deine Art, dich gehenzulassen.

Der Nebel war bei dir makellos. Du hast eine Affinität zu ihm. Er schenkte dir eine enorme Brücke, und diese Brücke wird von nun an im Nebel sein. Sie wird sich dir immer wieder zeigen, bis du sie eines Tages überqueren mußt.

Ich rate dir sehr, von nun an nicht allein durch neblige Gegenden zu gehen, bis du weißt, was du tust.

Kraft ist eine komische Sache. Um sie zu haben und über sie zu gebieten, muß man zuerst Kraft haben. Es ist jedoch möglich, sie Schritt um Schritt aufzuspeichern, bis man genug davon hat, um in einem Gefecht der Kraft zu bestehen.”

“Was ist ein Gefecht der Kraft? ”

“Was dir gestern abend widerfuhr, war der Anfang eines Gefechts der Kraft. Die Szenen, die du erlebtest, waren der Sitz der Kraft. Eines Tages wirst du sie verstehen; solche Szenen haben eine große Bedeutung.”

“Kannst du mir ihre Bedeutung nicht verraten, Don Juan? ”

“Nein. Diese Szenen sind deine eigene, persönliche Eroberung, die du mit niemandem teilen kannst. Aber was gestern abend geschah, war nur der Anfang, ein Geplänkel. Das wirkliche Gefecht wird stattfinden, wenn du diese Brücke überschreitest."

"Was ist auf der anderen Seite?"

"Nur du wirst das wissen. Und nur du wirst wissen, was sich am Ende dieses Weges durch den Wald befindet. Doch all dies kann dir zustoßen – oder auch nicht. Um sich auf diese unbekannten Wege und Brücken zu wagen, muß man genügend eigene Kraft haben."

"Was geschieht, wenn man nicht genug Kraft hat?"

"Der Tod wartet immer auf einen, und wenn die Kraft des Kriegers schwindet, dann berührt ihn einfach der Tod. Es ist dumm, sich ohne Kraft ins Unbekannte vorzuwagen. Man würde nur den Tod finden."

Ich hatte nicht wirklich zugehört. Ich spielte immer noch mit dem Gedanken, daß das Trockenfleisch ein Mittel enthalten hatte, das die Halluzinationen verursachte. Es beruhigte mich, diesem Gedanken nachzuhängen.

"Zerbrich dir nicht den Kopf bei dem Versuch, das herauszufinden", sagte er, als könnte er meine Gedanken lesen. "Die Welt ist ein Rätsel. All dies, was du hier siehst, ist noch nicht alles. Es gibt so viel in der Welt, wirklich so viel mehr – eine Unendlichkeit. Wenn du also versuchst, es herauszufinden, dann tust du in Wirklichkeit nichts anderes, als die Welt zu etwas Alltäglichem zu machen. Du und ich, wir sind einfach deshalb hier in der Welt, die du real nennst, weil wir beide sie kennen. Du kennst die Welt der Kraft nicht, deshalb kannst du sie nicht zu etwas Alltäglichem machen."

"Weißt du, ich kann dem eigentlich nicht widersprechen", sagte ich. "Aber mein Verstand kann es wiederum nicht akzeptieren."

Er lachte und tätschelte mir den Kopf.

"Du bist wirklich verrückt", sagte er. "Aber das macht nichts. Ich weiß, wie schwer es ist, wie ein Krieger zu leben. Hättest du meine Anweisungen befolgt und all die Taten vollbracht, die ich dich lehrte, dann hättest du jetzt genügend Kraft, um diese Brücke zu überqueren. Genügend Kraft, um zu *sehen* und um *die Welt anzuhalten.*"

"Aber warum soll ich die Kraft begehren, Don Juan?

"Du kannst den Grund dafür noch nicht erkennen. Aber

wenn du genügend Kraft aufspeicherst, dann wird die Kraft selbst dir gute Gründe zeigen. Klingt verrückt, nicht wahr?"

"Warum begehrtest du selbst Kraft, Don Juan?"

"Ich bin wie du. Ich begehrte sie nicht. Ich sah keinen Grund, sie zu besitzen. Ich hatte die gleichen Zweifel wie du und befolgte nie die Anweisungen, die mir gegeben wurden, oder zumindest glaubte ich, daß ich es nie tat; aber trotz meiner Dummheit speicherte ich genügend Kraft, und eines Tages ließ meine persönliche Kraft die Welt einstürzen."

"Aber warum sollte irgend jemand den Wunsch haben, *die Welt anzuhalten?*"

"Das tut niemand, das ist ja der springende Punkt. Es geschieht einfach. Und sobald du weißt, was es heißt, *die Welt anzuhalten,* erkennst du den Grund dafür. Siehst du, es ist eine der Taten eines Kriegers, die Welt aus einem bestimmten Grund einstürzen zu lassen und sie dann wieder aufzubauen, um weiterzuleben."

Ich meinte, er könne mir vielleicht am einfachsten helfen, wenn er mir ein Beispiel für diesen besonderen Grund, die Welt einstürzen zu lassen, nennen würde.

Er schwieg eine Weile. Er schien zu überlegen.

"Das kann ich dir nicht sagen", sagte er. Eines Tages wirst du trotz allem leben wie ein Krieger; dann wirst du vielleicht genügend persönliche Kraft gespeichert haben, um dir diese Frage selbst zu beantworten.

Ich habe dich beinah alles gelehrt, was ein Krieger wissen muß, um in die Welt zu ziehen und selbst Kraft zu speichern. Doch ich weiß, daß du es noch nicht kannst, und ich muß Geduld mit dir haben. Ich weiß gewiß, daß es einen lebenslangen Kampf erfordert, um in der Welt der Kraft man selbst zu sein."

Don Juan blickte zum Himmel und auf die Berge. Die Sonne sank bereits im Westen, und über den Bergen bildeten sich Regenwolken, die rasch wuchsen. Ich wußte nicht, wie spät es war; ich hatte vergessen, meine Uhr aufzuziehen. Ich fragte ihn, ob er wisse, wie spät es sei, darauf bekam er einen solchen Lachanfall, daß er von der Steinplatte ins Gebüsch kollerte.

Er stand auf, streckte die Arme und gähnte.

"Es ist noch früh", sagte er. "Wir müssen warten, bis der Nebel sich um den Berggipfel zusammenzieht, und dann mußt du allein auf dieser Steinplatte stehen und dem Nebel für seine Gunst danken. Laß ihn kommen und dich einhüllen. Ich werde in der Nähe sein, um dir, falls nötig, zu helfen."

Die Aussicht, im Nebel allein zu bleiben, ängstigte mich. Ich kam mir töricht vor, weil ich so irrational reagierte.

"Du darfst diese einsamen Berge nicht verlassen, ohne ihnen Dank zu sagen", sagte er mit Bestimmtheit. "Ein Krieger kehrt nie der Kraft den Rücken, ohne ihr für die empfangene Gnade seinen Dank zu erweisen."

Er legte sich mit hinter dem Kopf verschränkten Händen auf den Rücken und bedeckte sein Gesicht mit dem Hut.

"Wie soll ich auf den Nebel warten? " fragte ich. "Und was soll ich tun? "

"Schreib", sagte er durch seinen Hut. "Aber schließ nicht die Augen, und wende dich nicht ab."

Ich versuchte zu schreiben, konnte mich aber nicht konzentrieren. Ich stand auf und ging unruhig umher. Don Juan hob seinen Hut und sah mich mit ärgerlicher Miene an.

"Setz dich!" befahl er mir.

Er sagte, das Gefecht der Kraft sei noch nicht beendet, und ich müsse meinen Geist lehren, gelassen zu sein. Ich solle meine Gefühle durch nichts verraten, wenn ich nicht in diesen Bergen gefangen bleiben wolle.

Er setzte sich auf und machte eine drängende Handbewegung. Er sagte, ich müsse so tun, als geschehe nichts Außergewöhnliches, denn an Orten der Kraft wie dem, an dem wir uns befanden, sei damit zu rechnen, daß sie Menschen, die sich beunruhigen, aufsaugen. Und so könne man eine seltsame, schädliche Bindung an einen Ort entwickeln.

"Solche Bindungen verankern den Menschen an einem Ort der Kraft, manchmal für sein Leben", sagte er. "Und dies ist nicht der Platz für dich. Du hast ihn nicht selbst gefunden. Schnalle also deinen Gürtel fest und verlier nicht die Hosen."

Seine Ermahnungen wirkten auf mich wie ein Bann. Stundenlang schrieb ich ohne Unterbrechung.

Don Juan schlief wieder ein und wachte erst auf, als der von den Bergen herabsinkende Nebel etwa hundert Meter entfernt war. Dann stand er auf und untersuchte die Umgebung. Ich sah mich um, ohne dem Nebel den Rücken zu kehren. Rechts von mir war der Nebel, von den Bergen herabsteigend, bereits in die Ebene vorgedrungen. Links von mir war die Sicht noch klar; doch der Wind wehte offenbar von rechts und drängte den Nebel derart in die Ebene, daß er uns umrundete.

Don Juan flüsterte mir zu, ich solle gelassen sein und an der Stelle bleiben, wo ich mich befand, ohne die Augen zu schließen, und mich nicht umdrehen, bis ich völlig vom Nebel umgeben sei. Erst dann sei es möglich, den Abstieg zu beginnen.

Er verbarg sich ein paar Meter hinter mir am Fuß einiger Felsen.

Die Stille in diesen Bergen war großartig und gleichzeitig furchterregend. Die sanfte Brise, die den Nebel herantrieb, gab mir das Gefühl, als zischte der Nebel in meinen Ohren. Große Nebelschwaden kamen den Berg herab und wirkten wie feste Klumpen weißlicher Materie, die auf mich zurollten. Ich konnte den Nebel riechen. Es war eine eigenartige Mischung aus scharfen und wohlriechenden Düften. Und dann hüllte er mich ganz ein.

Ich hatte den Eindruck, daß der Nebel auf meine Augenlider einwirkte. Sie wurden schwer, und ich wollte die Augen schließen. Ich fror. Meine Kehle juckte, und ich wollte husten, wagte es aber nicht. Ich hob das Kinn und reckte den Hals, um den Hustenreiz zu lindern, und während ich aufsah, meinte ich plötzlich, die Dicke der Nebelbank tatsächlich sehen zu können. Es war, als konnte mein Blick, indem er hindurch ging, ihre Dicke ausmachen. Meine Augen schlossen sich allmählich und ich konnte gegen den Wunsch, einzuschlafen, nicht mehr ankämpfen. Ich fühlte, daß ich jeden Moment zu Boden fallen würde. In diesem Augenblick sprang Don Juan auf, packte mich an den Armen und schüttelte mich. Der Schock reichte aus, um mich wieder zu klarem Bewußtsein zu bringen.

Er flüsterte mir ins Ohr, ich müsse so schnell wie möglich den Berg hinablaufen. Er wollte hinter mir bleiben, weil er nicht von den Steinen erschlagen werden wollte, die ich vielleicht lostreten würde. Er sagte, ich sei der Führer, denn es sei mein Gefecht der Kraft, und ich müsse einen klaren Kopf behalten und selbstvergessen sein, um uns hier sicher hinaus zu geleiten.

"Jetzt liegt es an dir", sagte er mit lauter Stimme. "Wenn du nicht die Stimmung eines Kriegers hast, werden wir den Nebel vielleicht nie verlassen."

Ich zögerte einen Augenblick. Ich war nicht sicher, ob ich den Weg von den Bergen hinab finden würde.

"Lauf, Hase, lauf!" schrie Don Juan und stieß mich sacht bergab.

13. Die letzte Begegnung eines Kriegers

Sonntag, 28. Januar 1962

Gegen zehn Uhr morgens trat Don Juan ins Haus. Er war bei Anbruch der Dämmerung fortgegangen. Ich begrüßte ihn. Er kicherte, schüttelte mir mit clownesker Gebärde die Hand und begrüßte mich zeremoniell.

"Wir werden einen kleinen Ausflug machen", sagte er. "Du wirst uns zu einem ganz besonderen Platz fahren, um Kraft zu suchen."

Er entrollte zwei Tragnetze, tat in jedes von ihnen zwei mit Proviant gefüllte Kalebassen, band sie mit einem dünnen Seil zu und reichte mir ein Netz.

Wir fuhren gemächlich etwa sechshundert Kilometer nach Norden, verließen dann den Pan American Highway und schlugen eine nach Westen führende Sandstraße ein. Für Stunden schien mein Auto das einzige zu sein, das auf der Straße fuhr. Während wir so dahinrollten, stellte ich fest, daß ich durch die Windschutzscheibe nichts sehen konnte. Ich bemühte mich verzweifelt, die Umgebung zu erkennen, aber es war zu dunkel, und meine Windschutzscheibe war mit zerquetschten Insekten und Staub bedeckt.

Ich sagte Don Juan, ich müsse anhalten, um die Windschutzscheibe zu reinigen, Er befahl mir, weiterzufahren, auch, wenn ich mit zwei oder drei Stundenkilometern dahinkriechen und meinen Kopf durch das Seitenfenster stecken müßte, um nach vorn zu sehen. Er sagte, wir könnten nicht anhalten, bevor wir unseren Bestimmungsort erreicht hätten.

An einer bestimmten Stelle forderte er mich auf, nach rechts abzubiegen. Es war so dunkel und staubig, daß auch die Scheinwerfer nicht viel ausrichteten. Zitternd und zagend verließ ich die Straße. Ich fürchtete, auf dem weichen Bankett einzusinken, aber der Sand war fest.

Ich fuhr etwa fünfzig Meter im ersten Gang, wobei ich die Tür offen hielt, um hinauszuschauen. Schließlich sagte Don Juan, ich solle anhalten. Er sagte, ich hätte direkt hinter einem riesigen Felsen geparkt, der den Wagen gegen die Sicht abschirme.

Ich stieg aus und ging im Licht der Scheinwerfer umher. Ich wollte die Umgebung erforschen, denn ich hatte keine Ahnung, wo ich mich befand. Aber Don Juan schaltete die Scheinwerfer aus. Laut sagte er, wir dürften keine Zeit verlieren und ich solle den Wagen abschließen, damit wir uns auf den Weg machen könnten.

Er reichte mir mein Netz mit den Kalebassen. Es war so dunkel, daß ich stolperte und es beinah fallen ließ. Don Juan befahl mir freundlich, aber bestimmt, mich hinzusetzen, bis meine Augen sich an die Dunkelheit gewöhnt hätten. Aber es lag nicht an meinen Augen. Kaum aus dem Auto gestiegen, hatte ich recht gut sehen können. Vielmehr litt ich an einer eigenartigen Nervosität, die bewirkte, daß ich mich wie geistesabwesend verhielt. Ich übersah einfach alles.

"Wohin gehen wir? " fragte ich.

"Wir werden in völliger Dunkelheit zu einem besonderen Platz gehen", sagte er.

"Wozu? "

"Um Gewißheit zu erlangen, ob du weiterhin die Kraft jagen kannst, oder nicht."

Ich fragte ihn, ob er mit seinem Vorschlag einen Test meine und ob er, wenn ich durchfiele, weiterhin mit mir sprechen und mir sein Wissen mitteilen würde.

Er hörte zu, ohne mich zu unterbrechen. Was wir vorhätten, sagte er, sei kein Test, sondern wir warteten auf ein Omen; wenn das Omen nicht komme, dann sei daraus zu schließen, daß meine Jagd nach Kraft erfolglos geblieben war. In diesem Fall wäre ich aller weiteren Pflichten frei – frei, so dumm zu bleiben, wie es mir paßte. Ganz gleich was geschähe, sagte er, würde er mein Freund bleiben und immer mit mir sprechen.

Irgendwie war ich sicher, daß ich versagen würde. "Das Omen wird nicht kommen", sagte ich scherzhaft. "Ich weiß es. Ich habe schon ein wenig Kraft."

Er lachte und klopfte mir freundlich auf den Rücken. "Mach dir keine Sorgen", erwiderte er. "Das Omen wird kommen. Ich weiß es. Ich habe mehr Kraft als du."

Er fand seine Worte belustigend. Er schlug sich auf die Schenkel, klatschte in die Hände und lachte schallend.

Don Juan band mir das Tragnetz auf den Rücken und sagte, ich solle einen Schritt hinter ihm bleiben und nach Möglichkeit in seine Fußstapfen treten.

In sehr dramatischem Ton flüsterte er: "Dies ist ein Gang zur Kraft, daher ist alles wichtig."

Wenn ich in seine Fußstapfen trete, sagte er, dann überträgt sich die Kraft, die er im Gehen aussandte, auf mich.

Ich sah auf die Uhr. Es war elf Uhr abends.

Er hieß mich wie ein Soldat Habachtstellung einnehmen. Dann schob er meinen rechten Fuß nach vorn, so daß ich so stand, als hätte ich gerade einen Schritt vorwärts getan. Er stellte sich in derselben Haltung vor mir auf, und nachdem er seine Anweisung, ich solle darauf achten, genau mit ihm Schritt zu halten, wiederholt hatte, setzte er sich in Bewegung. Vernehmlich flüsternd sagte er, ich solle mich um nichts anderes kümmern, als darum, in seine Fußspuren zu treten; ich solle weder nach vorn noch zur Seite, sondern vor mich auf den Boden blicken.

In gemächlichem Tempo marschierte er los. Es fiel mir nicht schwer, ihm zu folgen; wir gingen auf relativ festem Boden. Etwa dreißig Meter weit hielt ich mit ihm Schritt und trat genau in seine Fußstapfen; dann warf ich einen kurzen Blick zur Seite – und schon stieß ich mit ihm zusammen.

Er lachte und versicherte mir, daß ich ihn gewiß nicht verletzt hätte, als ich ihn mit meinen schweren Stiefeln gegen die Ferse getreten hatte, doch wenn ich weiterhin so blind drauflos trampelte, meinte er, dann würde einer von uns beiden morgen früh ein Krüppel sein. Lachend und mit sehr leiser, aber bestimmter Stimme sagte er, er habe nicht die Absicht, sich durch meine Dummheit und meinen Mangel an Konzentration eine Verletzung zuzuziehen, und, falls ich ihn wieder träte, müsse ich eben barfuß gehen.

"Ich kann nicht ohne Schuhe gehen", sagte ich mit lauter, heiserer Stimme.

Don Juans Lachen überschlug sich, und wir mußten warten, bis er sich beruhigt hatte.

Er versicherte mir nochmals, daß er das, was er sagte, ernst meinte. Wir seien unterwegs, um mit der Kraft in Verbindung zu treten, und alles müsse vollkommen sein.

Die Aussicht, ohne Schuhe durch die Wüste zu laufen, beängstigte mich unglaublich. Don Juan witzelte, daß meine Familie vermutlich zu der Sorte Bauern gehöre, die ihre Schuhe nicht mal nachts im Bett ausziehen. Er hatte natürlich recht. Ich war nie barfuß gelaufen, und ohne Schuhe durch die Wüste zu gehen, wäre für mich selbstmörderisch gewesen.

"Diese Wüste strömt Kraft aus", flüsterte Don Juan mir ins Ohr. "Wir haben keine Zeit, zu zaudern."

Wir setzten uns wieder in Marsch. Don Juan schlug ein bequemes Tempo an. Nach einiger Zeit bemerkte ich, daß wir den festen Boden verlassen hatten und auf weichem Sand gingen. Don Juans Füße sanken ein und hinterließen tiefe Spuren.

So gingen wir mehrere Stunden, bis Don Juan haltmachte. Er blieb nicht plötzlich stehen, sondern warnte mich im voraus, daß er stehenbleiben würde, damit ich nicht gegen ihn stieße. Der Boden war nun wieder fest, und es schien, als gingen wir eine Steigung hinauf.

Don Juan sagte, falls ich in die Büsche gehen müsse, solle ich es jetzt tun, denn von nun an hätten wir eine solide Wegstrecke ohne eine einzige Pause vor uns. Ich sah auf die Uhr; es war ein Uhr morgens.

Nach einer Rast von zehn bis fünfzehn Minuten hieß Don Juan mich wieder Aufstellung nehmen, und wir gingen weiter. Er hatte recht, es war eine furchtbare Wegstrecke. Nie zuvor hatte ich etwas getan, das so viel Konzentration verlangte. Don Juans Gangart war so schnell, und die Anspannung, jeden seiner Schritte zu beobachten, erreichte ein solches Maß, daß ich von einem bestimmten Augenblick an nicht mehr zu spüren meinte, daß ich überhaupt ging. Ich fühlte meine Füße und Beine nicht mehr. Es war, als ginge ich auf Luft und irgendeine Kraft trüge mich immer weiter. Meine Konzentration war so vollkommen, daß ich den allmählichen Wechsel des Lichts nicht mehr bemerkte. Plötzlich wurde mir bewußt, daß ich Don Juan vor mir sehen konnte. Ich sah nun seine Füße und seine Spuren, statt sie mehr oder minder zu erraten, wie ich es während des größten Teils der Nacht getan hatte.

Irgendwann sprang er unerwartet zur Seite, und mein Schwung trug mich noch etwa zehn Meter weiter. Als ich abbremste, wurden meine Beine kraftlos und fingen an zu zittern, bis ich schließlich zu Boden stürzte.

Ich sah zu Don Juan auf, der mich ruhig anblickte. Er schien nicht müde zu sein. Ich rang nach Atem und war in kalten Schweiß gebadet.

Don Juan wirbelte mich in liegender Stellung herum, wobei er mich am Arm zog. Er sagte, daß ich, wenn ich wieder zu Kräften kommen wollte, mit dem Kopf nach Osten gewandt liegen müsse. Nach und nach entspannte ich mich, und mein schmerzender Körper erholte sich. Schließlich hatte ich Energie genug, um aufzustehen. Ich wollte auf die Uhr schauen, aber er hinderte mich daran, indem er mit der Hand mein Handgelenk umschloß. Ganz sachte drehte er mich um, so daß ich nach Osten blickte, und sagte, mein elender Wecker sei jetzt nicht nötig, denn wir befänden uns in der magischen Zeit und würden bald Gewißheit haben, ob ich fähig sei, nach Kraft zu jagen.

Ich sah mich um. Wir befanden uns auf dem Gipfel eines sehr hohen Berges. Ich wollte auf etwas zugehen, das wie eine Felskante oder -spalte aussah, aber Don Juan sprang mir nach und hielt mich zurück.

Er befahl mir in eindringlichem Ton, ich solle an der Stelle bleiben, wo ich gestürzt war, bis die Sonne über den nahen schwarzen Berggipfeln aufging. Er wies nach Osten und machte mich auf eine schwere Wolkenbank über dem Horizont aufmerksam. Er sagte, es sei ein gutes Omen, wenn der Wind die Wolken rechtzeitig forbläst, damit die ersten Sonnenstrahlen meinen Körper hier auf dem Gipfel treffen.

Er sagte, ich solle ruhig stehenbleiben, den rechten Fuß vorgestreckt, als würde ich gehen, und nicht direkt auf den Horizont blicken, sondern das Auge schweifen lassen.

Meine Beine wurden ganz steif und meine Waden schmerzten. Es war eine qualvolle Haltung, und meine Beinmuskeln waren zu überanstrengt, um mich aufrecht zu halten. Ich hielt aus, solange ich konnte. Es fehlte nicht viel, und ich wäre gestürzt. Meine Beine zitterten unkontrollierbar – da blies Don Juan die Sache ab. Er half mir, mich hinzusetzen.

Die Wolkenbank hatte sich nicht bewegt, und wir hatten die Sonne nicht über dem Horizont aufgehen sehen. Don Juan sagte nur: "Wie schade."

Ich wollte nicht direkt fragen, welche Folgen mein Versagen haben würde, aber da ich Don Juan kannte, war ich sicher, daß er dem Diktum seiner Omina folgen mußte. Und heute Morgen war das Omen ausgeblieben. Der Schmerz in meinen Waden ließ nach, und ein wohliges Gefühl überströmte mich. Ich fing an, auf der Stelle zu traben, um meine Muskeln zu lockern. Don Juan sagte sehr freundlich, ich solle einen angrenzenden Hügel hinauflaufen, dort Blätter von einem bestimmten Busch pflücken und meine Beine damit einreiben, um meinen Muskelschmerz zu lindern.

Von dort, wo ich stand, konnte ich einen großen, saftig grünen Busch sehen. Die Blätter schienen ganz feucht zu sein. Ich hatte sie schon zuvor gebraucht. Ich hatte nie den Eindruck, gehabt, daß sie mir halfen, aber Don Juan hatte immer behauptet, die Wirkung wahrhaft freundlicher Pflanzen sei so subtil, daß man sie kaum bemerke, doch sie würden stets die erwarteten Resultate bringen.

Ich lief bergab und den benachbarten Hügel hinauf. Als ich oben anlangte, merkte ich, daß die Anstrengung beinah zu groß gewesen war. Ich rang heftig nach Atem, und mir war übel. Ich ging in die Hocke und beugte mich vornüber, bis ich entspannter war. Dann stand ich auf und streckte die Hand aus, um die Blätter zu pflücken, wie Don Juan mir aufgetragen hatte. Aber ich konnte den Busch nicht finden. Ich sah mich um. Ich war überzeugt, daß ich mich an der richtigen Stelle befand, aber hier oben auf dem Hügel war nichts, was auch nur entfernt dieser Pflanze ähnelte. Und doch mußte dies die Stelle sein, an der ich sie gesehen hatte. Jeder andere Platz lag von dort, wo Don Juan stand, außerhalb des Gesichtskreises.

Ich gab die Suche auf und kehrte zum anderen Hügel zurück. Don Juan lächelte wohlwollend, als ich meinen Irrtum erklärte.

“Warum nennst du es einen Irrtum? ” fragte er.

“Offenbar ist der Busch nicht dort”, sagte ich.

“Aber du hast ihn gesehen, nicht wahr? ”

“Ich glaube wohl.”

“Und was sahst du nun stattdessen? ”

“Nichts.”

An der Stelle, an der ich die Pflanzen zu sehen geglaubt hatte, gab es absolut keine Vegetation. Ich versuchte das, was ich gesehen hatte, als visuelle Täuschung, als eine Art Luftspiegelung zu erklären. Ich war wirklich erschöpft gewesen und wegen meiner Erschöpfung hatte ich vielleicht geglaubt, etwas zu sehen, das ich dort erwartete, das sich dort jedoch nicht befand.

Don Juan kicherte leise und sah mich kurz an.

“Ich sehe da keinen Irrtum”, sagte er. “Die Pflanze ist dort oben auf dem Hügel.”

Jetzt war es an mir, zu lachen. Ich suchte die ganze Fläche sorgfältig ab. Es gab dort keine solche Pflanze, und was ich gesehen hatte, war, soviel ich erkennen konnte, eine Halluzination.

Don Juan begann ganz ruhig den Hügel hinabzusteigen und gab mir ein Zeichen, ihm zu folgen. Zusammen stiegen wir den anderen Hügel hinauf und standen schließlich genau an der Stelle, wo ich den Busch gesehen hatte.

Ich lachte, denn ich war absolut sicher, recht zu haben. Don Juan lachte ebenfalls.

“Geh auf die andere Seite des Hügels”, sagte Don Juan. “Dort wirst du die Pflanze finden.”

Ich wandte ein, daß die andere Seite des Hügels außerhalb meines Gesichtsfeldes gelegen habe, daß dort zwar eine Pflanze sein mochte, daß dies aber nichts zu bedeuten habe.

Don Juan gab mir durch eine Kopfbewegung zu verstehen, ich solle ihm folgen. Er ging um den Gipfel herum, statt ihn in gerader Linie zu überqueren, und blieb mit einer pathetischen Gebärde neben einem grünen Busch stehen, ohne ihn anzuschauen.

Er wandte sich um und sah mich an. Es war ein eigenartig durchdringender Blick.

“Es muß hier Hunderte solcher Pflanzen geben”, sagte ich.

Don Juan stieg geduldig die andere Seite des Hügels hinab, und ich folgte ihm. Wir suchten überall nach einem ähnlichen Busch. Aber wir sahen keinen. Wir legten etwa einen halben Kilometer zurück, bevor wir auf die nächste Pflanze stießen.

Wortlos führte Don Juan mich zum ersten Hügel zurück. Dort blieben wir einen Augenblick stehen, und dann führte er mich auf eine andere Exkursion, um diese Pflanze zu suchen, diesmal aber in entgegengesetzter Richtung. Wir kämmten die Gegend durch und fanden, etwa anderthalb Kilometer entfernt, noch zwei weitere Büsche. Sie waren zusammengewachsen und stachen als ein Fleck intensiven, satten Grüns hervor, viel üppiger, als der übrige Pflanzenwuchs in der Umgebung.

Don Juan sah mich mit ernster Miene an. Ich wußte nicht, was ich davon halten sollte.

"Das ist ein seltsames Omen", sagte er.

Wir kehrten zum ersten Gipfel zurück, wobei wir einen weiten Umweg machten, um ihn aus einer anderen Richtung zu erreichen. Don Juan gab sich anscheinend alle Mühe, mir zu beweisen, daß es hier sehr wenige solcher Pflanzen gab. Diesmal fanden wir unterwegs keine einzige. Als wir den Gipfel erreichten, setzten wir uns in völligem Schweigen nieder. Don Juan band seine Kalebassen los.

"Nach dem Essen wirst du dich besser fühlen", sagte er.

Er konnte seine Freude nicht verbergen. Er zeigte ein strahlendes Lächeln, als er mir den Kopf tätschelte. Ich wußte nicht, woran ich war. Die neuen Geschehnisse waren beunruhigend, aber ich war zu hungrig und zu müde, um mich wirklich darum zu sorgen.

Nach dem Essen wurde ich sehr schläfrig. Don Juan verlangte, ich solle jene Technik anwenden, bei der man schaut, ohne den Blick auf einen Punkt zu konzentrieren, um auf dem Hügel, wo ich den Busch gesehen hatte, einen geeigneten Schlafplatz zu finden.

Ich suchte einen aus. An dieser Stelle sammelte er die Pflanzenreste auf und ordnete sie in einem Kreis mit dem Durchmesser meines Körpers an. Ganz vorsichtig pflückte er ein paar frische Zweige von den Büschen und fegte damit das Innere der Kreisfläche. Er führte lediglich die Bewegung des Fegens aus, er berührte den Boden nicht wirklich mit den Zweigen. Dann suchte er im Innern des Kreises alle am Boden liegenden Steine zusammen und plazierte sie im Mittelpunkt, nachdem er sie peinlich genau nach ihrer Größe in zwei Haufen sortiert hatte.

"Was tust du mit diesen Steinen?" fragte ich.

"Das sind keine Steine", sagte er. "Das sind Strahlen. Sie werden deinen Platz in der Schwebe halten."

Er nahm die kleineren Steine und markierte mit ihnen den Umfang des Kreises. Er ordnete sie in gleichen Abständen an und ließ wie ein Maurer jeden mit Hilfe eines Grabstocks fest in den Boden ein.

Er erlaubte mir nicht, den Kreis zu betreten, sondern befahl mir, außen herumzugehen und zu beobachten, was er tat. Er zählte, im Gegensinn des Uhrzeigers, achtzehn Steine ab.

"Lauf jetzt zum Fuß des Hügels hinab und warte dort", sagte er. "Ich werde an die Böschung kommen und nachsehen, ob du an der richtigen Stelle stehst.

"Was hast du vor?"

"Ich werde dir diese Strahlen einzeln zuwerfen", sagte er und deutete auf den Haufen größerer Steine. "Du mußt sie an der Stelle, die ich dir zeigen werde, in den Boden einlassen, genau wie ich es mit den übrigen getan habe."

"Du mußt unendlich vorsichtig sein. Beim Umgang mit der Kraft muß man vollkommen sein. Fehler sind hier tödlich. Jeder dieser Steine ist ein Strahl – ein Strahl, der uns töten kann, wenn wir ihn lose hängen lassen. Du darfst einfach keinen Fehler machen. Du mußt deinen Blick auf die Stelle richten, wohin ich den Strahl werfen werde. Wenn du dich irgendwie ablenken läßt, dann wird der Strahl zu einem gewöhnlichen Stein, und du wirst ihn nicht mehr von den anderen Steinen unterscheiden können, die dort herumliegen."

Ich schlug vor, es sei doch einfacher, wenn ich die 'Strahlen' einzeln hinuntertrüge.

Don Juan lachte und schüttelte verneinend den Kopf.

"Dies sind Strahlen", beharrte er, "und es ist wichtig, daß ich sie werfe und du sie auffängst."

Diese Arbeit erforderte Stunden. Sie verlangte ein unerträgliches Maß an Konzentration. Don Juan ermahnte mich jedesmal, aufzupassen und meinen Blick zu konzentrieren. Und er tat dies mit Recht. Einen bestimmten Stein nicht aus den Augen zu verlieren, der den Hang hinunterpolterte und dabei andere Steine mitriß, das war wirklich eine nervenraubende Sache.

Als ich den Kreis vollkommen geschlossen hatte und nach oben stieg, glaubte ich, ich würde tot umfallen. Don Juan hatte kleine Zweige abgebrochen und den Kreis damit ausgelegt. Er reichte mir ein paar Blätter und sagte, ich solle sie unter meine Hose, in der Nabelgegend auf die Haut legen. Er sagte, sie würden mich wärmen, ich bräuchte daher zum Schlafen keine Decke. Ich taumelte im Innern des Kreises zu Boden. Die Zweige bildeten ein recht weiches Bett, und ich schlief sofort ein.

Am späten Nachmittag erwachte ich. Es war windig und bewölkt. Direkt über uns standen kompakte Haufenwolken, doch weiter westlich waren es feine Zirruswolken, und von Zeit zu Zeit schien die Sonne über das Land.

Der Schlaf hatte mich erquickt. Ich fühlte mich gestärkt und glücklich. Der Wind machte mir nichts aus. Ich fror nicht. Ich stützte den Kopf auf die Arme und sah mich um. Vorhin war mir nichts aufgefallen, außer, daß der Gipfel ziemlich hoch war. Die Aussicht nach Westen war eindrucksvoll. Ich sah eine weite, hügelige Landschaft und dahinter die Wüste. Im Norden und Osten lag eine Kette dunkelbrauner Berggipfel, und nach Süden erstreckte sich die endlose Weite von Ebenen, Hügeln und fernen blauen Bergen.

Ich setzte mich auf. Don Juan war nirgends zu sehen. Plötzlich packte mich die Angst. Vielleicht, dachte ich, hatte er mich hier allein gelassen, und ich kannte den Rückweg zum Auto nicht. Ich streckte mich wieder auf das Polster aus Zweigen, und seltsamerweise schwand meine Besorgnis. Wieder empfand ich ein Gefühl der Ruhe, ein wunderbares Wohlgefühl. Das war für mich eine ganz neue Empfindung; mein Denken war wie ausgeschaltet. Ich war glücklich. Ich fühlte mich gesund. Ein stilles, überströmendes Glücksgefühl erfüllte mich. Aus Westen blies eine sanfte Brise und strich über meinen Körper hin, ohne daß ich fror. Ich spürte sie im Gesicht und an den Ohren wie eine Woge warmen Wassers, die mich umspülte, zurückwich und mich wieder umspülte. Es war ein eigenartiger Zustand, der in meinem geschäftigen, unruhigen Leben ohne Parallele war. Ich begann zu weinen, nicht aus Traurigkeit oder Selbstmitleid, sondern aus unfaßlicher, unerklärlicher Freude.

Ich wollte für immer an diesem Platz bleiben und wäre vielleicht auch geblieben, wenn Don Juan nicht gekommen wäre und mich von dort fortgezerrt hätte.

"Du hast genug gerastet", sagte er und zog mich hoch.

Ganz ruhig führte er mich im Kreis um den Gipfel herum. Wir wanderten langsam und schweigend. Es schien ihm daran zu liegen, daß ich die Landschaft um uns her genau beobachtete. Durch einen Wink mit den Augen oder mit dem Kinn wies er auf Wolken und Berge hin.

Die Landschaft im Licht des Spätnachmittags war großartig. Sie rief in mir Gefühle der Ehrfurcht und der Verzweiflung hervor. Sie erinnerte mich an Bilder aus meiner Kindheit.

Wir erklommen den höchsten Punkt des Gipfels, eine Zinne aus Eruptivgestein, und setzten uns, den Blick nach Süden gerichtet, bequem mit dem Rücken gegen den Fels. Die endlose Weite des Landes dort im Süden war majestätisch.

"Verankere all dies fest in deinem Gedächtnis", flüsterte Don Juan mir ins Ohr. "Dies ist dein Platz. Heute morgen hast du *gesehen,* und das war das Omen. Du fandest diesen Platz, indem du *sahst.* Das Omen war unerwartet, aber es geschah. Du wirst die Kraft jagen, ob du es willst oder nicht. Dies ist keine menschliche Entscheidung, weder deine noch meine.

Ja, genau gesagt, dieser Hügel ist der Platz, den du liebst; all dies um uns her steht unter deiner Obhut. Du mußt auf all dies gut aufpassen, und all dies wird wiederum auf dich aufpassen."

Ich fragte scherzhaft, ob wirklich all dies mir gehöre. Sehr ernst sagte er ja. Ich lachte und erzählte ihm, daß das, was wir hier taten, mich daran erinnerte, wie die Spanier, als sie die Neue Welt eroberten, das Land im Namen ihres Königs aufteilten. Sie stiegen auf einen Berggipfel und beanspruchten alles Land, das sie in einer Richtung überblicken konnten.

"Das ist eine gute Idee", sagte er. "Ich schenke dir alles Land, so weit du sehen kannst, nicht nur in einer Richtung, sondern rund um dich her."

Er stand auf und wies mit der Hand im Kreis, wobei sein Körper eine volle Drehung vollführte.

"All dies Land gehört dir", sagte er.

Ich lachte laut auf.

Er kicherte und fragte: "Wieso denn nicht? Wieso kann ich dir nicht dieses Land schenken?"

"Das Land gehört dir nicht", sagte ich.

"Na und? Den Spaniern gehörte es auch nicht, und trotzdem teilten sie es auf und gaben es fort. Warum kannst du es nicht genauso in Besitz nehmen?"

Ich sah in prüfend an, um herauszufinden, welche Stimmung sich wirklich hinter seinem Lächeln verbarg. Er explodierte vor Lachen und wäre beinah vom Felsen hinabgestürzt.

"All das Land, soweit du sehen kannst, gehört dir", fuhr er, immer noch lächelnd, fort. "Nicht zum Gebrauch, aber zur Erinnerung. Dieser Gipfel aber gehört dir zu deinem Gebrauch, für den Rest deines Lebens. Ich schenke ihn dir, denn du hast ihn selbst gefunden. Er ist dein. Nimm ihn an."

Ich lachte, aber Don Juan schien es ganz ernst zu meinen. Abgesehen von seinem lustigen Lächeln, schien er wirklich zu glauben, daß er mir diesen Gipfel schenken könne.

"Warum nicht?" fragte er, als habe er meine Gedanken gelesen.

"Ich nehme ihn an", sagte ich halb scherzend. Sein Lächeln verschwand. Er kniff die Augen zusammen und sah mich an.

"Jeder Fels und jeder Kiesel und jeder Busch auf diesem Berg, besonders hier auf dem Gipfel, steht unter deiner Obhut", sagte er. "Jeder Wurm, der hier lebt, ist dein Freund. Du kannst sie benutzen und sie können dich benutzen."

Wir schwiegen einige Minuten. Meine Gedanken flossen ungewöhnlich träge. Irgendwie spürte ich, daß sein plötzlicher Stimmungsumschwung ein Vorzeichen für mich war, aber ich war nicht ängstlich oder besorgt. Ich wollte einfach nicht weitersprechen. Irgendwie erschienen die Worte mir ungenau und ihre Bedeutung schwer zu fassen. Nie hatte ich ähnlich über das Sprechen gedacht, und als ich mir über meine ungewöhnliche Stimmung klar wurde, begann ich schnell zu reden.

"Aber was kann ich mit diesem Berg anfangen, Don Juan?"

"Verankere jede Einzelheit in deinem Gedächtnis. Dies ist der Platz, zu dem du beim *Träumen* kommen wirst. Dies ist der Platz, wo du Kräften begegnen wirst, wo dir eines Tages Geheimnisse offenbart werden.

Du jagst die Kraft, und dies ist dein Platz, der Platz, an dem du deinen Vorrat speichern wirst.

Du verstehst dies jetzt noch nicht. Betrachte es also für den Augenblick als Unsinn."

Wir kletterten vom Felsen hinab, und er führte mich zu einer kleinen, wannenförmigen Vertiefung an der Westflanke des Gipfels. Dort setzten wir uns hin und aßen.

Ohne Zweifel war mir hier auf dem Gipfel unbeschreiblich wohl. Das Essen, wie das Ruhen, gaben mir ein ungeahnt angenehmes Gefühl.

Das Licht der untergehenden Sonne hatte einen reichen, fast kupferfarbenen Glanz, und die ganze Umgebung erschien wie von einer goldenen Tönung überzogen. Ich gab mich völlig dem Anblick der Landschaft hin; ich hatte nicht einmal den Wunsch, zu denken.

Don Juan sprach zu mir mit einer Stimme, die beinah ein Flüstern war. Er sagte, ich solle jede Einzelheit der Umgebung beobachten, wie klein und scheinbar belanglos sie auch sein mochte; besonders aber die auffälligsten Merkmale der Landschaft in westlicher Richtung. Er sagte, ich solle die Sonne anschauen, ohne direkt meinen Blick darauf zu konzentrieren, bis sie hinter dem Horizont verschwunden sei.

Die letzten Minuten des Tageslichts, kurz bevor die Sonne eine niedrig hängende Wolken- oder Nebelbank berührte, waren von eindringlicher Pracht. Es war, als entflammte die Sonne die Erde, entzündete sie wie ein Freudenfeuer. Ich spürte ihre Röte im Gesicht.

"Steh auf!" rief Don Juan und riß mich hoch. Er sprang von mir fort und befahl mir in gebieterischem, doch drängendem Ton, dort wo ich stand, auf der Stelle zu traben.

Als ich auf der Stelle trabte, spürte ich, wie mein Körper von Wärme überflutet wurde. Es war eine kupferne Glut. Ich spürte sie im Gaumen und in einem "Bogen" über meinen Augen. Es war, als brenne der obere Teil meines Kopfes in einem kühlen Feuer, das einen kupfernen Glanz ausstrahlte.

Etwas in meinem Innern veranlaßte mich, immer schneller zu traben, während die Sonne verschwand. Irgendwann hatte ich tatsächlich das Gefühl, so leicht zu sein, daß ich hätte davonfliegen können. Don Juan packte mich sehr fest am rechten

Handgelenk. Die Empfindung, die der Druck seiner Hand hervorrief, gab mir meine Nüchternheit und Fassung wieder. Ich ließ mich auf den Boden fallen, und er setzte sich neben mich.

Nach einigen Minuten der Ruhe stand er schweigend auf, klopfte mir auf die Schulter und bedeutete mir, ihm zu folgen. Wir kletterten wieder zu der Zinne aus Eruptivgestein zurück, wo wir vorhin gesessen hatten. Der Felsen schützte uns vor dem kalten Wind. Don Juan brach das Schweigen.

"Es war ein gutes Omen", sagte er. "Wie seltsam! Es geschah am Ende des Tages. Du und ich, wir sind so verschieden. Du bist eher ein Geschöpf der Nacht. Ich bin mehr für den jungen Glanz des Morgens. Besser gesagt, der Glanz der Morgensonne sucht mich, aber vor dir schreckt er zurück. Die sterbende Sonne dagegen überflutete dich. Ihre Flammen glühten auf dir, ohne dich zu verbrennen. Wie seltsam!"

"Wieso ist es seltsam?"

"Ich habe nie erlebt, daß dies geschah. Das Omen, wenn es geschieht, gehört immer ins Reich der jungen Sonne."

"Warum ist dies so, Don Juan?"

"Jetzt ist nicht die Zeit, darüber zu sprechen", sagte er schneidend. "Das Wissen ist Kraft. Es dauert lange, bis man genügend Kraft aufbringen kann, um auch nur darüber zu sprechen."

Ich wollte noch weiter fragen, aber er wechselte unvermittelt das Thema. Er erkundigte sich nach meinen Fortschritten im Träumen.

Ich hatte in letzter Zeit von bestimmten Orten geträumt, etwa von der Universität oder den Wohnungen von Freunden.

"Warst du in der Nacht oder am Tag an diesen Orten?" fragte er.

Meine Träume stimmten mit der Tageszeit überein, zu der ich mich normalerweise an diesen Orten aufhielt – tagsüber in der Universität und abends bei meinen Freunden zu Hause.

Er schlug vor, ich solle versuchen, tagsüber zu schlafen und zu träumen und dabei feststellen, ob ich mir den gewählten Platz so vorstellen könne, wie er zu der Zeit, wenn ich träumte, tatsächlich aussieht. Wenn ich nachts träumte, sollten meine Traumbilder den betreffenden Ort bei Nacht zeigen. Was man beim Träumen erlebe, sagte er, müsse mit der Tageszeit übereinstimmen, zu der das Träumen stattfinde; sonst seien die Visionen kein Träumen, sondern gewöhnliche Träume.

"Um es dir zu erleichtern, solltest du einen bestimmten Gegenstand wählen, der zu dem Ort gehört, an den du dich begeben willst, und deine Aufmerksamkeit auf diesen konzentrieren", fuhr er fort. "Auf diesem Gipfel zum Beispiel hast du einen bestimmten Busch, den du anschauen mußt, bis er einen festen Platz in deinem Gedächtnis hat. Durch das *Träumen* kannst du hierher zurückkehren, indem du dich an diesen Busch oder an den Felsen erinnerst, auf dem wir saßen, oder indem du dich an irgendetwas anderes hier oben erinnerst.

Im *Träumen* zu reisen ist leichter, wenn du dich auf einen Ort der Kraft wie diesen erinnern kannst.

Wenn du aber nicht hierher kommen willst, dann kannst du auch jeden anderen Ort benutzen. Vielleicht ist deine Universität für dich ein Ort der Kraft. Benutze sie. Konzentriere deine Aufmerksamkeit auf irgendeinen Gegenstand dort und suche ihn im *Träumen*. Von diesem bestimmten Gegenstand, an den du dich erinnerst, mußt du zu deinen Händen zurückkehren und dich dann einem anderen Gegenstand zuwenden, und so fort.

Jetzt aber mußt du deine Aufmerksamkeit auf all das konzentrieren, was hier auf diesem Gipfel ist. Denn dies ist in deinem Leben der wichtigste Ort."

Er sah mich an, als wollte er die Wirkung seiner Worte abschätzen.

"Dies ist der Ort, wo du sterben wirst", sagte er mit sanfter Stimme.

Ich rutschte nervös hin und her, und er lächelte.

"Ich werde immer wieder mit dir zu diesem Gipfel zurückkehren müssen", sagte er. "Und dann wirst du allein kommen müssen, bis du ihn in dich aufgenommen hast, bis der Gipfel von dir durchtränkt ist. Du wirst wissen, wann du ganz von ihm erfüllt bist. Dann wird dieser Gipfel, wie er es jetzt schon ist, der Ort deines letzten Tanzes sein."

"Was meinst du mit meinem letzten Tanz, Don Juan?"

"Dies ist der Ort deiner letzten Begegnung", sagte er. "Hier wirst du sterben, ganz gleich, wo du dich befindest. Jeder Krieger hat einen Platz zum Sterben; einen Platz seiner Liebe, der mit unvergeßlichen Erinnerungen getränkt ist, an dem mächtige Ereignisse ihr Zeichen hinterlassen haben, einen Platz, wo er Wunder erlebte, wo ihm Geheimnisse offenbart wurden, einen Platz, wo er seine persönliche Kraft gespeichert hat.

Ein Krieger hat die Pflicht, , jedesmal, wenn er mit der Kraft in Berührung tritt, an diesen Platz seiner Liebe zurückzukehren, um sie dort zu speichern. Er erreicht ihn entweder durch eine Wanderung oder durch das *Träumen*.

Und eines Tages schließlich, wenn seine Zeit auf Erden um ist und er die Berührung des Todes an seiner linken Schulter spürt, dann fliegt sein immer bereiter Geist an den Platz seiner Liebe, und dort tanzt der Krieger in den Tod.

Jeder Krieger verfügt über eine bestimmte Figur, eine bestimmte Haltung der Kraft, die er im Laufe seines Lebens entwickelt. Es ist eine Art Tanz. Eine Bewegung, die er unter dem Einfluß seiner persönlichen Kraft ausführt.

Wenn ein sterbender Krieger nur beschränkte Kraft hat, dann ist sein Tanz kurz; wenn seine Kraft gewaltig ist, dann ist sein Tanz prächtig. Aber gleichgültig, ob seine Kraft gering oder herrlich ist, der Tod muß innehalten, um seiner letzten Begegnung auf Erden beizuwohnen. Der Tod kann den Krieger nicht mit sich nehmen, der ein letztes Mal von den Mühen seines Lebens berichtet – bis er seinen Tanz beendet hat."

Don Juans Worte ließen mich zittern. Die Stille, die Dämmerung, die großartige Landschaft, all dies schien nur da zu sein, um das Bild von des Kriegers letztem Tanz der Kraft zu unterstreichen.

"Kannst du mich diesen Tanz lehren, obgleich ich kein Krieger bin? " fragte ich.

"Jeder, der die Kraft jagt, muß diesen Tanz lernen", sagte er. "Aber ich kann ihn dich nicht lehren. Bald wirst du einen würdigen Gegner haben, und dann werde ich dir die erste Bewegung der Kraft zeigen. Die übrigen Bewegungen mußt du selbst im Lauf deines Lebens hinzufügen. Jede muß in einem Gefecht der Kraft neu errungen werden. Genauer gesagt, die Haltung, die Figur des Kriegers ist also die Geschichte seines Lebens; ein Tanz, der sich in dem Maß ausdehnt, wie seine persönliche Kraft zunimmt."

“Hält der Tod wirklich inne, um den Tanz des Kriegers zu beobachten? ”

“Ein Krieger ist nur ein Mensch. Ein bescheidener Mensch. Er kann die Pläne seines Todes nicht ändern. Aber sein unbeugsamer Geist, der in ungeheuren Mühen Kraft aufgespeichert hat, kann den Tod gewiß einen Augenblick aufhalten; einen Augenblick, der lang genug ist, um ihn im Gedenken an seine Kraft frohlocken zu lassen. Man könnte sagen, es ist ein Zeichen, das der Tod mit denen hat, die einen unbeugsamen Geist haben.”

Ich war von Angst überwältigt und redete drauflos, nur um sie zu dämpfen. Ich fragte ihn, ob er Krieger gekannt habe, die gestorben sind, und wie ihr letzter Tanz ihr Sterben beeinflußt habe.

“Laß das”, sagte er trocken. “Das Sterben ist eine erhabene Sache. Es ist mehr als nur die Beine strecken und steif werden.”

“Werde auch ich in den Tod tanzen, Don Juan? ”

“Gewiß. Du jagst persönliche Kraft, auch wenn du noch nicht wie ein Krieger lebst. Heute schenkte die Sonne dir ein Omen. Die besten Werke deiner Lebensarbeit werden dir am Ende des Tages gelingen. Offenbar hast du nichts für den jugendlichen Glanz des frühen Lichtes übrig. Am Morgen zu reisen hat keinen Reiz für dich. Aber deine Sache ist die sterbende Sonne, mattgelb und reif. Du liebst nicht das Feuer, du liebst die Glut.

Und so wirst du hier auf diesem Gipfel am Ende des Tages in den Tod tanzen. Und in deinem letzten Tanz wirst du von deinem Kampf berichten, von den Schlachten, die du gewonnen hast, und von denen, die du verloren hast; du wirst von deinen Freuden und Verwirrungen bei deinen Begegnungen mit der persönlichen Kraft erzählen. Dein Tanz wird von den Geheimnissen und Wundern erzählen, die du gespeichert hast. Und dein Tod wird hier sitzen und dich beobachten.

Die sterbende Sonne wird auf dir glühen, ohne dich zu verbrennen, wie sie es heute tat. Der Wind wird sanft und mild sein, und dein Berggipfel wird erbeben. Wenn dein Tanz zu Ende geht, wirst du in die Sonne blicken, denn du wirst sie nie wieder, weder im Wachen, noch im *Träumen* sehen, und dann wird dein Tod nach Süden weisen, in die Weite.

14. Die Gangart der Kraft

Samstag, 8. April 1962

"Ist der Tod eine Peron, Don Juan? " fragte ich, als ich auf der Veranda Platz nahm.

Don Juans Blick drückte Bestürzung aus. Er hielt eine Tüte mit Lebensmitteln in der Hand, die ich ihm mitgebracht hatte. Er legte sie vorsichtig zu Boden und setzte sich mir gegenüber. Dadurch ermutigt, erklärte ich, daß ich wissen wolle, ober der Tod eine Person oder wie eine Person sei, wenn er den letzten Tanz eines Kriegers beobachtete.

"Was besagt das schon? " fragte Don Juan.

Ich sagte ihm, daß dieses Bild mich fasziniere und daß ich wissen wolle, warum er es gewählt habe. Ich fragte ihn, woher er wisse, daß dies so sei.

"Das ist alles ganz einfach", sagte er. "Ein Wissender weiß, daß sein Tod sein letzter Zeuge ist, denn er *sieht.*"

"Willst du sagen, daß du selbst Zeuge beim letzten Tanz eines Kriegers warst? "

"Nein. In diesem Sinn kann man nicht Zeuge sein. Das kann nur der Tod. Aber ich habe meinen eigenen Tod gesehen, der mich beobachtete, und ich habe für ihn getanzt, als würde ich sterben. Am Ende meines Tanzes wies der Tod nicht in eine bestimmte Richtung, und der Platz meiner Liebe erbebte nicht, um mir Lebewohl zu sagen. Also war meine Zeit auf Erden noch nicht um, und ich starb nicht. Als dies geschah, hatte ich nur beschränkte Kraft, und ich verstand die Pläne meines Todes nicht, daher glaubte ich, ich würde sterben."

"War dein Tod wie eine Person? "

"Du bist ein Spaßvogel. Du glaubst etwas verstehen zu können, indem zu Fragen stellst. Ich glaube nicht, daß dir dies gelingt, aber wer bin ich, daß ich dies sagen könnte?

Der Tod ist keine Person. Eher ist er eine übersinnliche Erscheinung. Man könnte aber auch sagen, daß er nichts und trotzdem alles ist. Was immer man sagen mag, man wird damit recht haben. Der Tod ist, was immer man will.

Ich bin gern unter Menschen, daher ist der Tod für mich eine Person. Ich habe auch einen Sinn fürs Mysteriöse, daher hat der Tod für mich leere Augenhöhlen. Ich kann durch sie hindurchsehen. Sie sind wie zwei Fenster, und doch bewegen sie sich wie Augen. Ich kann also sagen, daß der Tod mit seinen hohlen Augen einen Krieger ansieht, wenn der zum letzten Mal auf Erden tanzt."

"Aber ist dies nur bei dir so, Don Juan, oder ist es bei anderen Kriegern ebenso?"

"Es ist bei jedem Krieger, der über einen Tanz der Macht verfügt, dasselbe, und doch ist es das auch wieder nicht. Der Tod beobachtet den letzten Tanz eines Kriegers, aber die Art, wie der Krieger den Tod sieht, ist eine persönliche Angelegenheit. Er könnte alles mögliche sein – ein Vogel, ein Licht, eine Person, ein Busch, ein Stein, eine Nebelschwade oder eine unbekannte Erscheinung."

Don Juans Bilder des Todes beunruhigten mich. Ich fand nicht die rechten Worte, um meine Fragen zu formulieren, und stammelte etwas. Er sah mich lächelnd an und ermunterte mich zum Sprechen.

Ich fragte ihn, ob die Art, wie ein Krieger den Tod sieht, davon abhängig sei, wie er erzogen wurde.

Ich dachte daran, daß die Vorstellungen vom Tod von kulturellen Einflüssen abhängig sind.

"Es spielt keine Rolle, wie man erzogen wurde", sagte er. Was darüber entscheidet, wie man etwas tut, ist die persönliche Kraft. Ein Mensch ist nur die Summe seiner persönlichen Kraft, und diese Summe entscheidet darüber, wie er lebt und stirbt."

"Was ist persönliche Kraft?"

"Persönliche Kraft ist ein Gefühl", sagte er. "So etwas wie Glücklichsein. Oder man könnte es eine Stimmung nennen. Persönliche Kraft ist etwas, das man unabhängig von seiner Herkunft erwirbt. Wie ich dir schon sagte, ein Krieger ist ein Mann, der nach Kraft jagt, und ich lehre dich, sie zu jagen und zu speichern. Wie uns allen fällt es dir schwer, dich überzeugen zu lassen. Du mußt glauben, daß man sich der persönlichen Kraft bedienen kann und daß es möglich ist, sie zu speichern, aber bislang bist du noch nicht überzeugt."

Ich sagte ihm, er habe sein Ziel erreicht, und ich sei so überzeugt wie nur je. Er lachte.

"Das ist nicht die Art Überzeugung, von der ich spreche", sagte er. Er schlug mich zwei- oder dreimal leicht auf die Schulter und fügte kichernd hinzu: “Du brauchst dich nicht über mich lustig zu machen, weißt du?”

Ich fühlte mich verpflichtet, ihm zu versichern, daß es mir ganz ernst sei.

“Daran zweifle ich nicht”, sagte er. “Aber überzeugt sein bedeutet, daß du von dir aus handeln kannst. Das wird dich große Mühe kosten. Du wirst noch viel mehr tun müssen. Du hast eben erst damit begonnen.”

Er schwieg einen Augenblick. Sein Gesicht bekam einen milden Ausdruck.

“Es ist komisch, wie du mich manchmal an mich selbst erinnerst”, fuhr er fort. “Auch ich wollte nicht den Weg eines Kriegers beschreiten. Ich glaubte, all die Mühe sei umsonst – und was bedeutete es schon, ein Krieger zu sein, da wir doch alle sterben müssen? Ich irrte mich. Aber das mußte ich selbst herausfinden. Wenn du einst erkennst, daß du dich irrst und daß es sehr wohl etwas bedeutet, dann darfst du sagen, daß du überzeugt bist. Und dann kannst du allein weitergehen, und allein, durch dich selbst, kannst du sogar ein Wissender werden.”

Ich bat ihn, mir zu erklären, was er unter einem Wissenden verstehe.

“Ein Wissender ist jemand, der aufrichtig die Mühen des Lernens auf sich genommen hat”, sagte er. “Ein Mann, der ohne Hast und ohne Zaudern so weit gegangen ist, wie er nur konnte, um die Geheimnisse der persönlichen Kraft zu entschlüsseln.”

Er ging noch kurz weiter auf diese Vorstellung ein und ließ dann das Thema fallen. Er sagte, ich solle mich nur mit der Idee befassen, persönliche Kräfte zu speichern.

“Das ist mir unverständlich”, protestierte ich. “Ich sehe wirklich nicht, worauf du hinaus willst.”

“Die Kraft jagen, das ist ein eigenartiger Vorgang”, sagte er. “Zuerst muß es eine Idee sein, dann muß es Schritt um Schritt vorbereitet werden, und dann – flip! – passiert es.”

“Wie passiert es?”

Don Juan stand auf. Er streckte die Arme und krümmte den Rücken wie eine Katze. Wie immer ließen seine Gelenke ein mehrmaliges Knacken hören.

“Laß uns gehen”, sagte er. “Wir haben einen langen Weg vor uns.”

"Aber da ist so vieles, was ich dich fragen möchte."

"Wir gehen zu einem Ort der Kraft", sagte er und trat ins Haus. "Warum wartest du nicht mit deinen Fragen, bis wir dort sind? Dann werden wir Gelegenheit haben, zu sprechen."

Ich glaubte, wir würden mit dem Auto fahren, daher stand ich auf und ging zu meinem Wagen, aber Don Juan kam aus dem Haus und sagte, ich solle mein Netz mit den Kalebassen nehmen. Er erwartete mich am Rand des Wüstenchaparrals hinter seinem Haus.

"Wir müssen uns beeilen", sagte er.

Gegen drei Uhr nachmittags erreichten wir die niedrigen Hänge der Sierra Madre. Es war ein warmer Tag, aber am späten Nachmittag wurde der Wind kalt. Don Juan setzte sich auf einen Stein und bedeutete mir, es ihm gleichzutun.

"Was werden wir diesmal hier tun, Don Juan?"

"Du weißt ganz genau, daß wir hier sind, um Kraft zu jagen."

"Das weiß ich. Aber was werden wir hier im einzelnen tun?"

"Wie du weißt, habe ich nicht die leiseste Ahnung."

"Meinst du damit, daß du nie einem Plan folgst?"

"Die Kraft jagen, das ist eine sehr seltsame Sache", sagte er. "Es ist unmöglich, im voraus Pläne zu machen. Das ist ja das Aufregende daran. Ein Krieger geht jedoch so vor, als hätte er einen Plan, denn er vertraut seiner persönlichen Kraft. Er weiß mit Sicherheit, daß dies ihn dazu führen wird, in der angemessensten Weise zu handeln."

Ich wies darauf hin, daß das, was er sagte, irgendwie widersprüchlich sei. Wenn ein Krieger bereits persönliche Kraft hatte, warum jagte er sie dann?

Don Juan zog die Augenbrauen hoch und machte eine Gebärde gespielten Widerwillens.

"Du bist es, der nach persönlicher Kraft jagt", sagte er. "Und ich bin der Krieger, der sie bereits hat. Du fragtest mich, ob ich einen Plan hätte, und ich sagte, daß ich darauf vertraue, daß meine persönliche Kraft mich leiten wird und daß ich keinen Plan brauche."

Wir schwiegen einen Moment und gingen dann weiter. Die Hänge waren sehr steil, und es war für mich sehr schwierig und höchst ermüdend, sie zu ersteigen. Don Juan hingegen schien über unbegrenzte Ausdauer zu verfügen. Dabei beeilte er sich keineswegs. Sein Gang war stetig und unermüdlich. Ich bemerkte, daß er nicht einmal schwitzte, auch nicht, nachdem wir eine gewaltige, beinah senkrechte Bergflanke erklettert hatten. Als ich oben anlangte, war Don Juan bereits dort und erwartete mich. Als ich mich neben ihn setzte, glaubte ich, mein Herz würde mir aus dem Leib springen. Ich legte mich auf den Rücken, und der Schweiß troff mir buchstäblich von den Brauen.

Don Juan lachte laut auf und rollte mich eine Weile hin und her. Diese Bewegung half mir, wieder zu Atem zu kommen.

Ich sagte ihm, welchen Respekt mir seine körperliche Leistungsfähigkeit einflößte.

"Ich versuche schon die ganze Zeit, dich darauf aufmerksam zu machen", sagte er.

"Du bist überhaupt nicht alt, Don Juan!"

"Natürlich nicht. Ich versuche ja, es dich merken zu lassen."

"Wie machst du das nur?"

"Ich tue überhaupt nichts. Mein Körper fühlt sich gut, das ist alles. Ich gehe sehr gut mit mir um, daher habe ich keinen Grund, mich müde oder unwohl zu fühlen. Das Geheimnis liegt nicht darin, was man tut, sondern darin, was man nicht tut."

Ich wartete auf eine Erklärung. Anscheinend war er sich bewußt, daß ich ihn nicht verstand.

Er lächelte wissend und stand auf.

"Dies ist ein Ort der Kraft", sagte er. "Finde hier auf dem Gipfel einen Platz für uns zum Übernachten."

Ich protestierte. Ich wollte, daß er mir erklärte, was ich mit meinem Körper nicht tun solle. Er machte eine gebieterische Geste.

"Laß den Quatsch", sagte er sanft. "Handle diesmal ganz einfach – zur Abwechslung. Es kommt nicht darauf an, wie lange du brauchst, um einen geeigneten Rastplatz zu finden. Vielleicht brauchst du die ganze Nacht dazu. Es ist auch nicht wichtig, ob du den Platz findest. Wichtig ist nur, daß du überhaupt versuchst, ihn zu finden."

Ich steckte meinen Schreibblock fort und stand auf. Don Juan ermahnte mich – wie schon zahllose Male, wenn er mich aufgefordert hatte, einen Rastplatz zu finden – ich solle schauen, ohne den Blick auf eine bestimmte Stelle zu richten, und dabei die Augen zusammenkneifen, bis mir die Sicht verschwimmen würde.

Ich ging los, wobei ich den Blick mit halbgeschlossenen Augen über den Boden gleiten ließ. Don Juan folgte ein paar Meter rechts von mir, mit einigen Schritten Abstand.

Zuerst umkreiste ich den äußeren Rand der Bergkuppe. Meine Absicht war, mich spiralförmig zum Mittelpunkt vorzuarbeiten. Aber sobald ich den Gipfel umrundet hatte, hieß Don Juan mich stehenbleiben.

Er sagte, ich lasse mich von meinem Hang zur Routine leiten. Sarkastisch fügte er hinzu, ich suche die ganze Gegend zwar systematisch, aber so langsam ab, daß ich es nicht schaffen werde, den richtigen Platz zu finden. Er selbst wisse, wo er sei, meinte er, daher sei es mir nicht möglich, zu improvisieren.

"Was soll ich stattdessen tun? " fragte ich.

Don Juan hieß mich niedersitzen. Dann pflückte er von mehreren Büschen jeweils ein einziges Blatt und gab sie mir. Er befahl mir, mich auf den Rücken zu legen, den Gürtel zu lockern und die Blätter in der Nabelgegend auf die Haut zu legen. Er überwachte meine Bewegungen und wies mich an, die Blätter mit beiden Händen gegen den Körper zu drücken. Dann befahl er mir, die Augen zu schließen, und meinte warnend, wenn ich einen vollen Erfolg wünschte, so dürfe ich weder die Blätter loslassen, noch die Augen öffnen, noch versuchen, mich aufzusetzen, wenn er meinen Körper in eine Position der Kraft bringen würde.

Er packte mich unter der rechten Achsel und schleuderte mich herum. Ich hatte den unbezwinglichen Wunsch, mich aus halbgeöffneten Augen umzusehen, aber Don Juan legte mir die Hand auf die Augen. Er verlangte, ich solle mich nur auf das Wärmegefühl konzentrieren, das von den Blättern ausgehen werde.

Einen Augenblick lag ich bewegungslos da, und dann spürte ich, wie den Blättern eine eigenartige Wärme entströmte. Zuerst spürte ich sie an den Handflächen, dann griff die Wärme auf meinen Unterleib über und schließlich überflutete sie meinen ganzen Körper. Binnen weniger Minuten brannten meine Füße so heiß, wie ich es bislang nur bei hohem Fieber erlebt hatte.

Ich berichtete Don Juan von diesem unangenehmen Gefühl und äußerte den Wunsch, meine Schuhe auszuziehen. Er sagte, er wolle mir behilflich sein, aufzustehen, ich dürfe jedoch die Augen nicht öffnen, ehe er es mir sagen würde, und ich müsse weiterhin die Blätter gegen meinen Bauch drücken, bis ich den richtigen Rastplatz gefunden hätte.

Als ich aufrecht stand, flüsterte er mir ins Ohr, ich solle die Augen öffnen und einfach drauflos gehen und mich durch die Kraft der Blätter ziehen und leiten zu lassen.

Ich ging ziellos dahin. Die Hitze in meinem Körper war unangenehm. Ich glaubte hohes Fieber zu haben und gab mir alle Mühe zu begreifen, wodurch Don Juan dies bewirkt hatte.

Don Juan ging hinter mir her. Plötzlich stieß er einen Schrei aus, der mich erstarren ließ. Lachend erklärte er, daß plötzlicher Lärm die unfreundlichen Geister vertreibe. Ich kniff die Augen zusammen und ging etwa eine halbe Stunde lang hin und her. Währenddessen ging die unangenehme Hitze meines Körpers in eine wohlige Wärme über. Während ich den Gipfel abschritt, erlebte ich ein Gefühl der Leichtigkeit. Aber ich war enttäuscht. Irgendwie hatte ich erwartet, visuelle Phänomene zu entdecken, doch innerhalb meines Gesichtsfeldes ergaben sich keinerlei Veränderungen, weder ungewöhnliche Farben, noch ein Leuchten, noch dunkle Silhouetten.

Schließlich war ich es leid, die Augen zusammenzukneifen, und öffnete sie. Ich stand vor einem schmalen Sims aus Sandstein, einer der wenigen Stellen auf der Bergkuppe, wo der nackte Fels hervortrat. Sonst war hier nur Sand mit vereinzelten kleinen Büschen. Offenbar war die Vegetation irgendwann einmal verbrannt, und die neuen Schößlinge waren noch nicht ganz nachgewachsen. Aus irgendeinem mir unklaren Grund fand ich den Sandsteinsims schön. Ich blieb lange davor stehen. Und dann setzte ich mich einfach darauf.

"Gut! Gut!" sagte Don Juan und klopfte mir auf den Rükken. Dann befahl er mir, die Blätter vorsichtig unter der Kleidung hervorzuholen und sie auf den Fels zu legen.

Sobald ich die Blätter von der Haut entfernt hatte, begann ich abzukühlen. Ich fühlte meinen Puls. Er schien normal zu sein.

Don Juan lachte und nannte mich "Doktor Carlos" und

fragte, ob ich auch ihm den Puls fühlen wolle. Er sagte, daß das, was ich gespürt hatte, die Kraft der Blätter sei und daß diese Kraft mich gereinigt und befähigt habe, meine Aufgabe zu vollbringen.

Überzeugt versicherte ich, nichts besonderes getan zu haben; ich hatte mich nur an dieser Stelle hingesetzt, weil mir die Farbe des Sandsteins gut gefiel.

Don Juan schwieg. Er stand ein paar Schritte von mir entfernt. Plötzlich sprang er zurück und rannte zu einem nahe gelegenen Felskamm, wobei er unglaublich gewandt über etliche Büsche sprang.

“Was ist los? ” fragte ich beunruhigt.

“Gib acht, in welche Richtung der Wind deine Blätter weht”, sagte er. “Zähle sie schnell. Der Wind kommt schon. Behalte die Hälfte und leg sie wieder an deinen Bauch.”

Ich zählte zwanzig Blätter. Zehn steckte ich mir unter das Hemd, und dann verstreute ein starker Windstoß die übrigen in westlicher Richtung. Als ich sah, wie die Blätter davontrieben, hatte ich das unheimliche Gefühl, daß ein reales Wesen sie absichtlich in die amorphe grüne Masse des Buschwerks fegte.

Don Juan kam zu mir zurück und setzte sich zu meiner Linken, das Gesicht nach Süden gewandt.

Lange sprachen wir kein Wort. Ich wußte nichts zu sagen. Ich war erschöpft. Ich wollte die Augen schließen, aber ich wagte es nicht. Don Juan hatte meinen Zustand wohl bemerkt und sagte, ich könne ruhig einschlafen. Er meinte, ich solle die Hände auf den Unterleib über die Blätter legen und versuchen mir einzubilden, ich liege schwebend auf dem Strahlenbett, das er mir an “meinem Platz” bereitet hatte. Ich schloß die Augen, und es überkam mich die Erinnerung an die Ruhe und Vollkommenheit, die ich erlebt hatte, als ich auf jenem anderen Gipfel schlief. Ich wollte feststellen, ob ich dieses Gefühl des Schwebens tatsächlich spüren konnte, doch ich schlief ein.

Kurz vor Sonnenuntergang erwachte ich. Der Schlaf hatte mich erfrischt und gestärkt. Auch Don Juan war eingeschlafen. Gleichzeitig mit mir öffnete er die Augen. Es war windig, aber ich fror nicht. Die Blätter auf meinem Bauch hatten offenbar als Ofen, als eine Art Heizung gewirkt.

Ich inspizierte die Umgebung. Der Rastplatz, den ich gewählt hatte, sah aus wie eine kleine Wanne. Man konnte darauf sitzen wie auf einem langen Sofa; der Steinwall war hoch genug, um als Rückenlehne zu dienen. Ich stellte auch fest, daß Don Juan meinen Schreibblock geholt und unter meinen Kopf geschoben hatte.

"Du hast den richtigen Platz gefunden", sagte er lächelnd. "Und das ganze Unternehmen ging so vonstatten, wie ich es dir gesagt hatte. Die Kraft führte dich hierher, ohne, daß du selbst einen Plan hattest."

"Was waren das für Blätter, die du mir gabst? " fragte ich. Die Hitze, die von den Blättern ausstrahlte und die mich ohne Decken und ohne besonders feste Kleidung so angenehm gewärmt hatte, war wirklich ein Phänomen, das mich fesselte.

"Es waren einfache Blätter", sagte Don Juan.

"Willst du damit sagen, ich könnte Blätter von jedem beliebigen Busch nehmen, und sie würden die gleiche Wirkung auf mich haben? "

"Nein, ich sage nicht, daß du dies selbst tun kannst. Du hast keine persönliche Kraft. Ich sage nur, daß die Sorte der Blätter keine Rolle spielt, nur muß derjenige, der sie dir gibt, persönliche Kraft besitzen. Was dir heute geholfen hat, das waren nicht die Blätter, sondern die Kraft."

"Deine Kraft, Don Juan? "

"Ich glaube, man kann schon sagen, daß es meine Kraft war, obgleich das nicht ganz richtig ist. Kraft ist nichts, was einem einzelnen gehört. Einige Menschen können sie sammeln und sie dann direkt einem anderen weitergeben. Du siehst, das Geheimnis der gespeicherten Kraft liegt darin, daß sie nur benutzt werden kann, um einem anderen zu helfen, Kraft zu speichern."

Ich fragte ihn, ob dies bedeute, daß seine Kraft sich nur darauf beschränkte, anderen zu helfen. Don Juan erklärte geduldig, er könne seine persönliche Kraft nach Belieben einsetzen, wofür er immer wolle, aber wenn es darum gehe, sie direkt an einen anderen weiterzugeben, sei sie nutzlos, sofern der Betreffende sie nicht dazu benutze, selbst Kraft zu suchen.

"Alles was ein Mensch tut, hängt von seiner persönlichen Kraft ab", fuhr Don Juan fort. "Für jemanden, der keine besitzt, sind daher die Taten eines mir Kraft ausgestatteten Mannes unglaublich. Man braucht schon Kraft, um auch nur zu begreifen, was Kraft ist. Das versuche ich dir ja die ganze Zeit begreiflich zu machen. Aber ich weiß, daß du es nicht verstehst, nicht etwa, weil du nicht willst, sondern weil du sehr wenig persönliche Kraft hast."

"Was soll ich denn tun, Don Juan?"

"Nichts. Mach weiter, so wie du bist. Die Kraft wird dir einen Weg weisen."

Er stand auf und drehte sich einmal im Kreis, wobei er auf die Umgebung starrte. Sein Körper und seine Augen bewegten sich gleichzeitig. Der Gesamteindruck war der eines hieratischen mechanischen Spielzeugs, das in einer exakten, gleichförmigen Bewegung einen geschlossenen Kreis beschreibt.

Ich sah ihn mit offenem Mund an. Als er meine Überraschung erkannte, verbarg er ein Lächeln.

"Heute wirst du in der Dunkelheit des Tages Kraft jagen", sagte er, und setzte sich.

"Wie bitte?"

"Heute wirst du dich in diese unbekannten Berge wagen. In der Dunkelheit sind sie keine Berge."

"Was sind sie denn?"

"Sie sind etwas anderes. Etwas für dich Unvorstellbares, da du ihre Existenz nie wahrgenommen hast."

"Was meinst du damit, Don Juan? Du erschreckst mich immer mit deinen gespenstischen Reden."

Er lachte und trat mir sacht gegen die Wade.

"Die Welt ist ein Geheimnis", sagte er. "Und sie ist ganz anders, als du sie dir ausmalst."

Er schien einen Augenblick nachzudenken. Sein Kopf wippte in einem rhythmischen Beben auf und ab, dann lächelte er und fuhr fort: "Nun, sie ist zwar auch so, wie du sie dir ausmalst, aber das ist nicht alles, was die Welt ausmacht. Sie ist viel mehr. Das weißt du schon seit langem, und vielleicht wirst du heute ein weiteres Stück hinzugewinnen."

Sein Ton jagte mir ein Frösteln über den Körper.

"Was für einen Plan hast du?" fragte ich.

"Ich habe überhaupt keine Pläne. Alles ist durch die gleiche Kraft beschlossen, die dir erlaubte, diesen Platz zu finden."

Don Juan stand auf und wies in die Ferne. Ich nahm an, er wollte, daß ich auch aufstand und schaute. Ich versuchte aufzuspringen, aber bevor ich noch richtig stand, stieß Don Juan mich energisch zurück.

"Ich habe dich nicht geheißen, es mir nachzutun", sagte er in strengem Ton. Dann fuhr er mit milderer Stimme fort: "Du wirst es heute nacht schwer haben, und du wirst alle persönliche Kraft benötigen, die du aufbringen kannst. Bleib wo du bist und schone dich für später."

Er erklärte, daß er nicht auf etwas Bestimmtes hinweise, sondern sich nur vergewissern wolle, daß es dort draußen gewisse Dinge gebe. Er versicherte mir, es sei alles in Ordnung ich solle ruhig sitzen bleiben und mich beschäftigen, denn ich hätte noch viel Zeit zum Schreiben, bis sich völlige Dunkelheit über das Land legte. Sein Lächeln war ansteckend und tröstlich.

"Aber was werden wir dann unternehmen, Don Juan? "

Mit einer übertriebenen Gebärde des Unglaubens schüttelte er den Kopf.

"Schreib!" befahl er und wandte mir den Rücken zu.

Mir blieb nichts anderes übrig. Ich arbeitete an meinen Notizen, bis es zu dunkel war, um zu schreiben.

Während ich arbeitete, verharrte Don Juan die ganze Zeit in der gleichen Haltung. Er schien gänzlich davon in Anspruch genommen zu sein, nach Westen, in die Ferne zu starren. Aber sobald ich aufhörte, drehte er sich zu mir um und sagte in scherzhaftem Ton, es gebe keine andere Möglichkeit, mich zum Schweigen zu bringen, als mir etwas zu essen zu geben, mich schreiben zu lassen oder mich in Schlaf zu versetzen.

Er nahm aus seinem Rucksack ein kleines Bündel und öffnete es feierlich. Es enthielt getrocknete Fleischstücke. Er reichte mir ein Stück, dann nahm er selbst eins und begann daran zu kauen. Beiläufig informierte er mich, daß es sich dabei um Kraftnahrung handelte, die wir für diese Gelegenheit beide benötigten. Ich war zu hungrig, um mir darüber Gedanken zu machen, ob das Trockenfleisch vielleicht eine psychotrope Substanz enthielt. Wir aßen in völligem Schweigen, bis vom Fleisch nichts mehr übrig war, und inzwischen war es dunkel geworden.

Don Juan stand auf und streckte die Arme und den Rükken. Er schlug mir vor, es ihm gleichzutun. Er sagte, es sei eine gute Übung, nach dem Schlafen, Sitzen oder Gehen den ganzen Körper zu strecken.

Ich befolgte seinen Rat, und ein paar der Blätter, die ich unter dem Hemd verwahrt hatte, glitten durch meine Hosenbeine hinab. Ich war mir nicht sicher, ob ich versuchen sollte, sie aufzusammeln, doch er meinte, sie seien nicht länger vonnöten, ich könne sie ruhig auf dem Boden liegen lassen.

Dann trat Don Juan ganz nah an mich heran und flüsterte mir ins rechte Ohr, ich solle ihm mit ganz geringem Abstand folgen und ihn in allem nachahmen. An unserem jetzigen Standort seien wir sicher, meinte er, da wir uns sozusagen am Rand der Nacht befänden.

"Dies ist nicht die Nacht", flüsterte er und trat gegen den Stein, auf dem wir standen. "Die Nacht ist dort draußen." Er wies in die uns umgebende Dunkelheit.

Er prüfte mein Tragnetz, um nachzusehen, ob die Kalebassen mit Proviant und mein Schreibzeug sicher befestigt waren, dann sagte er mit leiser Stimme, daß ein Krieger sich stets vergewissere, ob alles an seinem Platz sei, nicht weil er glaube, dadurch die ihm bevorstehende Prüfung zu überleben, sondern weil es Teil seines untadeligen Verhaltens sei.

Seine Ermahnungen beruhigten mich keineswegs, im Gegenteil, sie gaben mir die völlige Gewißheit, daß mein Schicksal besiegelt sei. Mir war nach Weinen zumute. Ich wußte genau, Don Juan war sich der Wirkung seiner Worte vollkommen bewußt.

"Vertrau auf deine persönliche Kraft", sagte er mir ins Ohr. "Das ist alles, was man in dieser geheimnisvollen Welt besitzt."

Er zog mich freundlich vorwärts, und wir machten uns auf den Weg. Er ging ein paar Schritte voran. Ich folgte ihm, die Augen auf den Boden geheftet. Ich wagte nicht, mich umzusehen, und, meinen Blick starr auf den Boden zu fixieren, hatte eine beruhigende, fast hypnotisierende Wirkung auf mich.

Nach kurzem Marsch blieb Don Juan stehen. Er flüsterte mir zu, er werde jetzt vorausgehen, mir aber seine Position angeben, indem er den Schrei einer kleinen Eule imitiere. Er schärfte mir ein, seine Nachahmung beginne zunächst etwas krächzend und werde erst allmählich so weich wie der Schrei einer echten Eule. Er warnte mich mit tödlichem Ernst vor allen Eulenrufen, die dieses Merkmal nicht trügen.

Nachdem Don Juan mir alle diese Anweisungen erteilt hatte, war ich in heller Panik. Ich packte ihn am Arm und ließ ihn nicht mehr los. Es dauerte einige Minuten, bis er mich so weit hatte, daß ich meine Worte halbwegs artikulieren konnte. Ein nervöses Zucken lief mir durch Magen und Unterleib und hinderte mich daran, zusammenhängend zu sprechen.

Mit ruhiger Stimme drängte er mich, ich solle mich doch zusammennehmen, denn die Dunkelheit sei wie der Wind, wie ein unbekanntes Wesen, das mich überlisten könne, wenn ich nicht aufpaßte; nur, wenn ich vollkommen ruhig sei, könne ich damit fertigwerden.

"Du mußt dich gehenlassen, damit sich deine persönliche Kraft mit der Kraft der Nacht vereint", raunte er mir ins Ohr. Er sagte, er wolle jetzt vorausgehen, und schon wurde ich erneut von irrationaler Angst gepackt.

"Das ist reiner Wahnsinn!" protestierte ich.

Don Juan wurde weder ärgerlich noch ungeduldig. Er lachte leise und flüsterte mir etwas ins Ohr, das ich nicht recht verstand.

"Was sagtest du? " fragte ich laut mit klappernden Zähnen.

Don Juan legte mir die Hand auf den Mund und flüsterte: "Ein Krieger handelt, als wüßte er, was er tut, auch wenn er es in Wirklichkeit nicht weiß." Diesen Satz wiederholte er drei- oder viermal, als wollte er ihn mir fest einprägen. Er sagte: "Ein Krieger ist unfehlbar, wenn er seiner persönlichen Kraft vertraut, gleichgültig ob sie klein oder gewaltig ist."

Nach kurzem Warten fragte er mich, wie es mir gehe. Ich nickte, und er verschwand fast geräuschlos in der Dunkelheit.

Ich versuchte, mich umzusehen. Offenbar befand ich mich in einer Gegend mit üppiger Vegetation. Alles, was ich erkennen konnte, waren die dunklen Silhouetten von Büschen und kleinen Bäumen. Ich konzentrierte mich auf die Geräusche, aber mir fiel nichts Besonderes auf. Das Zischen des Windes schwächte, bis auf die sporadischen Schreie großer Eulen und das Pfeifen anderer Vögel, jeden anderen Laut ab.

Einige Zeit wartete ich mit höchster Wachsamkeit. Und dann kam der krächzende, gedehnte Schrei einer kleinen Eule. Ich bezweifelte nicht, daß es Don Juan war. Der Schrei kam von einer Stelle irgendwo hinter mir. Ich drehte mich um und begann, in diese Richtung zu gehen. Ich ging langsam, denn ich fühlte mich durch die Dunkelheit in unbestimmter Weise behindert.

So ging ich etwa zehn Minuten. Plötzlich sprang etwas Dunkles vor mir hoch. Ich schrie auf und fiel auf den Rücken. Meine Ohren begannen zu summen.

Ich hatte solche Angst, daß mir der Atem wegblieb. Ich mußte den Mund aufreißen, um Luft zu bekommen.

“Steh auf”, sagte Don Juan sanft. “Ich wollte dich nicht erschrecken. Ich bin nur gekommen, um nach dir zu schauen.”

Er sagte, er habe beobachtet, wie ungeschickt ich mich bewegte, er meinte, wenn ich durch die Dunkelheit ginge, sähe ich aus wie eine krummgewachsene alte Dame, die auf Zehenspitzen zwischen Regenpfützen hin und her trippelt. Er fand seinen Vergleich spaßig und lachte laut auf.

Dann demonstrierte er mir eine besondere Art, sich im Dunkeln zu bewegen, die er als “Gangart der Kraft” bezeichnete. Er beugte sich vor mir vornüber und hieß mich mit den Händen seinen Rücken und seine Knie abtasten, um eine Vorstellung von seiner Körperhaltung zu bekommen. Don Juans Rumpf war leicht nach vorn gebeugt, aber sein Rückgrat war durchgestreckt. Auch seine Knie waren leicht gebeugt.

Er ging langsam vor mir her, und so konnte ich feststellen, daß er bei jedem Schritt das Knie fast bis zur Brust hob.

Dann rannte er davon und kehrte wieder zurück. Mir war unbegreiflich, wie er in völliger Dunkelheit so schnell rennen konnte.

“Die Gangart der Kraft dient dazu, nachts zu laufen”, flüsterte er mir ins Ohr.

Er forderte mich auf, es selbst zu versuchen. Ich sagte, ich sei sicher, ich würde in einen Graben fallen oder über einen Stein stolpern und mir die Beine brechen. Don Juan sagte ganz ruhig, die Gangart der Kraft sei völlig sicher.

Ich erklärte ihm, daß mir sein Verhalten nur dann begreiflich sei, wenn ich voraussetzen könne, daß er diese Berge in- und auswendig kannte und daher allen Unebenheiten und Fußangeln aus dem Weg zu gehen wußte.

Don Juan nahm meinen Kopf zwischen seine Hände und flüsterte eindringlich: “Dies ist die Nacht, und sie ist Kraft.”

Er ließ meinen Kopf los und fügte mit weicher Stimme hinzu, daß die Welt nachts anders sei und daß seine Fähigkeit, in der Dunkelheit zu laufen, nichts damit zu tun hätte, daß er diese Berge kannte. Es komme darauf an, sagte er, die persönliche Kraft frei strömen zu lassen, damit sie sich mit der Kraft der Nacht vermengen könne, und sobald diese Kraft die Führung übernommen hätte, seien Fehler ausgeschlossen. Sehr ernst fügte er hinzu, wenn ich daran zweifelte, solle ich mir kurz klarmachen, was sich hier abspielte. Für einen Mann seines Alters sei es Selbstmord, um diese Zeit durch die Berge zu laufen, wenn nicht die Kraft der Nacht ihn führte.

"Schau her", sagte er, rannte hurtig in die Dunkelheit und kehrte wieder zurück.

Die Art, wie sein Körper sich bewegte, war so ungewöhnlich, daß ich meinen Augen nicht traute. Einen Augenblick trabte er auf der Stelle. Dabei hob er die Beine so an, daß ich an die Lockerungsübungen eines Sprinters vor dem Start erinnert wurde.

Dann forderte er mich auf, ihm zu folgen. Ich tat es mit größtem Unbehagen. Ich gab mir alle Mühe, zu sehen, wohin er trat, aber es war mir unmöglich, Entfernungen zu schätzen. Don Juan kam zurück und trabte neben mir her. Er flüsterte, ich müsse mich der Kraft der Nacht überlassen und der geringen persönlichen Kraft vertrauen, die ich besaß, sonst sei ich unfähig, mich frei und gelöst zu bewegen; die Dunkelheit lähme mich nur, weil ich mich bei allem, was ich tat, nur auf meine Augen verließ, ohne zu wissen, daß es auch eine andere Möglichkeit gab, nämlich sich von der Macht leiten zu lassen.

Ich versuchte es mehrmals ohne Erfolg. Ich konnte mich einfach nicht lockern. Die Angst, mich an den Beinen zu verletzen, war zu stark. Don Juan befahl mir, auf der Stelle zu traben und zu versuchen, mich so zu fühlen, als bediente ich mich tatsächlich der "Gangart der Kraft".

Dann sagte er, er werde nun vorauslaufen und ich solle auf seinen Eulenruf warten. Bevor ich etwas erwidern konnte, verschwand er in der Dunkelheit. Ich schloß die Augen und trabte etwa eine Stunde mit gebeugtem Rumpf und gebeugten Knien auf der Stelle. Allmählich ließ meine Spannung nach, bis ich mich ganz behaglich fühlte. Dann hörte ich Don Juans Schrei.

Ich lief fünf oder sechs Meter in die Richtung, aus der Don Juans Schrei erklungen war, wobei ich versuchte, gelöst zu sein, wie Don Juan mir empfohlen hatte. Doch als ich über einen Busch stolperte, kehrte meine Unsicherheit sofort zurück.

Don Juan wartete auf mich und korrigierte meine Haltung. Er verlangte, ich solle zunächst meine Finger gegen die Handflächen krümmen und dabei Daumen und Zeigefinger beider Hände ausstrecken. Dann sagte er, seiner Meinung nach überließe ich mich einfach meinem Gefühl der Unzulänglichkeit, denn ich wisse doch genau, daß ich, ganz gleich wie dunkel die Nacht sein mochte, gut sehen könne, wenn ich den Blick nicht auf eine bestimmte Stelle richtete, sondern ihn einfach über den Boden gleiten ließ. Die Gangart der Kraft, sagte er, sei so ähnlich wie das Suchen nach einem Rastplatz. Beide beruhten auf dem Gefühl des Selbstvergessens und dem Gefühl des Vertrauens. Die Gangart der Kraft erfordere, daß man den Blick unmittelbar vor sich zu Boden richte; schon ein kurzer Blick zur Seite bewirke eine Veränderung im Bewegungsablauf. Er erklärte, das Vorbeugen des Rumpfes sei notwendig, um den Blick zu senken, und die Knie müsse man bis zur Brust anheben, weil die Schritte sehr kurz und sicher sein mußten. Er warnte mich, ich würde anfangs häufig stolpern, versicherte mir aber, daß ich mit einiger Übung so rasch und sicher wie bei Tageslicht würde laufen können.

Vier Stunden lang versuchte ich, seine Bewegungen nachzuahmen und mich in die Stimmung zu versetzen, die er mir empfohlen hatte. Er trabte geduldig vor mir auf der Stelle oder rannte ein kurzes Stück weit und kehrte zu mir zurück, damit ich sehen konnte, wie er sich bewegte. Er stieß mich sogar vorwärts und brachte mich dazu, einige Meter weit zu laufen.

Dann lief er davon und rief mich mit einer Reihe von Eulenschreien zu sich. Unerklärlicherweise bewegte ich mich mit erstaunlichem Selbstvertrauen. Soviel ich wußte, hatte ich nichts getan, was dieses Gefühl rechtfertigte, aber mein Körper schien die Dinge zu erkennen, ohne daß ich mir ihrer bewußt wurde. Zum Beispiel konnte ich die zerklüfteten Felsblöcke auf meinem Weg nicht erkennen, aber meinem Körper gelang es, stets auf die Kanten und nie in die Spalten zu treten, mit Ausnahme einiger Schnitzer, wenn ich das Gleichgewicht verlor, weil ich mich ablenken ließ. Um den Blick über die Fläche unmittelbar vor mir gleiten zu lassen, war eine absolute Konzentration nötig. Wie Don Juan vorhergesagt hatte, veränderte jeder rasche Blick zur Seite oder zu weit voraus den Fluß der Bewegungen.

Nach langem Suchen entdeckte ich Don Juan. Er saß neben einigen dunklen Schattten, bei denen es sich um Bäume zu handeln schien. Er kam mir entgegen und sagte, ich stellte mich sehr geschickt an, doch müßten wir für diesmal aufhören, weil er seinen Vogelruf nun lange genug benutzt hatte und sicher war, daß er inzwischen von anderen nachgeahmt werden konnte.

Ich pflichtete ihm bei, daß es an der Zeit war, aufzuhören. Meine Versuche hatten mich ziemlich erschöpft. Ich war erleichtert und fragte ihn, wer wohl seinen Schrei nachahmen sollte.

"Kräfte, Mächte, Verbündete, Geister, wer weiß? " flüsterte er. Diese "Wesen der Nacht", erklärte er, stoßen normalerweise sehr melodiöse Töne aus, sind aber äußerst ungeschickt in der Nachahmung der Heiserkeit menschlicher Stimmen oder von Vogelrufen. Er ermahnte mich, wenn ich einen solchen Klang hörte, stets stehenzubleiben und mir alles, was er gesagt hatte, gut zu merken, denn es könne für mich irgendwann einmal wichtig sein, solche Geräusche richtig zu identifizieren. Beschwichtigend meinte er, ich hätte die "Gangart der Kraft" sehr gut begriffen, und es fehle nicht mehr viel, bis ich sie vollends beherrschte, das würden wir ein andermal machen können, wenn wir wieder einmal durch die Nacht streiften. Er klopfte mir auf die Schulter und verkündete, er sei bereit, aufzubrechen.

"Laß uns von hier verschwinden", sagte er und begann zu laufen.

"Warte, warte!" schrie ich außer mir. "Laß uns langsam gehen."

Don Juan blieb stehen und nahm den Hut ab. "Oh Gott", sagte er bestürzt. "Nun sitzen wir in der Patsche. Du weißt doch, daß ich in der Dunkelheit nicht langsam gehen kann. Ich kann nur laufen. Wenn ich gehe, werde ich mir die Beine brechen."

Ich hatte das Gefühl, daß er grinste, als er dies sagte, obgleich ich sein Gesicht nicht sehen konnte.

In vertraulichem Ton fügte er hinzu, er sei zu alt, um langsam zu gehen, und das Wenige, das ich von der "Gangart der Kraft" gelernt hatte, müsse eben angesichts der Notlage etwas strapaziert werden.

"Wenn wir uns nicht der 'Gangart der Kraft' bedienen, werden wir niedergemäht wie Gras", flüsterte er mir ins Ohr.

"Von wem? "

"Es gibt Dinge in der Nacht, die auf Menschen einwirken", flüsterte er in einem Ton, der mir ein Frösteln über den Rükken jagte.

Er sagte, es sei nicht wichtig, daß ich mit ihm Schritt hielte, denn er werde mir von Zeit zu Zeit mit jeweils vier einanderfolgenden Eulenrufen ein Signal geben, damit ich ihm folgen könne.

Ich schlug vor, wir sollten bis zum Morgengrauen hier in den Bergen bleiben und erst dann aufbrechen. Er entgegnete mit erregter Stimme, es sei Selbstmord, hierzubleiben; und selbst, wenn es uns gelänge, lebend davonzukommen, so würde die Nacht unsere persönliche Kraft in einem Maß aufgesaugt haben, daß wir es nicht verhindern könnten, dem ersten Zufall des Tages zum Opfer zu fallen.

"Wir wollen keine Zeit verlieren", sagte er mit einem gewissen Drängen in der Stimme. "Laß uns von hier verschwinden."

Er versicherte mir, er wolle versuchen, so langsam wie möglich zu laufen. Abschließend ermahnte er mich, ich solle mich bemühen, keinen Ton, nicht einmal ein Keuchen verlauten zu lassen, ganz gleich was geschehe. Er wies mir die allgemeine Richtung, die wir einschlagen wollten und begann mit merklich verringertem Tempo zu laufen. Ich folgte ihm, konnte aber, einerlei wie langsam er sich bewegte, nicht mit ihm Schritt halten, und bald war er vor mir in der Dunkelheit verschwunden.

Als ich allein war, wurde mir bewußt, daß ich, ohne es zu wissen, eine ziemlich schnelle Gangart angeschlagen hatte. Das traf mich wie ein Schock. Lange bemühte ich mich, dieses Tempo beizubehalten, und dann hörte ich, ein wenig rechts von mir, Don Juans Ruf. Er pfiff viermal hintereinander.

Gleich darauf hörte ich abermals seinen Eulenschrei, diesmal aber weit rechts von mir. Um ihm zu folgen, mußte ich eine Wendung von fünfundvierzig Grad machen. Ich begann in die neue Richtung zu laufen und erwartete, daß die weiteren drei Schreie des Signals mir eine bessere Orientierung geben würden.

Wieder hörte ich einen Pfiff, nach dem Don Juan sich etwa dort befinden mußte, wo wir aufgebrochen waren. Ich blieb stehen und horchte. Nicht weit entfernt hörte ich ein sehr hartes Geräusch. Es klang so, als würden zwei Steine gegeneinander geschlagen. Ich lauschte angespannt und nahm eine Reihe leiser Geräusche wahr, so als würden zwei Steine ganz leicht gegeneinander geklopft. Dann ertönte erneut ein Eulenruf, und nun wußte ich, was Don Juan gemeint hatte. Irgendwie war er wirklich melodiös. Er war entschieden länger und noch weicher als der einer echten Eule.

Mich überkam ein seltsames Angstgefühl. Mein Magen zog sich zusammen, als zerrte mich irgend etwas von der Mitte meines Körpers hinab. Ich drehte mich um und startete in leichtem Trab in die entgegengesetzte Richtung.

In der Ferne hörte ich einen schwachen Eulenruf. Und in schneller Folge ertönten drei weitere Rufe. Das war Don Juan. Ich lief in die Richtung, aus der sie kamen. Er mußte etwa knapp einen Kilometer entfernt sein, und wenn er dieses Tempo beibehielt, würde ich bald rettungslos allein in diesen Bergen sein. Ich verstand nicht, warum Don Juan vorauslief, er hätte doch in Kreisen um mich herlaufen können, wenn er schon ein solches Tempo einhalten mußte.

Dann bemerkte ich, daß zu meiner Linken irgend etwas neben mir herzulaufen schien. Fast konnte ich es am äußersten Rand meines Gesichtsfeldes sehen. Ich wollte schon in Panik ausbrechen, doch da kam mir ein ernüchternder Gedanke. Es war ja absolut unmöglich, in dieser Dunkelheit auch nur irgend etwas zu sehen. Ich war versucht, dorthin zu starren, aber ich fürchtete, aus dem Gleichgewicht zu kommen.

Ein weiterer Eulenruf schreckte mich aus meinen Überlegungen auf. Er kam von links. Ich folgte ihm nicht, denn er war zweifellos der süßeste und melodiöseste Ruf, den ich je vernommen hatte. Doch er ängstigte mich auch nicht. Er hatte etwas sehr Anziehendes oder vielleicht Lockendes oder sogar Trauriges an sich.

Dann kreuzte vor mir eine sehr flinke dunkle Masse von links nach rechts meinen Weg. Sie hatte in ihrer plötzlichen Bewegung etwas so Abruptes, daß ich unwillkürlich nach vorn schaute; ich verlor das Gleichgewicht und stolperte geräuschvoll ins Gebüsch. Ich stürzte auf die Seite, und hörte dann, ein paar Schritte links von mir, wieder diesen melodiösen Ruf. Ich stand auf, doch ehe ich mich wieder auf den Weg machen konnte, ertönte ein weiterer Ruf, verlangender und zwingender als der erste. Es war, als wollte irgend etwas dort draußen, daß ich stehenblieb und lauschte. Der Klang des Eulenrufs war so anhaltend und sanft, daß er meine Ängste beschwichtigte. Ich wäre sogar wirklich stehengeblieben, wenn ich nicht gerade in diesem Augenblick Don Juans vier heisere Rufe gehört hätte. Sie schienen jetzt näher zu sein. Ich sprang auf und rannte in diese Richtung.

Im nächsten Augenblick bemerkte ich abermals ein gewisses Flimmern oder eine Wellenbewegung links von mir in der Dunkelheit. Es war nicht eigentlich eine visuelle Wahrnehmung, sondern eher ein Gefühl, und doch war ich so gut wie sicher, daß ich es mit den Augen wahrnahm. Es bewegte sich schneller als ich, und wieder kreuzte es von links nach rechts meinen Weg und brachte mich aus dem Gleichgewicht. Diesmal fiel ich nicht, und sonderbarerweise ägerte ich mich darüber, daß ich nicht hinfiel. Ich wurde plötzlich wütend, und die Ungereimtheit meiner Gefühle stürzte mich in helle Panik. Ich versuchte, mein Tempo zu beschleunigen. Ich wollte selbst einen Eulenschrei ausstoßen, um Don Juan wissen zu lassen, wo ich mich befand, aber ich wagte nicht, seinen Anweisungen zuwider zu handeln.

In diesem Augenblick gewahrte ich etwas Grauenhaftes. Da war tatsächlich so etwas wie ein Tier zu meiner Linken, beinah berührte es mich. Unwillkürlich machte ich einen Satz und schwenkte nach rechts. Die Angst raubte mir beinah den Atem. Ich war so sehr von Angst gepackt, daß ich keinerlei Gedanken im Kopf hatte, als ich durch die Dunkelheit raste. Meine Furcht schien eine körperliche Empfindung zu sein, die nichts mit meinem Denken zu tun hatte. Dieser Zustand erschien mir sehr ungewöhnlich. Mein Leben lang hatten sich meine Ängste stets auf intellektueller Ebene entwickelt und waren hervorgerufen durch bedrohliche soziale Situationen oder durch Menschen, die sich mir gegenüber bedrohlich verhielten. Diesmal jedoch war meine Angst etwas absolut Neues. Sie ging von einem unbekannten Teil der Welt aus und traf mich in einem unbekannten Teil meiner selbst.

Ich hörte einen Eulenruf, diesmal sehr nah, etwa links von mir. Ich konnte die Tonhöhe nicht genau feststellen, aber es schien Don Juans Ruf zu sein. Der Ruf war nicht melodiös. Ich verlangsamte mein Tempo. Ein weiterer Schrei folgte. Das war die Heiserkeit von Don Juans Stimme, daher lief ich schneller. Ein vierter Pfiff ertönte aus sehr kurzer Entfernung. Ich konnte die dunklen Umrisse von Felsen erkennen, vielleicht waren es auch Bäume. Wieder vernahm ich einen Eulenruf und glaubte, Don Juan warte auf mich, weil wir nun außerhalb des Gefahrenbereichs waren. Ich hatte beinah den Rand dieser dunklen Fläche erreicht, als ein fünfter Ruf mich am Fleck erstarren ließ. Ich blickte angestrengt auf die dunkle Fläche vor mir, aber ein plötzliches Rascheln zu meiner Linken ließ mich rechtzeitig herumfahren, um einen schwarzen Gegenstand, schwärzer als die Umgebung, wahrzunehmen, der neben mir herrollte oder glitt. Ich keuchte und sprang davon. Ich hörte ein Schnappen, so als schmatzte jemand mit den Lippen, und dann taumelte eine sehr große dunkle Masse aus jener dunkleren Fläche hervor. Sie war rechteckig wie eine Tür und vielleicht drei Meter hoch.

Diese plötzliche Erscheinung ließ mich aufschreien. Für einen kurzen Augenblick steigerte sich meine Angst ins Maßlose, doch schon Sekunden später war ich fast beängstigend ruhig und starrte den dunklen Gegenstand an.

Meine Reaktionen waren für mich selbst völlig neu. Ein Teil meiner selbst schien mich mit unheimlicher Macht zu der dunklen Fläche zu ziehen, während ein anderer Teil von mir Widerstand leistete. Es war, als wollte ich mich einerseits vergewissern und andererseits hysterisch davonrennen.

Fast hatte ich Don Juans Eulenrufe überhört. Sie schienen aus der Nähe zu kommen und hatten etwas Verzweifeltes; sie waren länger und heiserer, als stieße Don Juan sie aus, während er mir entgegenlief.

Plötzlich schien ich meine Selbstbeherrschung wiederzugewinnen. Ich konnte mich umdrehen, und eine Weile lief ich genauso, wie Don Juan es gewünscht hatte.

“Don Juan!” rief ich, als ich ihn fand.

Er legte mir die Hand auf den Mund und bedeutete mir, ihm zu folgen, und dann trabten wir beide in gemächlichem Tempo dahin, bis wir unseren Sandsteinsims erreicht hatten.

Etwa eine Stunde, bis zur Morgendämmerung, saßen wir in völligem Schweigen auf dem Sims. Dann aßen wir etwas aus den Kalebassen. Don Juan meinte, wir müßten bis Mittag auf dem Sims bleiben und dürften nicht schlafen, sondern müßten uns unterhalten, als sei nichts Ungewöhnliches passiert.

Er forderte mich auf, ihm in allen Einzelheiten zu erzählen, was mir von dem Moment an, als er mich verlassen hatte, widerfahren war. Als ich meinen Bericht beendet hatte, blieb er lange Zeit still. Er schien tief in Gedanken versunken zu sein.

“Es sieht nicht allzu gut aus”, sagte er. “Was gestern nacht mit dir geschah, war sehr ernst, so ernst, daß du dich nicht mehr allein in die Nacht wagen darfst. Von nun an werden die Wesen der Nacht dich nicht mehr in Ruhe lassen.”

“Was ist denn gestern nacht mit mir geschehen, Don Juan? ”

“Du bist über eines der Wesen gestolpert, die in der Welt sind und die auf die Menschen einwirken. Du weißt nichts über sie, weil du ihnen nie begegnet bist. Vielleicht wäre es richtiger, sie Wesen der Berge zu nennen; sie gehören nicht eigentlich der Nacht an. Ich nenne sie Wesen der Nacht, weil man sie in der Dunkelheit leichter erkennt. Sie sind immer hier, immer in unserer Nähe. Bei Tage ist es jedoch schwer, sie zu erkennen, einfach weil die Welt uns vertraut ist und weil das Vertraute Vorrang genießt. In der Dunkelheit dagegen ist alles gleich fremd, und nur wenige Dinge genießen Vorrang, daher sind wir in der Nacht empfänglicher für diese Wesen.”

“Aber sind sie real, Don Juan? ”

“Natürlich. Sie sind so real, daß sie gewöhnliche Menschen töten, besonders solche, die in der Wildnis umherstreifen und keine persönliche Kraft haben.”

“Wenn du wußtest, wie gefährlich sie sind, warum hast du mich dort allein gelassen? ”

“Es gibt nur einen Weg, um zu lernen, und das ist die Praxis. Über die Kraft nur zu reden, ist sinnlos. Wenn du wissen willst, was Kraft ist, und wenn du sie speichern willst, dann mußt du dich unmittelbar selbst auf alles einlassen.

Der Weg des Wissens und der Kraft ist sehr schwierig und sehr lang. Vielleicht hast du bemerkt, daß ich dich gestern nacht nicht allein in die Dunkelheit gehen ließ. Du hattest nicht genügend Kraft, um das zu tun. Du hast jetzt genug Kraft, um einen guten Kampf zu bestehen, aber nicht genug, um im Dunkel allein zu bleiben."

"Was würde geschehen, wenn ich es täte?"

"Du würdest sterben. Die Wesen der Nacht würden dich zertreten wie einen Käfer."

"Heißt das, daß ich keine Nacht allein bleiben darf? "

"Du kannst die Nacht in deinem Bett allein verbringen, aber nicht in den Bergen."

"Und wie ist es mit dem Flachland? "

"Was ich eben sagte, gilt nur für die Wildnis, wo es keine Menschen gibt, besonders für die Wildnis in den hohen Bergen. Da die natürlichen Wohnsitze der Wesen der Nacht Felsen und Schluchten sind, darfst du von nun an nicht in die Berge gehen, ehe du nicht genug persönliche Kraft gespeichert hast."

"Aber wie kann ich persönliche Kraft aufspeichern? "

"Das kannst du, indem du so lebst, wie ich es dir empfohlen habe. Nach und nach wirst du all deine undichten Stellen verstopfen. Du brauchst darüber nicht nachzudenken, denn die Kraft findet immer einen Weg. Nimm mich zum Beispiel. Als ich anfing, die Wege eines Kriegers zu erlernen, da wußte ich auch nicht, daß ich Kraft speicherte. Genau wie du glaubte ich, gar nichts Besonderes zu tun, doch dem war nicht so. Kraft hat die Eigenschaft, nicht bemerkbar zu sein, wenn sie gespeichert wird."

Ich bat ihn, mir zu erklären, wie er zu dem Schluß gelangt war, daß es für mich gefährlich sei, allein in der Dunkelheit zu sein.

"Die Wesen der Nacht begleiteten dich zu deiner Linken", sagte er. "Sie versuchten, sich mit deinem Tod zu vereinigen. Besonders die Tür, die du sahst. Es war eine Öffnung, weißt du, und sie hätte dich angezogen, bis zu gezwungen gewesen wärest, hindurchzugehen. Und das wäre dein Ende gewesen."

Ich erwähnte vorsichtig, daß ich es für seltsam hielt, daß solche Dinge immer geschahen, wenn er dabei war, ja, es sei geradeso, als hätte er selbst all diese Ereignisse angezettelt. Wenn ich bislang nachts allein in der Wildnis war, hat sich immer alles normal und ohne besondere Vorkommnisse zugetragen. Ich hatte nie Schatten oder ungewöhnliche Geräusche wahrgenommen. Ja, ich hatte mich nie vor irgend etwas gefürchtet.

Don Juan lachte leise und sagte, all dies sei doch der Beweis, daß er genügend persönliche Kraft habe, um eine Vielzahl von Dingen zu seiner Hilfe herbeizurufen.

Ich hatte den Eindruck, er wollte damit vielleicht andeuten, daß er tatsächlich einige Leute als Komplizen hinzugezogen hatte.

Don Juan schien meine Gedanken gelesen zu haben und lachte laut heraus.

"Überanstrenge dich nicht mit Erklärungsversuchen", sagte er. "Was ich dir gerade sagte, erscheint dir einfach deshalb unverständlich, weil du noch nicht genügend persönliche Kraft hast. Aber du hast mehr als damals, als du anfingst, daher geschehen mit dir von nun an gewisse Dinge. Du hattest bereits eine eindrucksvolle Begegnung mit dem Nebel und dem Blitz. Es kommt nicht darauf an, daß du verstehst, was in jener Nacht mit dir geschah. Es kommt einzig darauf an, daß du die Erinnerung daran hast. Die Brücke und alles andere, was du in jener Nacht sahst, wird sich wiederholen, wenn du genügend persönliche Kraft hast."

"Zu welchem Zweck sollte sich all das wiederholen, Don Juan?"

"Ich weiß nicht. Ich bin nicht du. Nur du kannst das beantworten. Wir alle sind verschieden. Darum auch mußte ich dich gestern nacht allein lassen, obgleich ich wußte, daß es lebensgefährlich war; du mußtest dich gegenüber diesen Wesen bewähren.

Den Eulenschrei wählte ich deshalb, weil Eulen die Boten der Wesen sind. Wenn man den Eulenruf nachahmt, kommen sie hervor. Sie wurden dir gefährlich, nicht weil sie von Natur böswillig sind, sondern weil du nicht unfehlbar warst. Du hast so etwas an dir, etwas sehr Windiges, und ich weiß auch, was es ist. Du nimmst mich nicht wirklich ernst. Du hast andere dein Leben lang nie wirklich ernst genommen und das stellt dich natürlich automatisch über alles und jeden. Aber du weißt selbst, daß das nicht geht. Du bist nur ein Mensch, und dein

Leben ist zu kurz, als daß es all die Wunder und all die Schrekken dieser geheimnisvollen Welt umfassen könnte. Daher ist deine Art, nichts und niemand wirklich ernst zu nehmen, einfach windig; sie beschneidet dich auf eine erbärmliche Größe."

Ich wollte protestieren. Don Juan hatte mich getroffen, wie er es schon dutzendemale zuvor getan hatte. Einen Augenblick wurde ich wütend. Aber wie schon früher, entspannte das Notizenmachen mich so weit, daß ich gelassen blieb.

"Ich glaube, ich weiß, was sich dagegen machen läßt", fuhr Don Juan nach langer Pause fort. "Sogar du wirst mir zustimmen, falls du dich erinnerst, was du gestern nacht getan hast. Erst als dein Gegner unerträglich wurde, liefst du so schnell wie nur ein Zauberer läuft. Wir beide wissen das, und ich glaube, ich habe auch schon einen würdigen Gegner für dich gefunden."

"Was hast du vor, Don Juan? "

Er antwortete nicht. Er stand auf und streckte sich. Er schien jeden einzelnen Muskel anzuspannen. Er forderte mich auf, es ihm gleichzutun.

"Du mußt deinen Körper mehrmals am Tag strecken", sagte er. "Je öfter, desto besser, aber immer nur nach einer langen Phase der Arbeit oder einer langen Phase der Ruhe."

"Welchen Gegner wirst du für mich finden? " fragte ich.

"Leider sind nur unsere Mitmenschen würdige Gegner für uns", sagte er. "Andere Wesen haben keinen eigenen Willen, und man muß sie suchen, um ihnen zu begegnen und muß sie anlocken. Unsere Mitmenschen hingegen sind erbarmungslos.

Wir haben jetzt lang genug gesprochen", sagte Don Juan unvermittelt und wandte sich zu mir. "Bevor wir aufbrechen, mußt du noch eine Sache tun, das Wichtigste von allem. Ich werde dir gleich etwas sagen, das wird dir vielleicht die Augen öffnen, warum du hier bist. Der Grund, warum du mich immer wieder besuchst, ist sehr einfach; jedesmal wenn du zu mir kamst, lernte dein Körper bestimmte Dinge, selbst gegen deinen Willen. Und noch immer hat dein Körper jetzt das Bedürfnis, zu mir zurückzukehren, um noch mehr zu lernen. Sagen wir, dein Körper weiß, daß er sterben wird, auch wenn du nie daran denkst. Nun habe ich deinem Körper immer gesagt, daß auch ich sterben werde, daß ich deinem Körper aber, bevor ich sterbe, bestimmte Dinge zeigen möchte, Dinge, die du selbst deinem Körper nicht geben kannst. Zum Beispiel braucht dein Körper Angst. Er liebt sie. Dein Körper braucht die Dunkelheit und den Wind. Dein Körper kennt die Gangart der Kraft und kann es nicht erwarten, sie zu erproben. Dein Körper braucht persönliche Kraft und kann es nicht erwarten, sie zu haben. Sagen wir also, dein Körper kehrt zurück, um mich zu besuchen, weil ich sein Freund bin."

Don Juan schwieg lange. Er schien mit seinen Gedanken zu kämpfen.

"Ich habe dir gesagt, daß das Geheimnis eines starken Körpers nicht darin liegt, was du mit ihm tust, sondern darin, was du nicht mit ihm tust", sagte er schließlich. "Jetzt ist es Zeit, nicht das zu tun, was du immer tust. Setz dich hin, bevor wir aufbrechen und *nicht-tun.*"

"Ich kann dir nicht folgen, Don Juan."

Er legte die Hand über meine Notizen und nahm sie mir fort. Sorgfältig schloß er das Notizbuch, sicherte es mit dem Gummiband und warf es wie einen Diskus weit in den Chaparral hinaus.

Ich war empört und wollte protestieren, aber er legte mir die Hand auf den Mund. Er deutete auf einen großen Busch und forderte mich auf, meine Aufmerksamkeit nicht auf die Blätter, sondern auf die Schatten der Blätter zu richten. Er sagte, das Laufen in der Dunkelheit brauche nicht durch Angst angespornt zu werden, sondern könne die ganz natürliche Reaktion eines frohlockenden Körpers sein, der sich auf das *Nicht-tun* versteht. Viele Male flüsterte er mir ins rechte Ohr, daß der Schlüssel zur Kraft darin liege, "nicht zu tun, was zu tun mir vertraut" sei. Wenn ich einen Baum ansähe, meinte er, so sei ich gewohnt, den Blick sofort auf das Laub zu richten. Die Schatten der Blätter oder die Zwischenräume zwischen den Blättern übersähe ich. Er riet mir, ich solle damit beginnen, mich auf die Schatten der Blätter eines einzelnen Zweiges zu konzentrieren, und mich dann allmählich weiterzuarbeiten, bis ich schließlich den ganzen Baum im Auge hätte, jedoch dürfe ich den Blick nicht zu den Blättern zurückkehren lassen, denn der erste Schritt zum Aufspeichern der Kraft bestehe darin, dem Körper das *Nicht-tun* zu erlauben.

Vielleicht lag es an meiner Müdigkeit oder an meiner nervösen Erregung, jedenfalls versenkte ich mich so tief in die Schatten der Bäume, daß ich, als Don Juan aufstand, die dunklen Flecken der Schatten beinah ebenso gut gruppieren konnte, wie ich üblicherweise das Blattwerk gruppierte. Die Wirkung war überraschend. Ich sagte Don Juan, daß ich gern noch länger bleiben wollte. Er lachte und gab mir einen leichten freundlichen Schlag auf den Hut.

"Ich sagte dir ja", meinte er, "der Körper liebt solche Dinge."

Dann meinte er, ich solle mich von meiner gespeicherten Kraft durchs Gebüsch zu meinem Notizbuch führen lassen. Sachte schob er mich in den Chaparral. Ich ging einen Augenblick ziellos dahin, und dann stand ich davor. Ich glaubte, ich müsse mir wohl unbewußt die Richtung gemerkt haben, in die Don Juan es geworfen hatte. Er erklärte das Ereignis, indem er sagte, ich sei direkt auf das Notizbuch zugegangen, weil mein Körper sich stundenlang mit "Nicht-tun" aufgeladen hatte.

15. Nicht-tun

Mittwoch, 11. April 1962

Bei der Rückkehr zu seinem Haus riet mir Don Juan, ich solle an meinen Notizen arbeiten, als sei nichts geschehen, und ja keines der Ereignisse, die ich erlebt hatte, erwähnen oder auch nur darüber nachdenken.

Nach einem Tag der Ruhe verkündete er, wir müßten die Gegend auf ein paar Tage verlassen, denn es sei ratsam, eine gewisse Entfernung zwischen uns und die "Wesen" zu legen. Er meinte, sie hätten starken Einfluß auf mich gewonnen, obgleich ich dessen Auswirkung noch nicht bemerken könne, weil mein Körper nicht sensibel genug sei. Wenn ich nicht zum "Platz meiner Liebe" ginge, um mich zu reinigen und wiederherzustellen, so würde ich bald ernsthaft krank werden.

Wir brachen vor Morgengrauen auf und fuhren nach Norden, und nach einer anstrengenden Fahrt und einem schnellen Fußmarsch erreichten wir am Spätnachmittag den Berggipfel.

Wie beim erstenmal bedeckte Don Juan die Stelle, an der ich damals geschlafen hatte, mit kleinen Zweigen und Blättern.

Dann gab er mir eine Handvoll Blätter, die ich auf meinen Unterleib legen sollte, und befahl mir, mich hinzulegen und auszuruhen. Zu meiner Linken, ungefähr zwei Meter von meinem Kopf entfernt, bereitete er eine weitere Lagerstatt für sich selbst und legte sich hin.

Binnen weniger Minuten verspürte ich eine köstliche Wärme und ein Gefühl höchsten Wohlbefindens. Es war ein Empfinden körperlicher Erquickung, ein Gefühl, als schwebte ich in der Luft. Ich konnte Don Juans Worten voll zustimmen, daß das "Strahlenbett" mich in der Schwebe hielt. Es wurde mir bewußt, wie unglaublich diese meine Sinneserfahrung war. Don Juan konstatierte sachlich, das sei der Zweck des "Bettes".

"Ich kann nicht glauben, daß so etwas möglich ist!" rief ich.

Don Juan faßte meine Äußerung wörtlich auf und tadelte mich. Er sagte, er sei es leid, daß ich mich benähme wie jemand unglaublich Wichtiges, dem immer und immer wieder bewiesen werden müsse, daß die Welt unbekannt und wunderbar sei.

Ich versuchte ihm zu erklären, daß ein rhetorischer Ausruf doch belanglos sei. Er erwiderte, wenn dem so sei, hätte ich ebensogut etwas anderes sagen können. Ich setzte mich halb auf und wollte mich entschuldigen, aber er lachte und schlug eine Reihe alberner rhetorischer Ausrufe vor, die ich stattdessen hätte gebrauchen können, wobei er meine Sprechweise imitierte. Schließlich mußte ich über die wohlkalkulierte Absurdität der von ihm vorgeschlagenen Alternativen lachen.

Er kicherte und ermahnte mich mit sanfter Stimme, ich solle mich ganz dem Gefühl des Schwebens hingeben.

Das besänftigende Gefühl der Ruhe und der Fülle, das ich an diesem geheimnisvollen Ort erlebte, weckte in mir gewisse tief verschüttete Gefühle. Ich fing an, über mein Leben zu sprechen. Ich gestand, daß ich nie jemanden respektiert oder geliebt hätte, nicht einmal mich selbst, und daß ich immer das Gefühl hatte, von Grund auf schlecht zu sein, und daher meine Einstellung zu anderen immer durch eine gewisse gespielte Forschheit und Kühnheit verschleierte.

"Richtig", sagte Don Juan. "Du magst dich überhaupt nicht."

Er lachte und sagte, er habe, während ich sprach, "gesehen". Er empfahl mir, nichts zu bereuen, was ich getan hätte, denn die eigenen Handlungen als böse, häßlich oder schlecht herauszustellen, bedeute, dem eigenen Ich eine ungebührliche Bedeutung beimessen.

Ich bewegte mich nervös hin und her, und das Blätterbett raschelte. Wenn ich mich ausruhen wolle, sagte Don Juan, dann solle ich meine Blätter nicht beunruhigen, sondern es ihm gleichtun und völlig reglos liegenbleiben. Durch das "Sehen", fügte er hinzu, habe er eine meiner Stimmungen erkannt. Einen Augenblick rang er offenbar um die richtigen Worte, dann sagte er, jene Stimmung sei ein gewisser Bewußtseinsrahmen, in den ich mich ständig hineinfallen ließe. Er beschrieb ihn als eine Art Falltür, die sich unerwartet öffne und mich verschlinge.

Ich forderte ihn auf, sich deutlicher zu äußern. Er wiederholte, es sei unmöglich, sich über das "Sehen" deutlich zu äußern.

Noch bevor ich etwas anderes sagen konnte, befahl er mir, mich zu entspannen, dabei jedoch nicht einzuschlafen, sondern so lange wie möglich in einem Zustand der Wachsamkeit zu bleiben. Er sagte, das "Strahlenbett" diene ausschließlich dazu, einem Krieger die Möglichkeit zu geben, einen bestimmten Zustand der Ruhe und des Wohlseins zu erreichen.

Mit Nachdruck betonte Don Juan, daß dieses Wohlsein ein Zustand sei, den man pflegen müsse, ein Zustand, an den man herangeführt werden müsse, um ihn anstreben zu können.

"Du weißt nicht, wie das Wohlsein ist, denn du hast es nie erfahren", sagte er.

Ich widersprach ihm. Doch er blieb dabei, daß Wohlsein eine Errungenschaft sei, die man bewußt anstreben müsse. Das einzige, was ich anzustreben wisse, sagte er, sei Desorientierung, Unwohlsein und Verwirrung.

Er lachte und versicherte mir, um das Kunststück zu vollbringen, mich selbst in einen miserablen Zustand zu versetzen, müsse ich äußerst hart arbeiten, und es sei doch absurd, daß ich mir nie bewußt gemacht hatte, daß ich mich mit dem gleichen Aufwand ebensogut bemühen könne, mich zu vervollkommnen und stark zu werden.

"Es hängt davon ab, was wir anstreben", sagte er. "Entweder wir machen uns elend, oder wir machen uns stark. Der Arbeitsaufwand ist stets derselbe."

Ich schloß die Augen und entspannte mich wieder, und allmählich stellte sich das Gefühl, zu schweben ein. Eine Zeitlang war mir, als bewegte ich mich wirklich durch den Raum, etwa wie ein treibendes Blatt. Obgleich dieses Gefühl sehr angenehm war, erinnerte es mich an Gelegenheiten, bei denen mir übel und schwindlig gewesen war und ich das Gefühl hatte, daß sich alles um mich drehte. Ich überlegte, ob ich vielleicht etwas Schlechtes gegessen hatte.

Ich hörte, wie Don Juan zu mir sprach, aber ich bemühte mich nicht, im zuzuhören. Ich versuchte, im Geist eine Liste all dessen aufzustellen, was ich an diesem Tag gegessen hatte, aber ich konnte kein wirkliches Interesse dafür aufbringen. Es schien mir so gleichgültig.

"Paß auf, wie das Sonnenlicht sich verändert", sagte er.

Seine Stimme war klar. Mir kam der Gedanke, daß sie wie Wasser war, flüssig und warm.

Nach Westen hin war der Himmel völlig wolkenlos, und das Sonnenlicht beeindruckte mich tief. Vielleicht weil Don Juan mich darauf aufmerksam gemacht hatte, erschien mir die gelbliche Glut der Nachmittagssonne wahrhaft großartig.

"Laß dich von dieser Glut anstecken", sagte Don Juan. "Bevor die Sonne heute untergeht, mußt du vollkommen ruhig und wiederhergestellt sein, denn morgen oder übermorgen wirst du das *Nicht-tun* lernen."

"Was werde ich lernen? " fragte ich.

"Sorg dich jetzt nicht darum", sagte er "Warte, bis wir in diesen Lavabergen sind."

Er deutete auf einige ferne, zerklüftete, dunkle, bedrohlich aussehende Gipfel im Norden.

Donnerstag, 12. April 1962

Am Spätnachmittag erreichten wir das Wüstenplateau, das die Lavaberge umgab. Aus der Ferne sahen die dunkelbraunen Bergrücken fast unheimlich aus. Die Sonne stand sehr niedrig über dem Horizont und beschien die westlichen Flanken der erstarrten Lava, deren dunkelbraune Farbe sie mit einer blendenden Fülle gelber Farbtupfer überzog.

Ich konnte die Augen nicht davon abwenden. Diese Gipfel waren wirklich faszinierend.

Gegen Ende des Tages sahen wir schon die unteren Hänge der Berge. Auf dem Wüstenplateau gab es sehr wenig Vegetation; alles, was ich sah, waren lediglich Kakteen und hochwüchsiges, in Büscheln wachsendes Gras.

Don Juan machte halt, um zu rasten. Er setzte sich, lehnte die Kalebassen mit unserem Proviant vorsichtig gegen einen Stein und meinte, wir sollten die Nacht an dieser Stelle verbringen. Er hatte einen relativ hoch gelegenen Platz gewählt. Von dort, wo ich stand, konnte ich ringsum weit in die Ferne blicken.

Es war ein bewölkter Tag, und die Dämmerung breitete sich schnell über die Landschaft aus. Ich war ganz damit beschäftigt, zu beobachten, wie schnell das Karmesinrot der Wolken im Westen zu einem einheitlich dunklen Grau verblaßte.

Don Juan stand auf und ging ins Gebüsch. Als er zurückkam, war die Silhouette der Lavaberge eine dunkle Masse. Er setzte sich neben mich und machte mich auf etwas aufmerksam, das eine natürliche Gesteinsformation der nordöstlich gelegenen Berge zu sein schien. Es war eine Stelle, deren Farbtönung viel heller war als die der Umgebung. Während die ganze Kette der Lavaberge im Zwielicht einheitlich dunkelbraun aussah, war die Stelle, die er mir zeigte, eher gelblich oder von einem dunklen Beige. Ich konnte nicht feststellen, um was es sich da handeln mochte. Lange starrte ich hin. Es schien sich zu bewegen. Ich bildete mir ein, daß es pulsierte. Wenn ich die Augen zusammenkniff, wogte es sogar auf und ab, als würde es vom Wind bewegt.

"Sieh genau hin!" befahl Don Juan.

Etwas später, nachdem ich einige Zeit hingestarrt hatte, glaubte ich, die ganze Bergkette bewege sich zu mir her. Dieser Eindruck war von einer ungewöhnlichen Unruhe in meiner Magengrube begleitet. Das Unbehagen wurde so stark, daß ich aufstehen mußte.

"Setz dich!" schrie Don Juan, aber ich stand bereits aufrecht. Aus meinem neuen Blickwinkel sah ich das gelbliche Gebilde etwas tiefer an der Bergflanke liegen. Ich setzte mich wieder, ohne die Augen abzuwenden, und das Gebilde rückte an eine höhere Stelle. Ich starrte es einen Augenblick an, und plötzlich fügte sich für mich alles in die richtige Perspektive. Ich erkannte, daß das, was ich gesehen hatte, sich gar nicht in den Bergen befand, sondern daß es ein gelblich-grünes Stück Tuch war, das von einem hohen Kaktus vor mir herabhing.

Ich lachte laut auf und erklärte Don Juan, daß das Zwielicht dazu beigetragen hatte, eine optische Illusion entstehen zu lassen.

Er stand auf und ging zu der Stelle, wo das Tuch hing, nahm es herab, faltete es zusammen und steckte es in seinen Beutel.

"Wozu machst du das? " fragte ich.

"Weil dieses Stück Tuch Kraft hat", sagte er beiläufig. "Für diesmal hast du es gut genutzt, und wir wissen nicht, was geschehen wäre, wenn du sitzen geblieben wärest."

Freitag, 13. April 1962

Bei Morgengrauen brachen wir in die Berge auf. Sie waren überraschend weit entfernt. Gegen Mittag gingen wir in einen der Canyons. In flachen Tümpeln stand etwas Wasser. Wir setzten uns, um im Schatten einer überhängenden Klippe zu rasten.

Die Berge bestanden aus Brocken eines gigantischen Lavastroms. Die verfestigte Lava war in Jahrtausenden zu porösem, dunkelbraunem Fels verwittert. Nur einige widerstandsfähige Kräuter wuchsen zwischen den Felsen und in den Spalten.

Als ich die beinah senkrechten Wände des Canyons ansah, hatte ich ein komisches Gefühl in der Magengrube. Die Wände waren mehrere hundert Meter hoch und mir war fast, als schlössen sie sich über mir zusammen. Die Sonne stand nahezu senkrecht, etwa in südwestlicher Richtung, über uns.

"Stell dich hierhin", sagte Don Juan und drehte meinen Körper, so daß ich zur Sonne schaute.

Er sagte, ich solle den Blick auf die Felswände über mir fixieren.

Der Anblick war gewaltig. Die ungeheure Höhe des Lavastromes überstieg meine Vorstellungskraft. Ich fragte mich, welch ein ungeheurer Vulkanausbruch hier einst stattgefunden haben mochte. Mehrmals ließ ich den Blick die Wände des Canyons auf und ab gleiten. Ich war ganz vertieft in den Farbenreichtum der Felswände. Da waren Farbflecken aller denkbarer Tönungen. Auf jedem Felsen gab es Büschel hellgrauer Moose oder Flechten. Ich schaute senkrecht hinauf und stellte fest, daß das Sonnenlicht unglaublich schöne Spiegelungen hervorrief, wenn es auf die glänzenden Stellen der verfestigten Lava traf.

Ich starrte auf eine Stelle im Gebirge, die das Sonnenlicht reflektierte. Die Sonne wanderte allmählich weiter, und die Intensität des reflektierten Lichts nahm ab und verblaßte schließlich ganz.

Ich schaute zur anderen Seite des Canyons und sah abermals eine Stelle mit denselben unglaublich schönen Lichtbrechungen. Ich erzählte Don Juan davon, und dann erblickte ich eine weitere Lichtfläche und dann, an anderer Stelle, noch eine und noch eine – bis der ganze Canyon mit großen Lichtflecken übersät war.

Mir wurde schwindlig; selbst wenn ich die Augen schloß, konnte ich die strahlenden Lichter sehen. Ich hielt den Kopf zwischen den Händen und versuchte, unter die überhängende Klippe zu kriechen, aber Don Juan packte mich fest am Arm und befahl mir eindringlich, ich solle die Bergflanken ansehen und versuchen, tiefdunkle Stellen inmitten der Lichtfelder festzustellen.

Ich wollte nicht hinschauen, weil der Glanz meine Augen schmerzte. Ich sagte, das, was hier geschah, sei ganz ähnlich, wie eine Zeitlang durch ein Fenster auf die sonnenbeschienene Straße zu blicken; dann sehe man hinterher den dunklen Umriß des Fensterrahmens überall.

Don Juan wiegte den Kopf hin und her und begann zu kichern. Er ließ meinen Arm los, und wir setzten uns wieder unter die überhängende Klippe. Ich machte mir stichwortartige Notizen über die Eindrücke, die ich in dieser Umgebung empfangen hatte, als Don Juan nach langem Schweigen plötzlich mit erhobener Stimme sagte:

"Ich habe dich hierher geführt, um dich eine Sache zu lehren", und er fuhr nach kurzem Schweigen fort, "du sollst das *Nicht-tun* lernen. Laß uns ruhig gleich darüber sprechen, denn es ist dir offenbar nicht möglich, auf andere Weise etwas zu begreifen. Ich glaubte zunächst, du würdest das *Nicht-tun* vielleicht erfassen, ohne daß ich etwas sagen müßte. Doch ich habe mich geirrt."

"Ich weiß nicht, wovon du sprichst, Don Juan."

"Das macht nichts", sagte er. "Ich werde dir von etwas sehr Einfachem erzählen, das aber sehr schwer auszuführen ist; ich will mit dir über das *Nicht-tun* sprechen, auch wenn ich genau weiß, daß darüber zu sprechen ein Ding der Unmöglichkeit ist, weil es der Körper ist, der es tut."

Er blickte mich mehrmals kurz an und sagte dann, ich müsse meine ganze Aufmerksamkeit auf das konzentrieren, was er jetzt sagen wolle.

Ich klappte mein Notizbuch zu, aber zu meiner Verwunderung bestand er darauf, daß ich weiterschriebe.

"*Nicht-tun* ist so schwierig und setzt so viel Kraft voraus, daß du besser nicht darüber sprichst", fuhr er fort. "Nicht, bevor du die *Welt angehalten* hast. Erst dann darfst du frei darüber sprechen, wenn du es unbedingt willst."

Don Juan sah sich um und deutete auf einen großen Felsblock.

"Dieser Stein hier wird durch *Tun* zum Stein", sagte er. Wir blickten einander an, und er lächelte. Ich wartete auf eine Erklärung, aber er schwieg. Schließlich mußte ich ihm sagen, daß ich nicht verstanden hatte, was er meinte.

"Das ist *Tun*!" rief er.

"Wie bitte? "

"Auch das ist *Tun*."

"Wovon sprichst du, Don Juan? "

"*Tun* ist das, was den Stein zu einem Stein und den Busch zu einem Busch macht. *Tun* ist das, was dich zu dir selbst und mich zu mir selbst macht."

Ich sagte ihm, daß seine Erklärung mir überhaupt nichts erklärte. Er lachte und kratzte sich an den Schläfen.

"Das ist die Schwierigkeit mit dem Sprechen", sagte er. "Es führt dazu, daß man immer alles durcheinanderbringt. Wenn man anfängt, über das *Tun* zu sprechen, endet es immer damit, daß man über etwas anderes spricht. Es ist besser, einfach zu handeln."

"Nimm diesen Stein zum Beispiel. Ihn anschauen ist *Tun*, aber ihn *sehen* ist *Nicht-tun*."

Ich mußte gestehen, daß seine Worte für mich keinen Sinn ergaben.

"Oh doch, das tun sie!" rief er. "Du bist nur davon überzeugt, daß sie es nicht tun, denn genau das ist dein *Tun*. Es ist die Art, wie du dich mir und der Welt gegenüber verhältst."

Wieder deutete er auf den Stein.

"Dieser Stein ist ein Stein durch all das, was du in bezug auf ihn zu tun weißt", sagte er. "Das nenne ich *Tun*. Ein Wissender zum Beispiel weiß, daß der Stein nur durch das *Tun* ein Stein ist; wenn er also nicht will, daß der Stein ein Stein ist, dann braucht er bloß zum *Nicht-tun* überzugehen. Verstehst du, was ich meine? "

Ich verstand ihn keineswegs. Er lachte und machte noch einmal den Versuch, es mir zu erklären.

"Die Welt ist die Welt, weil du weißt, welches *Tun* erforderlich ist, sie dazu zu machen", sagte er. "Würdest du sie nicht durch *Tun* zu dem machen, was sie ist, dann wäre die Welt anders."

Er sah mich neugierig an. Ich hörte auf zu schreiben. Ich wollte ihm einfach zuhören. Er fuhr fort und erklärte, daß es ohne dieses gewisse "Tun" in der Umwelt nichts Vertrautes gäbe.

Er beugte sich vor, nahm einen kleinen Stein zwischen Daumen und Zeigefinger seiner linken Hand und hielt ihn mir vor die Augen.

"Dies ist ein Kiesel, weil du das *Tun* beherrschst, das ihn zu einem Kiesel macht", sagte er.

"Was sagst du da? " fragte ich in absoluter Verwirrung.

Don Juan lächelte. Anscheinend versuchte er, ein boshaftes Vergnügen zu verbergen.

"Ich weiß gar nicht, warum du so verwirrt bist", sagte er. Du bist doch ein Freund von Worten. Du solltest dich wie im Himmel fühlen."

Er warf mir einen geheimnisvollen Blick zu und hob zwei- oder dreimal die Augenbrauen. Dann deutete er auf das Steinchen, das er mir vor die Augen hielt.

"Ich will sagen, daß du dies hier zu einem Kiesel machst, weil du das dafür erforderliche *Tun* kennst", sagte er. "Um nun die *Welt anzuhalten*, mußt du jedes *Tun* einstellen."

Er wußte offenbar, daß ich ihn immer noch nicht verstanden hatte, und schüttelte lächelnd den Kopf. Dann nahm er einen Zweig und deutete damit auf die unebene Kante des Kiesels.

"Bei diesem Steinchen zum Beispiel", fuhr er fort, "ist das erste, was das *Tun* bewirkt, daß es ihn auf diese Größe schrumpfen läßt. Ein Krieger muß also, wenn er die *Welt anhalten* will, einen kleinen Stein oder etwas beliebig anderes vergrößern, und zwar durch *Nicht-tun*."

Er stand auf, legte den Kiesel auf einen Felsblock und bat mich, näherzutreten und ihn genau zu betrachten. Er sagte, ich solle die Löcher und Vertiefungen im Kiesel ansehen und versuchen, jede kleine Einzelheit wahrzunehmen. Wenn ich mich an das Detail halte, sagte er, verschwänden die Löcher und Vertiefungen, und dann würde ich verstehen, was *Nicht-tun* bedeutet.

"Dieser verfluchte Kiesel wird dich heute noch den Verstand kosten", sagte er.

Ich machte wohl ein sehr bestürztes Gesicht. Er sah mich an und lachte schallend. Dann tat er so, als sei er wütend auf den Kiesel und schlug ihn zwei- oder dreimal mit dem Hut.

Ich forderte ihn auf, sich genauer zu erklären. Es sei ihm doch möglich, alles und jedes zu erklären, meinte ich, wenn er sich nur bemühte.

Er warf mir einen verschlagenen Blick zu und schüttelte den Kopf, als sei die Situation hoffnungslos.

"Gewiß kann ich alles erklären", sagte er lachend. "Aber kannst du es verstehen?"

Seine Anspielung verblüffte mich.

"Das *Tun* macht, daß du den Kiesel von dem größeren Felsblock trennst", fuhr er fort. "Wenn du *Nicht-tun* lernen willst, dann mußt du sozusagen lernen, sie zu vereinigen."

Er deutete auf den kleinen Schatten, den der Kiesel auf den Felsblock warf, und sagte, das sei kein Schatten, sondern Leim, der beide miteinander verbinde. Dann drehte er sich um und ging fort, wobei er sagte, er werde später wiederkommen, um nach mir zu schauen.

Lange starrte ich den Kiesel an. Ich konnte mich nicht auf die winzigen Details in den Löchern und Vertiefungen konzentrieren, aber der kleine Schatten, den der Kiesel auf den Felsblock warf, erwies sich als höchst interessant. Don Juan hatte recht; er war wie Leim. Er bewegte und veränderte sich. Ich hatte den Eindruck, er würde unter dem Kiesel hervorgepreßt.

Als Don Juan zurückkehrte, erzählte ich ihm, was ich an dem Schatten beobachtet hatte.

"Das ist ein guter Anfang", sagte er. "Ein Krieger kann an den Schatten alles ablesen."

Dann schlug er vor, ich solle den Kiesel nehmen und ihn irgendwo begraben.

"Warum? " fragte ich.

"Du hast ihn lange angesehen", sagte er. "Jetzt hat er etwas von dir aufgenommen. Ein Krieger versucht immer, die Kraft des *Tuns* zu beeinflussen, indem er sie in *Nicht-tun* verwandelt. Es wäre *Tun,* wenn du den Kiesel einfach herumliegen läßt, weil er doch nur ein kleines Steinchen ist. *Nicht-tun* bedeutet, mit diesem Kiesel so zu verfahren, als sei er viel mehr als nur ein Stein. Du hast diesen Kiesel nun sehr lange in dich aufgenommen, und jetzt ist er du, und mithin darfst du ihn nicht herumliegen lassen, sondern mußt ihn begraben. Hättest du aber persönliche Kraft, so würde das *Nicht-tun* bewirken, daß du ihn in ein Kraft-Objekt verwandelst."

"Kann ich das jetzt tun? "

"Dein Leben ist nicht fest genug, um das zu tun. Wenn du *sehen* könntest, dann wüßtest du, daß deine starke Anteilnahme diesen Kiesel in etwas recht Abstoßendes verwandelt hat. Daher ist es das Beste, wenn du ein Loch gräbst und ihn beerdigst und seine Kraft von der Erde absorbieren läßt."

"Ist all das wirklich wahr, Don Juan? "

"Würde ich auf deine Frage mit ja oder nein antworten, so wäre das *Tun*. Aber da du das *Nicht-tun* lernen sollst, muß ich dir sagen, daß es in Wirklichkeit ganz gleichgültig ist, ob es wahr ist oder nicht. Genau das ist ja der Vorsprung, den ein Krieger gegenüber dem Durchschnittsmenschen hat. Ein Durchschnittsmensch sorgt sich darum, ob die Dinge wahr oder falsch sind, ein Krieger aber tut das nicht. Ein Durchschnittsmensch verhält sich in einer bestimmten Weise zu Dingen, von denen er weiß, daß sie wahr sind, und in einer anderen Weise zu Dingen, von denen er weiß, daß sie nicht wahr sind. Wenn die Dinge als wahr gelten, dann handelt er und glaubt an das, was er tut. Aber wenn die Dinge als unwahr gelten, dann macht er sich nicht die Mühe, zu handeln, oder er glaubt nicht an das, was er tut. Ein Krieger hingegen handelt in beiden Fällen. Wenn die Dinge als wahr gelten, dann handelt er, um zu *tun*. Wenn die Dinge als unwahr gelten, dann handelt er trotzdem, um *nicht-zu-tun*. Verstehst du, was ich meine? "

"Nein, ich verstehe keineswegs, was du meinst", sagte ich.

Don Juans Ausführungen weckten in mir eine streitlustige Stimmung. Ich konnte in dem, was er sagte, keinen Sinn erkennen. Ich sagte ihm, dies alles sei für mich Kauderwelsch, er aber verspottete mich und sagte, ich hätte nicht einmal bei dem, was ich am liebsten täte, nämlich beim Reden, einen untadeligen Geist. Er machte sich sogar über mein Sprachvermögen lustig und fand es fehlerhaft und unzulänglich.

"Wenn du es nur mit dem Maul schaffen willst, dann sei ein Maul-Krieger", sagte er und lachte dröhnend.

Ich war deprimiert. Meine Ohren summten. Ich empfand eine unangenehme Hitze im Kopf. Ich war wirklich verstört und hatte wahrscheinlich ein rotes Gesicht.

Ich stand auf, ging in den Chaparral und beerdigte den Kiesel.

"Ich habe dich nur etwas auf den Arm genommen", sagte Don Juan, als ich zurückkehrte und mich wieder setzte. "Aber ich weiß wohl, daß du nicht verstehst, wenn du nicht sprichst. Sprechen heißt für dich *Tun*. Aber Sprechen ist unzulänglich, und wenn du wissen willst, was ich unter *Nicht-tun* verstehe, dann mußt du eine einfache Übung ausführen. Da es ums *Nicht-tun* geht, ist es egal, ob du die Übung jetzt oder in zehn Jahren machst."

Er hieß mich niederlegen, nahm meinen rechten Arm und beugte ihn im Ellbogen. Dann drehte er meine Hand, so daß die Handfläche nach vorn gerichtet war; er bog meine Finger, so daß es aussah, als hielte ich einen Türknauf in der Hand, und dann fing er an, meinen Arm in einer Kreisbewegung vor und zurück zu bewegen, die dem Schieben und Ziehen eines an einem Rad befestigten Hebels glich.

"Ein Krieger", sagte Don Juan, "führt diese Bewegung

immer dann aus, wenn er etwas aus seinem Körper ausstoßen will, etwa eine Krankheit oder ein unangenehmes Gefühl." Dem lag die Vorstellung zugrunde, eine imaginäre Gegenkraft zu schieben und zu ziehen, bis man das Gefühl hatte, daß ein schwerer Gegenstand, ein fester Körper die freie Bewegung der Hand bremste. Bei dieser Übung bestand das "Nicht-tun" darin, daß man sie fortsetzte, bis man den schweren Körper mit der Hand fühlte, und dies trotz der Tatsache, daß es doch allem Anschein nach unmöglich war, ihn zu fühlen.

Ich fing an, meinen Arm zu bewegen, und nach kurzer Zeit wurde meine Hand eiskalt. Ich hatte ein breiiges Gefühl in der Hand. Es war, als rührte ich in einer schweren, zähflüssigen Substanz.

Plötzlich fuhr Don Juan auf und packte meinen Arm, um meine Bewegung zu beenden. Ich zitterte am ganzen Körper, als würde ich von einer unbekannten Kraft gerüttelt. Als ich aufrecht saß, sah Don Juan mich prüfend an, und dann ging er um mich herum, bis er sich wieder an die Stelle setzte, wo er zuvor gesessen hatte.

"Das war genug", sagte er. "Du kannst diese Übung ein andermal ausführen, wenn du mehr persönliche Kraft hast", sagte er.

"Habe ich etwas falsch gemacht? "

"Nein. Das *Nicht-tun* ist nur etwas für sehr starke Krieger, und du hast noch nicht die Kraft, um damit fertigzuwerden. Jetzt würdest du mit der Hand nur grauenhafte Dinge einfangen. Übe dich also schrittweise, bis deine Hand nicht mehr kalt wird. Sobald deine Hand warm bleibt, wirst du wirklich die Linien der Welt fühlen können."

Er machte eine Pause, als wollte er mir Zeit geben, ihn nach diesen Linien zu fragen. Aber bevor ich dies tun konnte, erklärte er, daß es unendlich viele Linien gebe, die uns mit den Dingen verbinden. Die Übung des "Nicht-tuns", die er mir soeben gezeigt hatte, so sagte er, würde es einem ermöglichen, eine aus der sich bewegenden Hand hervortretende Linie zu spüren, eine Linie, die man nach Belieben überall hintun oder hinwerfen könne. Dies sei nur eine Übung, sagte Don Juan, denn die von der Hand geformten

Linien seien nicht dauerhaft genug, um in einer praktischen Situation von wirklichem Wert zu sein.

“Ein Wissender setzt andere Teile seines Körpers ein, um dauerhafte Linien hervorzubringen”, sagte er.

“Welche Teile des Körpers, Don Juan?”

“Die dauerhaftesten Linien, die ein Wissender hervorbringt, kommen aus seiner Körpermitte”, sagte er. “Aber er kann sie auch mit den Augen herstellen.”

“Sind die Linien real? ”

“Natürlich.”

“Kann man sie sehen oder berühren? ”

“Sagen wir mal, man kann sie fühlen. Der schwierigste Teil auf dem Weg eines Kriegers ist, zu erkennen, daß die Welt ein Gefühl ist. Beim *Nicht-tun* fühlt man die Welt, und man fühlt die Welt durch ihre Linien.”

Er unterbrach sich und sah mich neugierig an. Er zog die Brauen hoch, riß die Augen auf und blinzelte dann. Mir war, als sähe ich ein blinzelndes Vogelauge. Auf der Stelle empfand ich Unbehagen und Übelkeit. Es war, als würde ein Druck auf meinen Magen ausgeübt.

“Siehst du, was ich meine? ”, sagte Don Juan und wandte die Augen ab.

Ich erzählte ihm, daß mir übel geworden sei, und er antwortete in sachlichem Ton, das wisse er wohl, denn er habe versucht, mich mit seinen Augen die Linien der Welt fühlen zu lassen. Ich konnte die Behauptung, daß er selbst mir dieses Gefühl bereitet habe, nicht akzeptieren. Ich äußerte meine Zweifel. Ich konnte mir nicht vorstellen, daß er meine Übelkeit verursacht hatte, denn er hatte mich in keiner Form körperlich berührt.

“*Nicht-tun* ist sehr einfach, aber auch sehr schwer”, sagte er. “Es geht nicht darum, es zu verstehen, sondern es zu beherrschen. Das *Sehen* ist natürlich die höchste Vollendung eines Wissenden, und zum *Sehen* gelangt man nur, wenn man durch die Technik des *Nicht-tuns* die Welt angehalten hat.”

Ich lächelte unwillkürlich. Ich hatte nicht verstanden, was er meinte.

“Wenn man es mit Menschen zu tun hat”, sagte er, “sollte man sich nur bemühen, ihrem Körper etwas zu vermitteln. Das ist es, was ich bis jetzt mit dir gemacht habe. Ich lasse deinen Körper etwas wissen. Wen kümmert es, ob du es verstehst oder nicht?"

"Aber das ist unfair, Don Juan. Ich möchte alles verstehen, sonst wäre es ja Zeitverschwendung, daß ich herkomme."

"Zeitverschwendung!" rief er, wobei er meinen Tonfall parodierte. "Du bist wirklich eingebildet."

Er stand auf und sagte, wir würden nun auf den Lavagipfel zu unserer Rechten steigen.

Der Aufstieg zum Gipfel war qualvoll. Es war eine richtige Felskletterei, nur daß wir keine Seile hatten, um uns gegenseitig zu helfen und zu sichern. Don Juan sagte mir immer wieder, ich solle nicht hinabsehen; und ein paarmal, als ich am Fels abglitt, mußte er mich buchstäblich wieder hinaufziehen. Ich war nicht wenig verlegen, weil Don Juan, der doch so viel älter war, mir helfen mußte. Ich sagte, ich sei in schlechter körperlicher Verfassung, weil ich zu faul sei, um irgendwelche Übungen zu machen. Er antwortete, sobald man einen gewissen Grad persönlicher Kraft erreicht habe, seien Übungen oder dergleichen Training unnötig, denn um in einwandfreier Verfassung zu bleiben, brauche man sich lediglich im "Nicht-tun" zu üben.

Als wir den Gipfel erreicht hatten, legte ich mich hin. Ich war nahe daran, mich zu übergeben. Er rollte mich mit dem Fuß hin und her, wie er es früher schon einmal getan hatte. Allmählich kam ich durch diese Bewegung wieder ins Gleichgewicht. Aber ich war nervös. Mir war, als wartete ich irgendwie auf irgendeine plötzliche Erscheinung. Unwillkürlich sah ich mich mehrmals nach beiden Seiten um. Don Juan sagte kein Wort, blickte aber ebenfalls jeweils in die Richtung, in die ich schaute.

"Schatten sind etwas Eigenartiges", sagte er plötzlich. "Du hast wohl bemerkt, daß uns einer folgt."

"Ich habe nichts dergleichen bemerkt", protestierte ich laut.

Don Juan sagte, mein Körper habe trotz meines hartnäckigen Leugnens den Verfolger bemerkt, und er redete mir zu, es sei nichts Besonderes, von einem Schatten verfolgt zu werden.

"Es ist nur eine Kraft", sagte er. "In diesen Bergen

wimmelt es von Kräften. Es ist nur so etwas wie eines jener Wesen, das dich damals in der Nacht erschreckte."

Ich wollte wissen, ob ich es auch selbst wahrnehmen könne. Er erklärte, daß man tagsüber seine Gegenwart nur fühlen könne.

Ich verlangte eine Erklärung, warum er es einen Schatten nannte, wo es doch offenbar nicht dasselbe war wie etwa der Schatten eines Felsens. Er entgegnete, beide hätten dieselben Linien, daher seien beide Schatten.

Er deutete auf einen hohen Felsblock, der direkt vor uns lag.

"Sieh dir den Schatten dieses Felsens an", sagte er. "Der Schatten ist der Felsen, und doch ist er es nicht. Wenn man den Felsen ansieht, um zu wissen, was der Felsen ist, so ist das *Tun*. Aber wenn man seinen Schatten ansieht, so ist das *Nicht-tun*.

Schatten sind wie Türen, die Türen zum *Nicht-tun*. Ein Wissender zum Beispiel kann die innersten Gefühle der Menschen erkennen, indem er ihre Schatten beobachtet."

"Gibt es in den Schatten eine Bewegung? " fragte ich.

"Man könnte sagen, daß es Bewegung in ihnen gibt, oder man könnte sagen, daß sich in ihnen die Linien der Welt zeigen, oder man könnte sagen, daß Gefühle von ihnen ausgehen."

"Aber wie können Gefühle von Schatten ausgehen, Don Juan? "

"Wenn man glaubt, daß Schatten nichts als Schatten sind, so ist das *Tun*", erklarte er. "Dieser Glaube ist töricht. Stell es dir folgendermaßen vor: Mit allen Dingen der Welt hat es so viel mehr auf sich, daß es auch mit den Schatten mehr auf sich haben muß. Was sie zu Schatten macht, ist ja lediglich unser *Tun*."

Ein langes Schweigen folgte. Ich wußte nichts mehr zu sagen.

"Das Ende des Tages ist nah", sagte Don Juan und blickte zum Himmel auf. Du mußt dieses strahlende Sonnenlicht benutzen, um eine letzte Übung auszuführen."

Er geleitete mich zu einer Stelle, wo zwei mannshohe Felszacken in etwa zwei bis drei Metern Abstand parallel nebeneinander standen. Don Juan blieb, das Gesicht nach Westen gewandt, fünf Meter vor ihnen stehen. Er zeigte mir, wohin ich mich stellen sollte, und befahl mir, die Schatten der Felszacken anzusehen. Er sagte, ich solle sie beobachten und genauso mit den Augen schielen, wie ich es üblicherweise machte, wenn ich den Boden nach einem geeigneten Rastplatz absuchte. Er erläuterte seine Anweisungen: Wenn man nach einem Rastplatz suche, dann müsse man schauen, ohne den Blick auf eine bestimmte Stelle zu fixieren, doch wenn man Schatten beobachte, dann müsse man mit den Augen schielen und die Augen dennoch auf ein scharfes Bild einstellen. Es komme darauf an, durch das Schielen die beiden Schatten zu überlagern. Dadurch lasse sich ein bestimmtes, von den Schatten ausgehendes Gefühl wahrnehmen. Ich machte eine Bemerkung darüber, wie vage er sich ausdrückte, doch er behauptete, es sei wirklich nicht möglich, mit Worten zu schildern, worum es ihm ging.

Mein Versuch, diese Übung auszuführen, schlug fehl. Ich strengte mich an, bis ich Kopfschmerzen bekam. Don Juan kümmerte sich nicht weiter um mein Versagen. Er kletterte auf einen kuppelförmigen Felsen und schrie mir von dort oben zu, ich solle zwei ähnlich aussehende, schmale, kleine Steine suchen. Die gewünschte Größe gab er mir mit den Händen an.

Ich fand zwei solche Stücke und reichte sie ihm. Don Juan placierte die beiden Steine in etwa dreißig Zentimeter Abstand in Felsritzen, wies mich an, mich mit nach Westen gewandtem Gesicht über sie zu stellen, und forderte mich auf, mit Hilfe ihrer Schatten dieselbe Übung noch einmal zu versuchen.

Diesmal war es etwas ganz anderes. Es gelang mir sofort, so zu schielen, daß ich die beiden Schatten als zu einem einzigen verschmolzen wahrnahm. Ich stellte fest, daß das Sehen ohne Fusionierung der Bilder dem so zustandegekommenen Schatten eine unglaubliche Tiefe und so etwas wie Transparenz verlieh. Verblüfft starrte ich hin. An der Stelle, auf die ich meinen Blick konzentrierte, war jedes kleine Loch im Fels genau zu erkennen; und der darüberliegende zusammengesetzte Schatten wirkte wie ein Film von unglaublicher Transparenz. Ich bemühte mich, nicht zu blinzeln, denn ich fürchtete, das so flüchtig zustande gekommene Bild zu verlieren. Schließlich zwang mich das Jucken meiner Augen, zu blinzeln, aber gleichwohl verlor ich die Einzelheiten nicht aus dem Blick.

Ja, das Bild war sogar nun, nachdem die Hornhaut befeuchtet war, noch klarer geworden. In diesem Augenblick war mir, als sähe ich aus unermeßlicher Höhe auf eine Welt hinab, die ich noch nie erblickt hatte. Auch bemerkte ich, daß ich den Blick über die Umgebung des Schattens gleiten lassen konnte, ohne den Brennpunkt meines Gesichtskreises zu verlieren. Dann war mir für einen Augenblick nicht mehr bewußt, daß ich einen Stein ansah. Mir war, als landete ich in einer Welt, die jenseits alles Vertrauten und Vorstellbaren lag. Diese ungewöhnliche Wahrnehmung hielt eine Sekunde an, und dann war plötzlich alles ausgeschaltet. Automatisch schaute ich auf und sah Don Juan direkt über den Steinen stehen; er sah mich an. Sein Körper verdeckte die Sonne.

Ich schilderte ihm meine ungewöhnliche Wahrnehmung, und er erklärte, er habe mich unterbrechen müssen, weil er "sah", daß ich im Begriff stand, mich darin zu verlieren. Er fügte hinzu, daß wir alle die natürliche Neigung hätten, uns hineinzuversenken, wenn Eindrücke dieser Art auftreten, und daß ich, indem ich mich hineinversenkte, das "Nicht-tun" beinah in mein altes, vertrautes "Tun" verwandelt hätte. Er sagte, ich hätte stattdessen den Anblick aushalten sollen, ohne ihm zu verfallen, denn das "Tun" sei eine Art des Verfallens.

Ich beklagte mich, daß er mir vorher hätte sagen sollen, was mich erwartete und was ich tun sollte, doch er meinte, er habe nicht wissen können, ob es mir gelingen würde, die Schatten zu vereinigen.

Ich mußte eingestehen, daß ich das "Nicht-tun" weniger denn je begriff. Don Juan hielt mir entgegen, ich solle zufrieden sein, weil ich mich immerhin richtig verhalten hatte, weil es mir gelungen war, die Welt, indem ich sie verkleinerte, zu vergrößern, und weil ich – obgleich weit davon entfernt, die Linien der Welt zu spüren – die Schatten der Steine richtig als eine Tür zum Nicht-tun benutzt hatte.

Die Behauptung, ich hätte die Welt vergrößert, indem ich sie verkleinerte, interessierte mich ungemein. Die Details des porösen Felsens waren an der Stelle, auf die ich meinen Blick konzentriert hatte, so lebhaft gewesen und hatten sich so exakt abgezeichnet, daß die runde Felsspitze für mich zu einer ausgedehnten Welt geworden war; und trotzdem war sie tatsächlich ein verkleinertes Abbild des Steines gewesen. Als Don Juan ins Licht getreten war und ich wieder wie üblich sah, wurden die exakten Details stumpf, die kleinen Löcher im porösen Gestein größer, und die braune Farbe der erstarrten Lava wurde glanzlos. Und alles verlor jene leuchtende Transparenz, die den Stein zu einer realen Welt gemacht hatte.

Dann nahm Don Juan die zwei Steine, legte sie behutsam in eine tiefe Gesteinsspalte und setzte sich mit gekreuzten Beinen, das Gesicht nach Westen gewandt, an die Stelle, wo vorhin die Steine gewesen waren. Er klopfte links von sich auf den Boden und meinte, ich solle mich setzen.

Lange saßen wir ohne zu sprechen da. Dann aßen wir, ebenfalls schweigend. Erst als die Sonne untergegangen war, wandte er sich plötzlich um und fragte nach meinen Fortschritten beim "Träumen".

Ich erzählte ihm, daß es mir anfangs ganz leicht gefallen war, daß ich aber im Augenblick ganz aufgehört hatte, in meinen Träumen meine Hände zu finden.

"Als du mit dem Träumen anfingst, hast du meine persönliche Kraft benutzt, deshalb fiel es dir leichter", sagte er. "Jetzt bist du leer. Aber du mußt es weiterhin versuchen, bis du genügend eigene Kraft hast. Du siehst, das *Träumen* ist das *Nicht-tun* der Träume, und in dem Maß, wie du Fortschritte im *Nicht-tun* machst, wirst du auch im *Träumen* Fortschritte machen. Der Trick besteht darin, daß du nicht aufhörst, deine Hände zu suchen, selbst wenn du nicht glaubst, daß das, was du tust, einen Sinn hat. Ich sagte dir ja schon, ein Krieger braucht nicht zu glauben, denn solange er agiert, ohne zu glauben, handelt es sich um *Nicht-tun*."

Wir sahen uns kurz an.

"Mehr kann ich dir über das *Träumen* nicht sagen", fuhr er fort. "Alles, was ich noch zu sagen wüßte, ginge nur ums *Nicht-tun*. Aber wenn du das *Nicht-tun* direkt anpackst, dann wirst du selbst wissen, was du beim *Träumen* tun sollst. Doch im Augenblick kommt es darauf an, daß du deine Hände findest, und ich bin sicher, daß es dir gelingen wird."

"Ich weiß nicht, Don Juan, ich habe kein Vertrauen zu mir."

"Es geht nicht darum, daß man zu jemand Vertrauen hat.

Das Ganze ist eine Frage des Kampfes, den ein Krieger führt; und du wirst weiter kämpfen, wenn nicht durch deine eigene Kraft, dann vielleicht durch den Einfluß eines würdigen Gegners oder mit Hilfe einiger Verbündeter wie dem, der dir bereits folgt."

Ich machte unwillkürlich eine ruckartige Bewegung mit dem rechten Arm. Don Juan sagte, mein Körper wisse viel mehr, als ich glaubte, denn die Kraft, die uns verfolgt habe, befinde sich zu meiner Rechten. Mit leiser Stimme vertraute er mir an, daß der Verbündete mir an diesem Tag zweimal so nahegekommen war, daß er hatte dazwischentreten müssen, um ihn zurückzuhalten.

"Tagsüber sind Schatten die Türen zum *Nicht-tun*", sagte er. "Aber da sich im Dunkeln sehr wenig *Tun* durchsetzt, ist in der Nacht alles ein Schatten, auch die Verbündeten. Das habe ich dir schon erzählt, als ich dich die Gangart der Kraft lehrte."

Ich mußte laut lachen, und mein eigenes Lachen erschreckte mich.

"Alles, was ich dich bisher gelehrt habe, war ein Aspekt des *Nicht-tuns*", fuhr er fort. "Ein Krieger wendet das *Nicht-tun* auf alles in der Welt an, und dennoch kann ich dir nicht mehr darüber sagen, als ich dir heute gesagt habe. Du mußt deinen Körper die Kraft und das Gefühl des *Nicht-tuns* selbst entdekken lassen."

Wieder hatte ich einen nervösen Lachanfall.

"Du bist dumm, wenn du die Geheimnisse der Welt verachtest, nur weil du dich auf das *Tun* der Verachtung verstehst", sagte er mit ernster Miene.

Ich versicherte ihm, daß ich nichts und niemand verachtete, sondern daß ich nervöser und unfähiger sei, als er glaubte.

"So war ich immer", sagte ich. "Und trotzdem möchte ich mich ändern, aber ich weiß nicht wie. Ich bin so unzulänglich."

"Ich weiß schon, wie wenig du von dir hältst", sagte er. "Das ist dein *Tun*. Und um dieses *Tun* zu beeinflussen, empfehle ich dir, ein anderes *Tun* zu lernen. Ich möchte, daß du dich von heute an acht Tage lang belügst. Statt dir die Wahrheit zu sagen, daß du so häßlich und miserabel und unzulänglich bist, wirst du dir sagen, daß du das völlige Gegenteil bist, wobei du wissen sollst, daß du lügst und daß du ein ganz hoffnungsloser Fall bist."

"Aber welchen Sinn hat es, sich so zu belügen, Don Juan?"

"Es könnte dazu führen, daß du von einem anderen *Tun* abhängig wirst, und dann würdest du erkennen, daß beide Arten des *Tuns* Lügen sind und unwirklich, und daß es Zeitverschwendung ist, dich an das eine wie an das andere zu hängen, denn das einzige, was wirklich ist, ist das Sein in dir, das sterben wird. Dieses Sein zu erreichen, das ist das *Nicht-tun* des Selbst."

16. Der Ring der Kraft

Samstag, 14. April 1962

Don Juan wog unsere Kalebassen in der Hand und stellte fest, daß wir unseren Proviant erschöpft hatten und daß es Zeit war, nach Hause zurückzukehren. Ich bemerkte beiläufig, daß wir mindestens einige Tage brauchen würden, um zu seinem Haus zu gelangen. Er sagte, er wolle nicht nach Sonora zurückfahren, sondern in eine Stadt an der Grenze, wo er ein paar Angelegenheiten zu besorgen hatte.

Ich glaubte, wir würden unseren Abstieg durch den Wassercanyon beginnen, aber Don Juan brach nach Nordwesten über die Hochplateaus der Lavaberge auf. Nach etwa einstündigem Marsch führte er mich durch eine tiefe Klamm, die an einem Punkt endete, wo zwei Gipfel beinah zusammenstießen. Dort war ein Hang, der fast bis zum Gipfelgrat hinaufreichte, ein Hang, der wie eine schräge, gewölbte Brücke zwischen den beiden Gipfeln aussah.

Don Juan deutete auf eine Stelle an diesem Hang.

"Sieh genau dorthin", sagte er. "Die Sonne steht beinah richtig."

Er erklärte, daß das Licht der Mittagssonne mir beim "Nichttun" helfen könne. Dann gab er mir eine Reihe von Anweisungen: Ich sollte alle engen Kleidungsstücke, die ich trug, öffnen mich mit gekreuzten Beinen hinsetzen und intensiv die Stelle ansehen, die er mir gezeigt hatte.

Es war ein heißer Tag, das Sonnenlicht prallte auf die verfestigte Lava. Ich behielt jene Stelle scharf im Auge.

Nach einer langen Weile wachsamen Aufpassens fragte ich ihn, wonach ich im einzelnen ausschauen sollte. Er unterbrach mich mit einer ungeduldigen Handbewegung.

Ich war müde. Ich wollte schlafen. Ich schloß halbwegs die Augen. Sie juckten, und ich rieb sie, aber meine Hände waren feuchtkalt, und der Schweiß brannte mir in den Augen. Ich blickte durch die halb geschlossenen Augenlider auf die Lavagipfel, und plötzlich stand der ganze Berg in Flammen.

Ich berichtete Don Juan, daß ich, wenn ich die Augen zusammenkniff, die ganze Bergkette als komplexes Gebilde aus Lichtfasern sehen konnte.

Er sagte, ich solle möglichst flach atmen, um das Bild der Lichtfasern zu erhalten, und ich solle es nicht intensiv anstarren, sondern wie von ungefähr auf eine Stelle am Horizont, direkt über dem Hang schauen. Ich befolgte seinen Rat und konnte nun das Bild eines unendlichen, mit einem Gewebe aus Licht überzogenen Raumes wahrnehmen.

Don Juan sagte mit sehr behutsamer Stimme, ich solle versuchen, dunkle Stellen innerhalb dieses Feldes von Lichtfasern zu unterscheiden, und sobald ich eine dunkle Stelle gefunden hätte, sollte ich die Augen öffnen und feststellen, ob sich diese Stelle an der Hangflanke befände.

Es war mir unmöglich, irgendwelche dunklen Stellen zu entdecken. Mehrmals kniff ich die Augen zusammen und öffnete sie wieder. Don Juan rückte näher zu mir her und deutete auf eine rechts von mir gelegene Stelle, und dann auf eine andere, die sich direkt vor mir befand. Ich versuchte meine Körperhaltung zu verändern; wenn ich meinen Blickwinkel wechselte, so glaubte ich, würde ich vielleicht imstande sein, den angeblichen dunklen Fleck zu erkennen, den er mir zeigte, aber Don Juan schüttelte meinen Arm und befahl mir mit ernster Stimme, ruhig zu bleiben und Geduld zu haben.

Wieder kniff ich die Augen zusammen und sah abermals das Netz aus Lichtfasern. Ich sah es einen Augenblick an und öffnete dann die Augen wieder. In diesem Moment hörte ich ein schwaches Grollen – es mochte sich ohne weiteres als das ferne Geräusch eines Düsenflugzeugs erklären lassen –, und dann sah ich mit weit geöffneten Augen die ganze Bergkette vor mir als ein gewaltiges Feld winziger Lichttupfer. Es war, als ob für einen kurzen Moment irgendwelche Metallkörperchen in der verfestigten Lava alle auf einmal das Sonnenlicht reflektierten. Dann verblaßte das Sonnenlicht und erlosch plötzlich ganz. Die Berge wurden zu einer stumpfen dunkelbraunen Felsmasse, und gleichzeitig wurde es windig und kalt.

Ich drehte mich um, um festzustellen, ob die Sonne hinter einer Wolke verschwunden sei, aber Don Juan hielt meinen Kopf fest und ließ nicht zu, daß ich mich bewegte. Wenn ich mich umdrehte, sagte er, würde ich womöglich eines der Wesen der Berge sehen, den Verbündeten, der uns verfolgte. Er beteuerte, ich hätte nicht genügend Kraft, um einen solchen Anblick auszuhalten, und fügte mit kalkulierter Betonung hinzu, das Grollen, das ich gehört hatte, sei die besondere Art eines Verbündeten, seine Gegenwart anzukündigen.

Dann stand er auf und erklärte, wir würden nun die Flanke des Hanges hinaufklettern.

“Wohin gehen wir?” fragte ich.

Er deutete auf eine der Stellen, die er als Flecken der Dunkelheit ausgemacht hatte. Das “Nicht-tun”, erklärte er, habe ihm erlaubt, diesen Fleck als mögliches Zentrum der Kraft oder als einen Ort auszuwählen, an dem sich vielleicht Kraft-Objekte befänden.

Nach einer beschwerlichen Kletterei erreichten wir die von ihm bezeichnete Stelle. Einen Augenblick stand er reglos ein paar Meter vor mir. Ich versuchte, näher an ihn heranzutreten, aber er bedeutete mir durch eine Handbewegung, stehenzubleiben. Offenbar versuchte er sich zu orientieren. Ich sah von hinten, wie sein Kopf sich bewegte, als ließe er den Blick über den Berg auf und ab gleiten, dann führte er mich mit sicheren Schritten zu einem Felsband. Er setzte sich und fegte mit der Hand etwas lockere Erde vom Sims. Er hob mit den Fingern die Erde rund um einen herausragenden kleinen Stein aus. Dann forderte er mich auf, diesen ganz auszugraben.

Nachdem ich das Gesteinsstück losgemacht hatte, befahl er mir, es sofort unter das Hemd zu stecken, denn es sei ein

Kraft-Objekt, das mir gehöre. Er sagte, er schenke es mir, ich solle es behalten, sorgfältig polieren und wohl behüten.

Gleich darauf begannen wir den Abstieg in einen Canyon, und einige Stunden später befanden wir uns auf dem Wüstenplateau am Fuß der Lavaberge. Don Juan ging etwa zehn Schritte vor mir und schlug ein sehr rasches Tempo an. Bis kurz vor Sonnenuntergang gingen wir nach Süden. Eine schwere Wolkenbank im Westen hinderte uns daran, die Sonne zu sehen, aber wir rasteten, bis sie hinter dem Horizont verschwunden war.

Don Juan wechselte nun die Richtung und ging nach Südosten. Wir überquerten einen Hügel, und als wir den Gipfel erreichten, entdeckte ich vier Männer, die sich uns von Süden her näherten.

Ich sah Don Juan an. Auf unseren Exkursionen waren wir nie Menschen begegnet, und ich wußte nicht, wie ich mich in einem solchen Fall verhalten sollte. Er schien sich jedoch nicht darum zu kümmern. Er ging weiter, als sei nichts geschehen.

Die Männer bewegten sich, als hätten sie keine Eile, gemächlich gingen sie auf uns zu. Als sie sich uns näherten, stellte ich fest, daß es vier junge Indianer waren. Sie schienen Don Juan zu kennen. Er unterhielt sich mit ihnen auf Spanisch. Sie redeten sehr zurückhaltend mit ihm und brachten ihm großen Respekt entgegen. Einer von ihnen sprach mich an. Flüsternd fragte ich Don Juan, ob ich mich ebenfalls mit ihnen unterhalten könne, und er nickte zustimmend.

Sobald ich sie in eine Unterhaltung verwickelt hatte, waren sie sehr freundlich und mitteilsam, besonders der eine, der mich zuerst angesprochen hatte. Sie sagten, sie seien auf der Suche nach gewissen Kraftobjekten, und zwar nach Quarzkristallen. Wie sie sagten, waren sie seit Tagen durch die Lavaberge gewandert, hatten aber kein Glück gehabt.

Don Juan sah sich um und deutete auf eine felsige Stelle etwa hundert Meter entfernt.

"Das ist ein guter Platz für eine kurze Rast", sagte er

Er machte sich auf den Weg dorthin, und wir folgten ihm. Die Stelle, die er ausgewählt hatte, war stark zerklüftet. Es gab dort keine Büsche. Wir setzten uns auf die Steine. Don Juan verkündete, er wolle in den Chaparral zurückgehen, um trockene

Zweige für ein Feuer zu sammeln. Ich wollte ihm helfen, aber er flüsterte mir zu, daß dies ein besonderes Feuer für die tapferen jungen Männer sein solle und dafür benötige er meine Hilfe nicht.

Die jungen Männer setzten sich in einem engen Kreis um mich herum. Einer lehnte seinen Rücken gegen den meinen. Ich war darüber etwas verwundert.

Als Don Juan mit einem Arm voll Holzscheite zurückkehrte, lobte er sie für ihre Vorsicht und erklärte mir, die jungen Männer seien Lehrlinge eines Zauberers, und wenn sich mehrere gemeinsam auf die Suche nach Kraft-Objekten begäben, so müßten sie die Regel befolgen, zunächst einen Kreis zu bilden und zwei Teilnehmer im Mittelpunkt Rücken an Rücken sitzen zu lassen.

Einer der jungen Männer fragte mich, ob ich selbst schon Kristalle gefunden hätte. Ich sagte ihm, daß Don Juan mich noch nie auf die Suche nach ihnen mitgenommen hatte.

Don Juan wählte einen Platz nahe bei einem großen Felsblock und fing an, ein Feuer zu entfachen. Keiner der jungen Leute versuchte, ihm behilflich zu sein, vielmehr schauten sie ihm aufmerksam zu. Als alle Scheite brannten, setzte sich Don Juan mit dem Rücken gegen den Felsblock. Das Feuer befand sich zu seiner Rechten.

Die jungen Männer wußten anscheinend, was vorging, doch ich hatte nicht die leiseste Ahnung, wie man sich gegenüber Lehrlingen eines Zauberers verhalten sollte.

Ich beobachtete die jungen Männer. Sie saßen mit dem Gesicht zu Don Juan gewandt und bildeten einen exakten Halbkreis. Und plötzlich wurde mir bewußt, daß Don Juan mir direkt gegenüber saß, und daß von den jungen Männern je zwei zu meiner Linken und zwei zu meiner Rechten saßen.

Don Juan begann ihnen zu erzählen, daß ich in den Lavabergen sei, um das "Nicht-tun" zu lernen, und daß uns ein Verbündeter gefolgt sei. Ich hielt das für eine äußerst dramatische Einführung, und damit sollte ich Recht behalten. Die jungen Männer veränderten ihre Haltung und schlugen das linke Bein unter das Gesäß. Ich hatte nicht beobachtet, wie sie vorher gesessen hatten. Ich nahm an, daß sie, genau wie ich, nämlich mit gekreuzten Beinen, gesessen hatten. Ein beiläufiger Blick zu Don

Juan hinüber zeigte mir, daß auch er mit untergeschlagenem linken Bein saß. Mit einer kaum wahrnehmbaren Geste deutete er auf meine Sitzhaltung hin. Unauffällig schlug ich mein linkes Bein unter.

Don Juan hatte mir einmal gesagt, daß dies die Haltung sei, die ein Zauberer einnimmt, wenn die Dinge im Ungewissen sind. Doch für mich hatte sich diese Haltung immer als sehr anstrengend erwiesen. Ich fürchtete, es werde für mich eine furchtbare Belastung sein, die ganze Zeit, während er sprach, in dieser Haltung sitzenzubleiben. Don Juan schien sich meiner prekären Lage wohl bewußt zu sein und erklärte daher den jungen Männern mit wenigen Worten, Quarzkristalle seien in dieser Gegend an bestimmten Stellen zu finden. Hatte man sie einmal ausfindig gemacht, dann mußte man sie mit Hilfe bestimmter Techniken dazu bewegen, ihren "Wohnsitz" zu verlassen. Die Kristalle würden sich dann in den Menschen selbst verwandeln, und ihre Kraft überträfe alle Vorstellung.

Gewöhnliche Quarzkristalle, sagte er, fänden sich in Trauben, und derjenige, der sie finde, müsse die fünf längsten und schönsten Quarznadeln aussuchen und sie aus ihrer Matrix lösen. Der Finder sei verpflichtet, sie so zu feilen und zu polieren, daß sie spitz würden und mit Form und Größe der Finger seiner rechten Hand übereinstimmten.

Er erzählte uns weiterhin, die Quarzkristalle seien Waffen, die bei der Zauberei verwendet würden; normalerweise würden sie geschleudert, um zu töten; sie durchbohrten den Körper des Feindes und kehrten anschließend in die Hand ihres Besitzers zurück, als hätten sie diese nie verlassen.

Als nächstes sprach er von der Suche nach dem Geist, der die gewöhnlichen Kristalle in Waffen verwandelte, und sagte, als erstes müsse man eine geeignete Stelle finden, um den Geist herbeizulocken. Diese Stelle muß auf einem Berggipfel liegen und läßt sich dadurch finden, daß man mit der Hand, die Handfläche zur Erde gekehrt, über den Boden streicht, bis sich an der Handfläche eine gewisse Wärme bemerkbar macht. An dieser Stelle muß dann ein Feuer gemacht werden. Don Juan erklärte, daß der Verbündete durch die Flammen angezogen wird und sich durch eine Folge gleichartiger Geräusche zu erkennen gibt. Der nach einem Verbündeten suchende

Mensch muß der Richtung dieser Geräusche folgen, bis der Verbündete sich offenbart, dann muß er mit ihm ringen, ihn zu Boden zwingen und ihn überwältigen. Und das ist der geeignete Moment, den Verbündeten zu nötigen, die Kristalle zu berühren, um sie mit Kraft aufzuladen.

Er warnte uns, es gäbe in diesen Lavabergen auch eine Vielzahl anderer Kräfte, also Kräfte, die sich von den Verbündeten unterschieden. Sie machten keinerlei Geräusche, sondern erschienen als flüchtige Schatten und hätten überhaupt keine Kraft.

Don Juan fügte hinzu, daß eine leuchtend bunte Feder oder ein paar auf Hochglanz polierte Quarzkristalle die Aufmerksamkeit des Verbündeten fesseln werde, daß aber im Grunde jeder beliebige Gegenstand die gleiche Wirkung erzielen könne, denn ausschlaggebend sei nicht, die Objekte zu finden, sondern die Macht zu finden, die sie mit Kraft aufladen würden.

"Was nützt es euch, wenn ihr herrlich polierte Kristalle habt und nie den Geber-Geist der Kraft findet? " sagte er. "Wenn ihr hingegen keine Kristalle habt, aber den Geist findet, dann könnt ihr ihm irgend etwas hinhalten, damit er es berührt. Ihr könnt meinetwegen sogar euren Schwanz hinhalten, wenn ihr nichts anderes zur Hand habt."

Die jungen Männer kicherten. Der verwegenste von ihnen, jener, der mich anfangs angesprochen hatte, lachte laut.

Ich bemerkte, daß Don Juan wieder mit gekreuzten Beinen und in entspannter Haltung dasaß. Auch die jungen Männer hatten ihre Beine wieder gekreuzt. Ich versuchte, unauffällig eine entspanntere Haltung einzunehmen, aber in meinem rechten Knie war offenbar ein Nerv verklemmt oder ein Muskel steif geworden, und so mußte ich aufstehen und mir ein paar Minuten die Füße vertreten.

Das veranlaßte Don Juan zu einer witzigen Bemerkung. Er sagte, ich hätte es verlernt zu knien, weil ich seit Jahren, nämlich seit ich mit ihm durch die Gegend streifte, nicht zur Kommunion gegangen sei.

Dies rief große Heiterkeit unter den jungen Männern hervor. Sie lachten heftig. Einige bedeckten ihre Gesichter mit den Händen und kicherten nervös.

"Ich werde euch Burschen jetzt etwas zeigen", sagte Don Juan beiläufig, nachdem die jungen Männer aufgehört hatten zu lachen.

Ich vermutete, er würde uns einige der Kraft-Objekte sehen lassen, die er in seinem Beutel trug. Einen Augenblick glaubte ich, die jungen Männer würden sich um ihn versammeln, denn sie machten alle gleichzeitig eine plötzliche Bewegung. Sie beugten sich etwas vor, als wollten sie aufstehen, aber dann schlugen sie das linke Bein unter und fielen in jene geheimnisvolle Haltung zurück, die so beschwerlich für meine Knie war.

So unauffällig wie möglich schlug ich das linke Bein unter. Ich stellte fest, daß mein Knie nicht so sehr schmerzte, wenn ich nicht unmittelbar auf dem linken Fuß saß, das heißt, wenn ich in einer knienden Stellung blieb.

Don Juan stand auf und ging um den großen Felsblock herum, bis er außer Sicht war.

Bevor er aufgestanden war, während ich mein linkes Bein unterschlug, mußte er wohl das Feuer nachgeschürt haben, denn die neuen Scheite fingen knisternd Feuer, und lange Flammen züngelten empor. Das hatte eine hochdramatische Wirkung. Das Feuer brannte doppelt so hoch wie zuvor. Plötzlich trat Don Juan hinter dem Felsblock hervor und stand genau an der Stelle, wo er zuvor gesessen hatte. Für einen Moment war ich verwirrt. Don Juan hatte sich einen komischen schwarzen Hut aufgesetzt. Die Krempe stand an den Seiten, über den Ohren ab, oben war er rund. Mir fiel auf, daß er ganz wie ein Piratenhut aussah. Er trug einen langen schwarzen Mantel mit Schößen, der von einem einzigen glänzenden Metallknopf zusammengehalten wurde, und er hatte ein Holzbein.

Ich lachte in mich hinein. Don Juan sah wirklich albern in seinem Piratenkostüm aus. Ich fragte mich, wo er hier in der Wildnis dieses Kostüm aufgetrieben haben mochte. Ich nahm an, es mußte hinter dem Felsen versteckt gewesen sein. Ich sagte mir, daß ihm nur noch die schwarze Augenklappe und der Papagei auf der Schulter fehlte, um das perfekte Bild eines Piraten abzugeben.

Don Juan ließ die Augen von links nach rechts wandern und sah jedes Mitglied der Gruppe an. Dann blickte er über uns hinweg und starrte hinter uns in die Dunkelheit. In dieser Haltung blieb er einen Augenblick stehen, dann ging er um den Felsen herum und verschwand.

Ich konnte nicht feststellen, wie er ging. Offenbar hatte er sein Knie angewinkelt, um einen Mann mit einem Holzbein zu mimen; als er sich umdrehte, um hinter den Felsen zu gehen, hätte ich sein angewinkeltes Bein sehen müssen, aber ich war durch sein Benehmen so verwirrt, daß ich auf Einzelheiten nicht achtete.

Das Feuer verlor seine Kraft genau in dem Augenblick, als Don Juan hinter dem Felsblock verschwand. Ich dachte mir, er hätte seinen Zeitplan meisterhaft berechnet; er mußte genau ausgeklügelt haben, wie lange es dauern würde, bis die Scheite herabgebrannt waren, und er mußte seinen Auftritt und seinen Abgang exakt darauf abgestimmt haben.

Der Wechsel in der Intensität des Feuers erregte die Gruppe sehr. Eine Welle der Nervosität breitete sich unter den jungen Männern aus. Als die Flammen kleiner wurden, nahmen die jungen Männer wieder gleichzeitig eine Sitzhaltung mit gekreuzten Beinen ein.

Ich erwartete, daß Don Juan sofort hinter dem Felsen hervortreten und sich wieder setzen würde, doch das tat er nicht. Er blieb verschwunden. Ich wartete ungeduldig. Die jungen Männer saßen mit gleichmütigem Gesichtsausdruck da.

Ich begriff nicht, was Don Juan mit dieser Schauspielerei beabsichtigte. Nach langem Warten wandte ich mich an den jungen Mann zu meiner Rechten und fragte ihn mit leiser Stimme, ob eines der Kleidungsstücke, die Don Juan getragen hatte – der komische Hut, und der langschößige Frack – und die Tatsache, daß er auf einem Holzbein ging, ihm verständlich seien.

Der junge Mann sah mich mit komisch ausdrucksloser Miene an. Er schien verwirrt. Ich wiederholte meine Frage, und der andere junge Mann neben ihm sah mich aufmerksam an und hörte zu.

Sie tauschten einen Blick aus, offenbar in äußerster Verwirrung. Der Hut und der Beinstumpf und der Mantel, sagte ich, hätten ihn wie einen Piraten aussehen lassen.

Nun rückten alle vier jungen Männer näher an mich heran. Sie kicherten leise und rückten nervös hin und her. Sie schienen um Worte verlegen. Der mutigste unter ihnen sprach schließlich zu mir. Er sagte, Don Juan habe keinen Hut aufgehabt und keinen langen Mantel getragen und sei ganz gewiß nicht auf einem Holzbein gehumpelt; vielmehr habe er eine schwarze Kapuze oder einen Schal auf dem Kopf getragen und eine bis auf den Boden reichende jettschwarze Tunika angehabt, die fast wie eine Mönchskutte aussah.

"Nein!" rief ein anderer junger Mann leise. "Er trug keine Kapuze."

"Das stimmt", sagten die anderen.

Der junge Mann, der zuerst gesprochen hatte, sah mich fassungslos mit ungläubiger Miene an.

Ich sagte ihnen, wir müßten gründlich und ganz leise besprechen, was geschehen war, und ich sei sicher, Don Juan wolle, daß wir dies täten und habe uns deshalb allein gelassen.

Der ganz rechts von mir sitzende junge Mann sagte, Don Juan sei in Lumpen gegangen. Er habe einen zerschlissenen Poncho oder eine Art Indianermantel und einen sehr ramponierten Sombrero getragen. Er habe einen Korb mit irgendwelchen Gegenständen in der Hand gehabt, doch der junge Mann war nicht sicher, worum es sich dabei handelte. Er fügte hinzu, Don Juan sei bestimmt nicht wie ein Bettler gekleidet gewesen, sondern eher wie ein Mann, der von einer sehr langen Reise zurückkehrt und fremdartige Dinge mit sich führt.

Der junge Mann, der ihn mit einer schwarzen Kapuze gesehen hatte, sagte, Don Juan habe nichts in der Hand getragen, doch sei sein Haar lang und ungepflegt gewesen, so als sei er ein Wilder, der soeben einen Mönch erschlagen und seine Kleider angezogen habe, ohne jedoch sein wildes Aussehen verbergen zu können.

Der junge Mann zu meiner Linken lachte leise und meinte, wie komisch dies doch alles sei. Er meinte, Don Juan sei gekleidet gewesen wie ein soeben vom Pferd gestiegener wohlhabender Mann. Er habe Leder-Leggins getragen, wie sie im Westen bei Reitern üblich sind, große Sporen, eine Reitpeitsche, mit der er dauernd auf seine linke Handfläche geklopft habe, einen Chihuahua-Hut mit kegelförmigem Kopfteil und zwei 45-kalibrige automatische Revolver. Er meinte, Don Juan habe das Bild eines wohlhabenden Ranchers abgegeben.

Der junge Mann ganz rechts von mir lachte verlegen und war nicht bereit zu berichten, was er gesehen hatte. Ich überredete ihn, aber die anderen schienen sich nicht dafür zu interessieren. Er schien zu scheu zu sein, um zu sprechen.

Das Feuer war kurz vor dem Verlöschen, als Don Juan hinter dem Felsblock hervortrat.

“Wir wollen die jungen Männer besser ihrem Vorhaben überlassen”, sagte er. “Sag ihnen Lebewohl.”

Er sah sie nicht an. Er ging langsam davon, um mir Zeit zu lassen, mich zu verabschieden.

Die jungen Männer umarmten mich.

Es gab keine Flammen mehr an der Feuerstelle, aber die glühenden Kohlen strahlten einen ausreichend hellen Schimmer aus. Auf einige Meter Entfernung sah Don Juan aus wie ein dunkler Schatten, und die jungen Männer bildeten einen Kreis von scharf umrissenen, statischen Silhouetten. Sie wirkten wie eine Reihe jettschwarzer Statuen vor dunklem Hintergrund. Erst in diesem Augenblick befiel mich die Wirkung des ganzen Ereignisses. Ein Frösteln lief mir über den Rücken. Ich lief zu Don Juan. In sehr eindringlichem Ton verlangte er, ich solle mich nicht umdrehen und nach den jungen Männer sehen, denn in diesem Augenblick seien sie ein Kreis von Schatten.

Ich spürte eine Kraft von außen auf meinen Magen einwirken. Es war, als griffe eine Hand nach mir. Ich schrie unwillkürlich auf. Don Juan flüsterte, diese Gegend sei so voller Kraft, daß es mir leicht fallen würde, die “Gangart der Kraft” anzuwenden.

Wir trabten mehrere Stunden lang. Ich stürzte fünfmal hin. Don Juan zählte mit lauter Stimme mit, wie oft ich aus dem Gleichgewicht kam. Schließlich blieb er stehen.

“Setz dich”, flüsterte er mir ins Ohr, “schmieg dich gegen die Felsen und bedeck deinen Bauch mit den Händen.”

Sonntag, 15. April 1962

Sobald es morgens hell genug war, brachen wir auf. Don Juan führte mich zu der Stelle, wo wir das Auto zurückgelassen hatten. Ich war hungrig, fühlte mich aber ansonsten gestärkt und gut ausgeruht.

Wir aßen ein paar Kekse und tranken einige Flaschen Mineralwasser, die ich im Auto hatte. Ich wollte ihm einige Fragen stellen, die mich bedrängten, aber er legte den Finger an den Mund.

Gegen Nachmittag waren wir in der Grenzstadt angelangt,

in der ich ihn, auf seine Bitte hin, verlassen sollte. Wir gingen in ein Restaurant, um etwas zu essen. Das Lokal war leer. Wir saßen an einem Tisch neben dem Fenster mit Ausblick auf die belebte Hauptstraße und bestellten unser Essen.

Don Juan schien entspannt zu sein; seine Augen glitzerten listig. Ich fühlte mich ermutigt und ließ eine Salve von Fragen auf ihn los. Vor allem wollte ich etwas über seine Verkleidung erfahren.

"Ich habe euch nur ein wenig von meinem *Nicht-tun* gezeigt", sagte er, und seine Augen schienen zu glühen.

"Aber keiner von uns sah dieselbe Verkleidung", sagte ich. "Wie hast du das gemacht? "

"Das ist ganz einfach", antwortete er. "Es waren nur Verkleidungen, weil alles, was wir tun, irgendwie nur Verkleidung ist. Alles, was wir tun, ist, wie ich dir sagte, eine Sache des *Tuns*. Ein Wissender könnte sich an das *Tun* eines jeden anschließen und mit den sonderbarsten Sachen kommen. Aber sie sind im Grunde gar nicht sonderbar. Sie sind es nur für diejenigen, die im *Tun* gefangen sind."

Diese vier jungen Männer und du, ihr kanntet das *Nicht-tun* noch nicht. Daher war es leicht, euch hinters Licht zu führen."

"Aber wie hast du uns hinters Licht geführt? "

"Das würdest du nicht verstehen. Es gibt für dich keine Möglichkeit, das zu begreifen."

"Stell mich doch auf die Probe, Don Juan, bitte."

"Sagen wir, wenn wir geboren werden, bringt jeder von uns einen kleinen Ring von Kraft mit auf die Welt. Dieser kleine Ring tritt beinah sofort in Aktion. Jeder von uns ist also schon von Geburt an angeschlossen, und unsere Kraftringe sind mit denen aller anderen verbunden. Mit anderen Worten, unsere Kraftringe sind an das *Tun* der Welt angeschlossen, damit die Welt entsteht."

"Gib mir doch ein Beispiel, damit ich es verstehe", sagte ich.

"Unsere Kraftringe zum Beispiel, deiner und meiner, sind jetzt eben an das *Tun* in diesem Raum angeschlossen. Wir machen diesen Raum. Genau in diesem Augenblick spinnen unsere Ringe der Kraft diesen Raum ins Sein."

"Einen Moment mal", sagte ich. "Dieser Raum ist von sich aus da. Ich schaffe ihn nicht. Ich habe nichts mit ihm zu tun."

Don Juan schien sich nicht um meine kritischen Einwände zu kümmern. Ganz ruhig behauptete er, der Raum, in dem wir uns befanden, werde durch die Macht der Kraftringe aller ins Sein gebracht und dort festgehalten.

"Siehst du", fuhr er fort, "jeder von uns versteht sich auf das *Tun*, das einen Raum zum Raum macht, denn wir alle verbringen einen mehr oder weniger großen Teil unseres Lebens in Räumen. Ein Wissender hingegen schafft sich einen anderen Kraftring. Ich möchte ihn den Ring des *Nicht-tuns* nennen, denn er ist an das *Nicht-tun* angeschlossen. Mit diesem Ring kann er daher eine andere Welt hervorspinnen."

Eine junge Kellnerin brachte unser Essen und schien uns mißtrauisch anzusehen. Don Juan flüsterte mir zu, ich solle bezahlen, um ihr zu zeigen, daß wir genügend Geld hätten.

"Ich kann es ihr nicht verdenken, daß sie dir mißtraut", sagte er und lachte schallend. "Du siehst aus wie der Teufel."

Ich bezahlte und gab der Frau ein Trinkgeld, und nachdem sie uns allein gelassen hatte, sah ich Don Juan an und versuchte, den Faden unseres Gesprächs wieder aufzunehmen. Er kam mir zu Hilfe.

"Dein Problem ist, daß du deinen Extra-Kraftring noch nicht entwickelt hast, und daß dein Körper sich noch nicht auf das *Nicht-tun* versteht", sagte er.

Ich verstand nicht, was er meinte. Meine Gedanken kreisten um eine ganz prosaische Frage. Ich wollte lediglich wissen: Hatte er ein Piratenkostüm an gehabt oder nicht?

Don Juan antwortete nicht, sondern lachte schallend. Ich bat ihn um eine Erklärung.

"Aber ich habe es dir doch eben erklärt", erwiderte er.

"Du meinst, du hast kein Kostüm angezogen? " fragte ich ihn.

"Ich tat nichts anderes, als meinen Kraftring an dein *Tun* anzuschließen", sagte er. "Das übrige hast du selbst besorgt, und die anderen ebenfalls."

"Das ist unglaublich!" rief ich.

"Wir alle haben gelernt, im *Tun* übereinzustimmen", sagte er leise. "Du hast keine Vorstellung davon, welche Macht diese Übereinkunft hat. Aber glücklicherweise ist das *Nicht-tun* ebenso wunderbar und stark."

Ich spürte ein unkontrollierbares Beben im Magen. Zwischen meiner unmittelbaren Erfahrung und seiner Erklärung bestand eine unüberbrückbare Kluft. Meine letzte Abwehr bestand darin, daß ich, wie ich es immer tat, zu Zweifeln und Mißtrauen Zuflucht nahm und mich fragte: Hat Don Juan vielleicht mit den jungen Männern unter einer Decke gesteckt und die ganze Geschichte arrangiert?

Ich wechselte das Thema und fragte ihn nach den vier Lehrlingen.

"Sagtest du nicht, daß sie Schatten waren? " fragte ich.

"Das stimmt."

"Waren sie Verbündete? "

"Nein. Sie waren Lehrlinge eines Mannes, den ich kenne."

"Warum nanntest du sie Schatten? "

"Weil sie in diesem Augenblick von der Kraft des *Nicht-tuns* berührt worden waren, und da sie nicht so töricht sind wie du, verwandelten sie sich in etwas anderes als alles, was du kennst. Aus diesem Grund wollte ich nicht, daß du sie anschaust. Es hätte dir nur Schaden zugefügt."

Ich hatte keine weiteren Fragen. Ich war auch nicht sehr hungrig. Don Juan griff herzhaft zu und schien in ausgezeichneter Stimmung zu sein. Ich aber war deprimiert. Plötzlich merkte ich, wie eine zehrende Müdigkeit von mir Besitz ergriff. Ich erkannte, daß Don Juans Weg zu mühselig für mich war. Ich sagte, daß ich nicht die Fähigkeiten hätte, ein Zauberer zu werden.

"Vielleicht wird eine weitere Begegnung mit Mescalito dir helfen", sagte er.

Ich beteuerte, das liege mir ganz und gar fern, und ich zöge nicht einmal die Möglichkeit in Betracht.

"Bei dir müssen sehr tiefgreifende Dinge geschehen, damit du es zuläßt, daß dein Körper aus all dem, was du gelernt hast, Nutzen zieht", sagte er.

Ich vertrat die Meinung, ich sei eben wirklich nicht fähig, das ungewöhnliche Leben eines Zauberers zu leben, weil ich kein Indianer war.

"Wenn ich mich von all meinen Verpflichtungen losmachen könnte, dann könnte ich vielleicht in deiner Welt besser be-

bestehen", sagte ich. "Oder wenn ich mit dir in die Wildnis gehen und dort leben würde. So wie die Dinge jetzt sind, macht mich die Tatsache, daß ich mit je einem Fuß in beiden Welten stehe, für beide untauglich."

Er sah mich lange an.

"Dies ist deine Welt", sagte er und deutete auf die belebte Straße vor dem Fenster. "Du bist ein Mensch dieser Welt. Und dort draußen, in dieser Welt, ist dein Jagdgrund. Wir haben keine Möglichkeit, dem *Tun* unserer Welt zu entfliehen, und darum macht ein Krieger seine Welt zu seinem Jagdgrund. Als Jäger weiß der Krieger, daß die Welt geschaffen ist, um benutzt zu werden. Darum benutzt er jedes Stück von ihr. Ein Krieger ist wie ein Freibeuter, der keine Skrupel hat, alles, was er will, zu nehmen und zu benutzen, nur daß es dem Krieger nichts ausmacht und er nicht beleidigt ist, wenn er selbst genommen und benutzt wird."

17. Ein würdiger Gegner

Donnerstag, 11. Dezember 1962

Meine Fallen waren einwandfrei; die äußeren Umstände stimmten; ich sah Kaninchen, Eichhörnchen und andere Nagetiere, Wachteln und andere Vögel, aber den ganzen Tag über gelang mir auch nicht ein einziger Fang.

Frühmorgens, als wir Don Juans Haus verließen, hatte er mir gesagt, ich müsse an diesem Tag auf ein "Geschenk der Kraft" warten, ein außergewöhnliches Tier, das vielleicht in eine meiner Fallen gehen würde und dessen Fleisch ich als "Kraft-Speise" trocknen könnte.

Don Juan schien in nachdenklicher Stimmung zu sein. Er machte keinerlei Vorschläge oder Bemerkungen. Gegen Ende des Tages schließlich sagte er: "Irgend jemand behindert deine Jagd."

"Wer? " fragte ich ganz überrascht.

Er sah mich an, lächelte und schüttelte ungläubig den Kopf.

"Du tust so, als wüßtest du es nicht", sagte er. "Dabei weißt du schon den ganzen Tag, wer es ist."

Ich wollte widersprechen, aber ich hielt es für zwecklos. Ich wußte, er würde sagen: "la Catalina", und wenn es das war, was er meinte, dann hatte er recht, dann wußte ich tatsächlich, wer es war.

"Entweder gehen wir jetzt nach Hause", fuhr er fort, "oder wir warten, bis es dunkel wird, und nutzen die Dämmerung, um sie zu fangen."

Er schien auf meine Entscheidung zu warten. Ich war für Aufbruch. Ich fing an, ein dünnes Seil aufzurollen, das ich verwendet hatte, aber noch ehe ich meinen Wunsch vorbringen konnte, gebot er mir durch einen Befehl Einhalt.

"Setz dich", sagte er. "Es wäre einfacher und vernünftiger, jetzt aufzubrechen, aber in diesem besonderen Fall glaube ich, daß wir bleiben müssen. Dieses Spiel gilt dir."

"Was meinst du damit?"

"Jemand behindert dich eindeutig, und ausschließlich dich, und daher gilt dieses Spiel dir. Ich weiß, wer es ist, und du weißt es ebenfalls."

"Du machst mir Angst", sagte ich.

"Nicht ich", antwortete er lachend. "Diese Frau, die dort draußen herumschleicht, dies macht dir Angst."

Er machte eine Pause, als wartete er darauf, daß die Wirkung seiner Worte sich bei mir einstellte. Ich mußte zugeben, daß ich mich tatsächlich sehr ängstigte.

Gut einen Monat zuvor hatte ich eine grauenvolle Begegnung mit einer Zauberin namens "la Catalina" gehabt. Ich war ihr unter Lebensgefahr entgegengetreten, weil Don Juan mich davon überzeugt hatte, daß sie nach seinem Leben trachtete und daß er unfähig war, ihre Angriffe abzuwehren. Nachdem meine Begegnung mit ihr stattgefunden hatte, eröffnete mir Don Juan, daß sie ihm in Wirklichkeit nie gefährlich gewesen und daß die ganze Angelegenheit einfach ein Trick von ihm gewesen sei, jedoch nicht im Sinn eines boshaften Streichs, sondern um mir eine Lehre zu erteilen.

Sein Vorgehen erschien mir so unmoralisch, daß ich auf ihn wütend geworden war.

Auf meinen Zornausbruch hin hatte Don Juan begonnen, mexikanische Lieder zu singen. Er imitierte populäre Schlagersänger und seine Wiedergabe war so komisch, daß ich schließlich wie ein Kind lachte. So unterhielt er mich einige Stunden lang. Ich hatte gar nicht gewußt, daß er über ein solches Repertoire alberner Songs verfügte.

"Ich will dir etwas sagen", hatte er damals abschließend gesagt, "wenn wir nicht überlistet würden, dann würden wir nie lernen. Das ist mir so ergangen, und jedem anderen wird es genau so ergehen. Die Kunst eines Wohltäters besteht darin, uns bis an die Schwelle zu führen. Ein Wohltäter kann uns nur den Weg zeigen und uns überlisten. Ich habe dich schon einmal überlistet. Du erinnerst dich doch daran, wie ich deinen Jägergeist wiedererweckte, nicht wahr? Du sagtest mir, daß die Jagd dich dazu gebracht habe, dein Interesse für Pflanzen zu vergessen. Du warst bereit, eine Menge zu tun, um ein Jäger zu werden – Dinge, die du nie getan hättest, um etwas über Pflanzen zu lernen. Jetzt mußt du noch viel mehr tun, um zu überleben."

Er starrte mich an und bekam einen Lachanfall.

"Das ist völlig verrückt", sagte ich. "Wir sind rationale Wesen."

"Du bist rational", entgegnete er. "Ich nicht."

"Natürlich bist du es", beharrte ich. "Du bist einer der rationalsten Menschen, denen ich je begegnet bin."

"Na gut!" rief er. "Laß uns nicht streiten. Ich bin also rational. Na und? "

Ich verwickelte ihn in ein Streitgespräch darüber, ob es für zwei rationale Wesen notwendig sei, sich so verrückt zu verhalten, wie wir es mit dieser Hexe getan hatten.

"Du bist rational, na schön", sagte er aufgebracht. "Und das bedeutet, daß du glaubst, du wüßtest eine Menge über die Welt. Aber tust du das wirklich? Du kennst nur die Handlungen von Menschen. Deine Erfahrungen sind auf das beschränkt, was Menschen dir und anderen angetan haben. Du weißt nichts über diese geheimnisvolle, unbekannte Welt."

Er gab mir ein Zeichen, ihm zum Auto zu folgen, und wir fuhren in eine nahegelegen kleine mexikanische Stadt.

Ich fragte ihn nicht, was er vorhatte. Er hieß mich den Wagen neben einem Lokal parken, dann gingen wir um die Busstation und die Gemischtwarenhandlung herum. Don Juan ging an meiner rechten Seite und führte mich. Plötzlich gewahrte ich, daß jemand an meiner linken Seite ging, aber bevor ich Zeit hatte, mich umzuwenden und ihn anzusehen, machte Don Juan eine schnelle, plötzliche Bewegung. Er beugte sich vor, als wollte er etwas vom Boden aufheben, dann packte er mich, nachdem ich fast über ihn gestolpert wäre, unter der Achsel. Er schleifte mich zum Auto und ließ meinen Arm nicht einmal los, um mir das Aufschließen der Tür zu ermöglichen. Ich fummelte einen Augenblick ungeschickt mit den Schlüsseln. Er schob mich sanft ins Auto und stieg selbst ein.

"Fahr langsam und halte vor dem Geschäft", sagte er.

Als wir anhielten, gab Don Juan mir mit einem Kopfnicken zu verstehen, ich solle schauen. An der Stelle, wo Don Juan mich gepackt hatte, stand la Catalina. Ich fuhr unwillkürlich zurück. Die Frau tat ein paar Schritte auf das Auto zu und blieb herausfordernd dort stehen. Ich musterte sie aufmerksam und stellte fest, daß sie eine schöne Frau war. Sie war sehr dunkel, hatte einen etwas gedrungenen Körper, schien aber stark und muskulös zu sein. Sie hatte ein rundes, volles Gesicht mit hohen Wangenknochen und zwei lange, jettschwarze Zöpfe. Was mich am meisten überraschte, war ihr Alter. Sie war höchstens Anfang dreißig.

"Laß sie näher herankommen, wenn sie will", flüsterte Don Juan.

Sie kam drei oder vier Schritte näher an das Auto heran und blieb in etwa fünf Metern Entfernung stehen. Wir sahen einander an. In diesem Augenblick glaubte ich nichts Bedrohliches an ihr zu bemerken. Ich lächelte und winkte ihr zu. Sie kicherte wie ein scheues, kleines Mädchen und bedeckte ihren Mund mit der Hand. Irgendwie war ich ganz entzückt. Ich wandte mich zu Don Juan und wollte etwas über ihre Erscheinung und ihr Verhalten sagen, doch er erschreckte mich mit einem durchdringenden Schrei halb zu Tode.

"Wende dieser Frau nicht den Rücken zu, verdammt nochmal!" sagte er eindringlich.

Schnell wandte ich mich ihr wieder zu. Wieder war sie ein paar Schritte an das Auto herangekommen und stand nun kaum zwei Meter von der Tür entfernt. Sie lächelte; ihre Zähne waren groß und weiß und sehr sauber. Doch irgend etwas an ihrem Lächeln war unheimlich. Es war nicht freundlich; es war ein beherrschtes Grinsen. Nur ihr Mund lächelte. Ihre Augen waren schwarz und kalt und fixierten mich starr.

Ich spürte am ganzen Körper ein Frösteln. Don Juan fing an, in einer Art rhythmischem Kichern zu lachen; nach kurzem Zögern wich die Frau langsam zurück und verschwand in der Menge.

Wir fuhren weiter, und Don Juan stellte Vermutungen darüber an, daß sie mich wie ein wehrloses Insekt zertreten würde, wenn ich nicht mein Leben festigte und lernte.

"Sie ist jener würdige Gegner für dich, von dem ich dir erzählt habe", sagte er.

Don Juan sagte, wir müßten auf ein Omen warten, bevor wir wüßten, was wir mit der Frau machen sollten, die meine Jagd behinderte.

"Wenn wir eine Krähe sehen oder hören, werden wir die Gewißheit haben, daß wir warten können, und wir werden dann auch wissen, wo wir warten sollen", fügte er hinzu.

Er drehte sich langsam einmal im Kreis und suchte die Umgebung ab.

"Dies ist nicht der Platz, um zu warten", flüsterte er.

Wir gingen nach Osten. Es war bereits ziemlich dunkel. Plötzlich flogen hinter ein paar hohen Büschen zwei Krähen auf und verschwanden hinter einem Hügel. Don Juan sagte, dieser Hügel sei unser Ziel.

Als wir dort ankamen, gingen wir um ihn herum und wählten einen südöstlich gelegenen Platz am Fuß des Hügels. Don Juan reinigte eine kreisförmige Stelle von etwa zwei Metern Durchmesser von trockenen Zweigen, Blättern und anderem Unrat. Ich wollte ihm helfen, aber er wies mich mit einer heftigen Handbewegung zurück. Er legte den Finger an die Lippen, um mir Schweigen zu gebieten. Schließlich zog er mich in den Mittelpunkt des Kreises, das Gesicht vom Hügel abgewandt, nach Süden gerichtet, und flüsterte mir ins Ohr, ich solle seine Bewegungen nachahmen. Er fing an, eine Art Tanz aufzuführen, wobei er mit dem rechten Fuß rhythmisch aufstampfte. Der Rhythmus bestand aus sieben gleichen Takten, denen sich eine Folge von drei schnellen Tritten anschloß.

Ich versuchte, seinen Rhythmus aufzunehmen, und nach

einigen ungeschickten Versuchen konnte ich dieses Stampfen mehr oder minder gut nachahmen.

“Wozu tun wir das? ” flüsterte ich ihm ins Ohr.

Ebenfalls flüsternd sagte er mir, daß ich jetzt wie ein Hase klopfte, und die Herumtreiberin werde durch dieses Geräusch früher oder später angezogen, um nachzusehen, was los sei.

Sobald ich in den Rhythmus hineingefunden hatte, hörte Don Juan auf zu klopfen, hieß mich aber fortfahren, wobei er mit der Hand den Takt angab.

Von Zeit zu Zeit horchte er aufmerksam mit leicht nach rechts geneigtem Kopf, offenbar um die Geräusche im Chaparral auszumachen. Schließlich bedeutete er mir, aufzuhören. Er verharrte in wachsamer Haltung, als sei er bereit, jederzeit aufzuspringen und sich auf einen unbekannten, unsichtbaren Angreifer zu stürzen.

Dann gab er mir einen Wink, mit dem Klopfen erneut zu beginnen, und nach einiger Zeit gebot er mir wiederum Einhalt. Jedesmal wenn ich aufhörte, horchte er so konzentriert, daß jede Faser seines Körpers zum Zerspringen gespannt zu sein schien.

Plötzlich sprang er an meine Seite und flüsterte mir ins Ohr, die Dämmerung habe nun ihre volle Kraft erreicht.

Ich sah mich um. Der Chaparral bildete eine dunkle Masse, wie auch die Hügel und die Felsen. Der Himmel war dunkelblau, und ich konnte die Wolken nicht mehr erkennen. Die ganze Welt erschien als einheitliche Masse dunkler Schatten, die keine sichtbaren Umrisse zu haben schienen.

In der Ferne hörte ich den unheimlichen Schrei eines Tieres, eines Coyoten oder vielleicht eines Nachtvogels. Er erklang so plötzlich, daß ich nicht weiter darauf achtete. Aber Don Juans Körper bebte etwas. Da er neben mir stand, spürte ich, wie er vibrierte.

“Jetzt geht’s los”, sagte er. “Klopf weiter, und sei bereit. Sie ist hier.”

Ich begann wie wild zu klopfen, aber Don Juan stellte seinen Fuß auf meinen und bedeutete mit erschreckt, ich solle mich entspannen und rhythmisch klopfen.

“Verscheuch sie nicht”, flüsterte er mir ins Ohr. “Beruhige dich und mach dir nicht in die Hosen.”

Wieder gab er mir den Klopfrhythmus an, und nachdem er mich zum zweitenmal hatte innehalten lassen, hörte ich wieder diesen Schrei. Diesmal erschien er wie der Schrei eines über den Hügel hinfliegenden Vogels.

Don Juan hieß mich weiterklopfen, und in dem Augenblick, da ich aufhörte, vernahm ich links von mir ein eigenartiges Rascheln. Es war ein Geräusch, wie ein schweres Tier es verursacht, wenn es durch das trockene Unterholz läuft. Mir kam der Gedanke, es könne ein Bär sein, aber dann wurde mir klar, daß es in der Wüste keine Bären gab. Ich packte Don Juans Arm, aber er lächelte mir zu und legte den Finger an den Mund. Ich starrte nach links in die Dunkelheit hinaus, aber er gab mir ein Zeichen, dies nicht zu tun. Wiederholt deutete er direkt über mir in die Luft, und dann veranlaßte er mich, mich langsam und leise umzudrehen, bis die dunkle Masse des Hügels vor mir lag. Don Juan richtete den Finger auf einen bestimmten Punkt auf dem Hügel. Ich heftete meine Augen an die diese Stelle, und plötzlich, wie in einem Alptraum, sprang mich ein dunkler Schatten an. Ich schrie auf und fiel auf den Rükken. Einen Augenblick verdeckte die dunkle Silhouette den dunkelblauen Himmel, dann segelte er durch die Luft und landete hinter uns im Gebüsch. Ich hörte ein Geräusch, als fiele ein schwerer Körper in die Büsche, und dann einen unheimlichen Schrei.

Don Juan half mir auf die Beine und führte mich in der Dunkelheit an die Stelle, wo ich meine Fallen aufgestellt hatte. Er hieß mich, sie zusammenzusuchen und auseinanderzunehmen, daraufhin verstreute er die Teile in alle Richtungen. All dies führte er aus, ohne ein Wort zu sagen. Auf dem ganzen Weg zurück zu seinem Haus sprachen wir kein einziges Wort.

"Was soll ich dir sagen", fragte Don Juan, nachdem ich ihn wiederholt bedrängt hatte, mir die Ereignisse zu erklären, die ich vor ein paar Stunden erlebt hatte.

"Was war das? " fragte ich.

"Du weißt verdammt gut, wer es war", sagte er. "Verharmlose es jetzt nicht mit deinem 'Was war das? ' Wer es war, darauf kommt es an."

Ich hatte mir eine Erklärung zurechtgelegt, die mir befriedigend erschien. Die Gestalt, die ich gesehen hatte, sah ganz wie ein Papierdrachen aus, den jemand auf dem Hügel hatte steigen lassen, während ein anderer hinter uns ihn an der Schnur zu sich zog, so daß der Eindruck einer dunklen, etwa fünfzehn bis zwanzig Meter durch die Luft fliegenden Silhouette entstand.

Er hörte meiner Erklärung aufmerksam zu, und dann lachte er, bis ihm die Tränen über die Wangen liefen.

"Hör auf, im Trüben zu fischen", sagte er. "Komm zur Sache. War es nicht eine Frau? "

Ich mußte einräumen, daß ich, als ich hingefallen war und nach oben blickte, den dunklen Umriß einer mit einem langen Rock bekleideten Frau gesehen hatte, die mich in einer sehr langsamen Bewegung ansprang, dann war mir, als zöge jemand die dunkle Silhouette fort, sie glitt sehr schnell über mich hinweg und landete krachend im Gebüsch. Gerade diese Bewegung war es gewesen, die mich an einen Drachen erinnert hatte.

Don Juan weigerte sich, weiter über den Vorfall zu sprechen.

Am nächsten Tag brach er auf, um irgendeine geheimnisvolle Besorgung zu machen, und ich ging ein paar befreundete Yaqui-Indianer in einem anderen Dorf besuchen.

Mittwoch, 12. Dezember 1962

Kaum war ich in dem Yaqui-Dorf angekommen, erzählte mir der Inhaber des Dorfladens, er habe von einem Händler in Ciudad Obregon einen Plattenspieler und zwanzig Schallplatten für die Fiesta ausgeliehen, die er am Abend zu Ehren der Jungfrau von Guadalupe geben wolle. Er hatte bereits jedem erzählt, daß er mit den notwendigen Vorbereitungen Julio beauftragt hatte, den Handelsvertreter, der zweimal im Monat in die Yaqui-Siedlung kam, um die Ratenzahlungen für irgendwelche billigen Kleidungsstücke einzutreiben, die er an ein paar Yaquis hatte verkaufen können.

Am frühen Nachmittag brachte Julio den Plattenspieler und schloß ihn an den Generator an, der die Elektrizität für den Laden lieferte. Er überzeugte sich, daß er funktionierte. Dann schaltete er ihn auf maximale Lautstärke ein, ermahnte den Ladeninhaber, keinen der Knöpfe zu berühren, und begann, die Schallplatten zu sortieren.

“Ich weiß genau, wie viele Kratzer jede von ihnen hat”, sagte Julio zum Ladeninhaber.

“Erzähl das meiner Tochter”, antwortete der Ladeninhaber.

“Du bist verantwortlich, nicht deine Tochter.”

“Das kommt aufs gleiche hinaus, sie ist es, die die Platten auflegen wird.”

Julio bestand darauf, daß es ihm gleichgültig sei, ob er oder sie oder sonst jemand den Plattenspieler bediente, solange nur der Ladeninhaber für alle beschädigten Platten bezahlte. Der Ladeninhaber fing mit Julio zu streiten an. Julios Gesicht rötete sich. Von Zeit zu Zeit wandte er sich an eine größere Gruppe von Yaqui-Indianern, die sich vor dem Laden versammelt hatten und gab ihnen Zeichen der Verzweiflung und Frustration, indem er die Hände entsprechend bewegte oder das Gesicht zu Grimassen verzog. Schließlich verfiel Julio darauf, ein Geldpfand zu verlangen. Dies beschwor einen weiteren langen Streit darüber herauf, was eine beschädigte Schallplatte sei. Julio stellte mit Nachdruck fest, daß jede zerbrochene Schallplatte voll bezahlt werden müsse, zum Neuwert. Der Ladeninhaber wurde immer wütender und fing an, die Verlängerungskabel herauszureißen. Er schien nicht abgeneigt, den Plattenspieler abzustellen und das Fest abzusagen. Seinen vor dem Laden versammelten Kunden machte er klar, daß er sein Bestes versucht hatte, um mit Julio zu einer Einigung zu kommen. Für einen Augenblick sah es so aus, als würde das Fest scheitern, bevor es begonnen hatte.

Blas, der alte Indianer, in dessen Haus ich wohnte, machte mit lauter Stimme ein paar abfällige Bemerkungen über die traurigen Verhältnisse der Yaquis, die nicht einmal ihr höchstes religiöses Fest, den Tag der Jungfrau von Guadalupe, begehen könnten.

Ich wollte mich einmischen und meine Hilfe anbieten, aber Blas hielt mich zurück. Wenn ich das Geldpfand hinterlegte, sagte er, dann würde der Ladeninhaber die Platten mit Sicherheit ruinieren.

“Er ist der Schlimmste von allen”, sagte er. “Laß ihn das Pfand bezahlen. Er saugt uns auch aus, warum sollte er also nicht bezahlen?”

Nach einer langen Diskussion, bei der seltsamerweise alle Anwesenden für Julio Partei ergriffen, ging der Ladeninhaber auf beiderseits akzeptable Bedingungen ein. Er hinterlegte zwar kein Geldpfand, übernahm aber die Verantwortung für die Schallplatten und den Plattenspieler.

Julios Motorrad hinterließ eine Staubfahne, als er zu den entfernteren Häusern des Dorfes hinausfuhr. Blas sagte, er versuche, seine Kunden zu erwischen, bevor sie in den Laden kommen und ihr ganzes Geld für Schnaps ausgeben. Gerade als er dies sagte, kam eine Gruppe Indianer hinter dem Laden hervor. Blas sah sie und fing an zu lachen, und alle anderen Anwesenden taten dasselbe. Blas sagte mir, dies seien Julios Kunden, die sich hinter dem Laden versteckt und darauf gewartet hätten, daß er abführe.

Die Fiesta begann zeitig. Die Tochter des Ladeninhabers legte eine Platte auf und setzte den Tonarm auf; es gab ein entsetzlich lautes Kreischen und ein hohes Summen, und dann ertönte der schmetternde Klang einer Trompete, begleitet von Gitarrenakkorden.

Das Fest bestand darin, daß die Schallplatten mit voller Lautstärke abgespielt wurden. Es gab vier junge Mexikaner, die mit der Tochter des Ladeninhabers und drei anderen jungen Mexikanerinnen tanzten. Die Yaquis tanzten nicht; mit offensichtlichem Vergnügen beobachteten sie die Bewegungen der Tänzer. Sie schienen Gefallen daran zu finden, einfach zuzuschauen und billigen Tequila hinunterzuschütten.

Ich spendierte allen, die ich kannte, einen Drink. Ich wollte jede Verstimmung vermeiden. Ich ging zwischen den vielen Indianern hin und her, sprach mit ihnen und bot ihnen Drinks an. Dieses Verhalten bewährte sich, bis sie erkannten, daß ich selbst nichts trank. Dies schien alle sofort gegen mich einzunehmen. Es war, als hätten sie kollektiv die Entdeckung gemacht, daß ich nicht hergehörte. Die Indianer wurden plötzlich sehr abweisend und warfen mir verstohlene Blicke zu.

Die Mexikaner, die genauso betrunken waren wie die Indianer, erkannten gleichzeitig, daß ich nicht tanzte; und dies schien sie noch mehr zu beleidigen. Sie wurden sehr aggressiv. Einer packte mich fest am Arm und schleppte mich in die Nähe des Plattenspielers; ein anderer bot mir einen vollen Becher Tequila an und verlangte, daß ich ihn auf einen Zug leerte, um zu beweisen, daß ich ein "Macho" sei.

Ich versuchte, ihn mir vom Leibe zu halten, und lachte töricht, als fände ich wirklich an der Situation Vergnügen. Ich sagte, ich würde lieber erst tanzen und dann trinken. Einer der jungen Männer rief den Titel eines Liedes. Das Mädchen, das den Plattenspieler bediente, fing an, den Stapel Schallplatten danach zu durchsuchen. Sie schien etwas beschwipst zu sein, wenn auch keine der Frauen viel getrunken hatte, und es gelang ihr nicht gleich, die Platte auf den Teller zu legen. Ein junger Mann sagte, die Platte, die sie gewählt hatte, sei kein "Twist". Sie hantierte mit dem Plattenstapel und versuchte, die richtige zu finden, und alle drängten zu ihr hin, wobei sie mich stehenließen. Das gab mir Zeit, von der beleuchteten Fläche hinter den Laden zu laufen und zu verschwinden.

Etwa dreißig Meter weiter blieb ich im Schatten einiger Bäume stehen und versuchte, mir klarzuwerden, was ich tun sollte. Ich war müde. Ich wußte, daß es Zeit war, mich ins Auto zu setzen und nach Hause zu fahren. Ich machte mich auf zu Blas' Haus, wo mein Wagen parkte. Wenn ich langsam führe, meinte ich, dann würde niemand bemerken, daß ich abreiste.

Die Leute, die sich um den Plattenspieler kümmerten, suchten anscheinend immer noch nach der richtigen Platte – ich hörte nur das hohe Summen des Lautsprechers –, aber dann ertönten die schmetternden Klänge eines Twist. Ich mußte laut lachen, als ich daran dachte, daß sie sich nun wohl zu der Stelle umwandten, wo ich gestanden hatte, und bemerken mußten, daß ich verschwunden war.

Ich sah die dunklen Schatten von Leuten, die mir entgegenkamen und auf den Laden zugingen. Wir gingen aneinander vorbei und sie murmelten: "Buenas noches". Ich erkannte sie und sprach sie an. Ich sagte ihnen, das Fest sei großartig.

Kurz bevor ich eine scharfe Wegbiegung erreichte, begegnete ich zwei anderen Personen, die ich nicht kannte, aber ich grüßte sie ebenfalls. Der Plattenspieler dröhnte hier draußen auf der Straße beinah so laut wie vor dem Laden. Es war eine dunkle, sternlose Nacht, aber der Schein der Ladenlampen erlaubte es mir, meine Umgebung recht gut zu erkennen. Blas' Haus war nicht mehr fern, und ich beschleunigte meinen Schritt. Dann bemerkte ich den dunklen Umriß eines Menschen, der links von mir an der Wegbiegung saß oder hockte. Einen

Augenblick meinte ich, es könnte einer der Teilnehmer des Festes sein, der vor mir aufgebrochen war. Offenbar verrichtete er am Straßenrand sein Geschäft. Dies kam mir seltsam vor. Die Leute aus dem Dorf gingen ins dichte Gebüsch, um ihre körperlichen Funktionen zu verrichten. Wer das dort vorn auch sein mochte, so dachte ich, er mußte betrunken sein.

Ich erreichte die Wegbiegung und sagte "Buenas noches". Die Person antwortete mit einem unheimlichen, schroffen, unmenschlichen Heulen. Mir sträubten sich buchstäblich am ganzen Körper die Haare. Einen Augenblick war ich wie gelähmt. Dann begann ich schneller zu gehen. Ich sah mich kurz um. Ich erkannte, daß die dunkle Silhouette sich halb erhoben hatte; es war eine Frau. Ihre Haltung war gekrümmt, sie beugte sich vornüber; in dieser Haltung lief sie ein paar Meter, und dann hüpfte sie. Ich fing an zu rennen, während die Frau wie ein Vogel neben mir dahinhüpfte und mit mir Schritt hielt. Als ich Blas' Haus erreichte, schnitt sie mir den Weg ab, und wir stießen beinah zusammen. Ich sprang über einen flachen, trockenen Graben vor dem Haus und stürzte durch die morsche Tür.

Blas war bereits zu Hause und nahm meine Geschichte unbesorgt auf.

"Die haben dich nicht schlecht hochgenommen", beteuerte er. "Den Indianern macht es Spaß, Fremden einen Streich zu spielen."

Mein Erlebnis hatte mich so erschüttert, daß ich am nächsten Tag zu Don Juan fuhr und nicht, wie ich es vorgehabt hatte, nach Hause.

Am Spätnachmittag kehrte Don Juan zurück. Ich ließ ihm keine Zeit, etwas zu sagen, sondern platzte mit der ganzen Geschichte – einschließlich Blas' Kommentar – heraus. Don Juans Miene verdüsterte sich. Vielleicht bildete ich es mir nur ein, aber ich hatte den Eindruck, er sei beunruhigt.

"Gib nicht soviel auf das, was Blas sagte", meinte er mit ernster Stimme. "Er weiß nichts über die Kämpfe zwischen Zauberern.

In dem Augenblick, als du bemerktest, daß der Schatten sich links von dir befand, hättest du wissen sollen, daß es etwas Ernstes war. Du hättest auch nicht rennen sollen."

"Was hätte ich denn tun sollen – stehenbleiben?"

“Richtig. Wenn ein Krieger auf seinen Gegner trifft, und der Gegner nicht ein gewöhnliches menschliches Wesen ist, dann muß er ihm entgegentreten. Das ist das einzige, was ihn unverletzlich macht.”

“Was sagst du da, Don Juan?”

“Ich sage, daß du deine dritte Begegnung mit deinem würdigen Gegner hattest. Diese Frau folgt dir überall hin und wartet auf einen Moment der Schwäche deinerseits. Diesmal hätte sie dich fast erwischt.”

Ich spürte, wie Unruhe in mir aufstieg, und machte ihm Vorwürfe, weil er mich unnötig in Gefahr gebracht hatte. Ich klagte, daß das Spiel, das er mit mir spielte, ein grausames Spiel sei.

“Es wäre grausam, wenn es einem gewöhnlichen Menschen zustößt”, sagte er. “Aber in dem Augenblick, da man anfängt, wie ein Krieger zu leben, ist man nicht länger ein gewöhnlicher Mensch. Außerdem habe ich dir nicht einen würdigen Gegner ausgesucht, um mit dir zu spielen oder dich zu hänseln oder zu ärgern. Ein würdiger Gegner könnte dich anspornen; unter dem Einfluß eines Gegners wie ‘la Catalina’ wirst du vielleicht gezwungen sein, all das anzuwenden, was ich dich gelehrt habe. Es bleibt dir nichts anderes übrig.”

Wir schwiegen einige Zeit. Seine Worte hatten bei mir schreckliche Ahnungen geweckt.

Dann verlangte er, ich solle so genau wie möglich den Schrei wiedergeben, den ich gehört hatte, nachdem ich “Buenas noches” gesagt hatte.

Ich versuchte, dieses Geräusch nachzuahmen und stieß ein komisches Geheul aus, über das ich selbst erschrak. Don Juan fand meine Darbietung anscheinend sehr komisch; er lachte hemmungslos.

Danach bat er mich, das ganze Geschehen zu rekonstruieren; die Länge der Strecke, die ich gerannt war, der Abstand zwischen der Frau und mir in dem Augenblick, als ich ihr begegnete, und in dem Augenblick als ich das Haus erreichte, und die Stelle, wo sie zu hüpfen begonnen hatte.

“Eine fette Indianerin würde nicht so hüpfen”, sagte er, nachdem er all diese Einzelheiten erwogen hatte. “Sie könnte nicht einmal so weit laufen.”

Er forderte mich auf, zu hüpfen. Mit jedem Sprung schaffte ich höchstens etwas über einen Meter, und wenn ich mich nicht getäuscht hatte, war die Frau mit jedem Sprung mindestens drei Meter weit gehüpft.

"Du weißt wohl, daß du von nun an auf der Hut sein mußt", sagte er. "Sie wird versuchen, dich in einem Augenblick der Unachtsamkeit und Schwäche auf die linke Schulter zu schlagen."

"Was soll ich tun?" fragte ich.

"Jammern ist sinnlos", sagte er. "Von nun an kommt es einzig auf die Strategie deines Lebens an."

Ich konnte mich auf das, was er sagte, überhaupt nicht konzentrieren. Ich schrieb es automatisch mit. Nach langem Schweigen fragte er, ob ich hinter den Ohren oder im Genick irgendwelche Schmerzen verspürte. Als ich dies verneinte, sagte er, falls ich an einer dieser beiden Stellen ein unangenehmes Gefühl hätte, dann bedeutete das, daß ich ungeschickt gewesen war und daß die Catalina mich verletzt hatte.

"Alles was du an diesem Abend getan hast, war ungeschickt", sagte er. "Vor allem bist du auf dieses Fest gegangen, um Zeit totzuschlagen, als gäbe es Zeit genug, um sie totzuschlagen. Das hat dich geschwächt."

"Du meinst, ich sollte lieber nicht auf Feste gehen?"

"Nein, das meine ich nicht. Du kannst gehen, wohin du willst, nur wenn du es tust, dann mußt du für diese Handlung die volle Verantwortung übernehmen. Ein Krieger lebt sein Leben strategisch. Er würde nur dann an einem Fest oder an einer solchen Zusammenkunft teilnehmen, wenn seine Strategie dies verlangte. Natürlich hätte er dann die volle Kontrolle über die Situation und würde all die Handlungen vollziehen, die er für notwendig hält."

Er fixierte mich und lächelte. Dann bedeckte er sein Gesicht mit den Händen und kicherte leise.

"Du bist in einer schrecklichen Falle", sagte er. "Deine Gegnerin ist dir auf der Spur, und zum erstenmal in deinem Leben kannst du nicht blind drauflos handeln. Diesmal wirst du ein völlig neues *Tun* lernen müssen, das *Tun* der Strategie. Aber betrachte es einmal folgendermaßen: Wenn du die Angriffe der Catalina überlebst, dann wirst du ihr eines Tages dafür danken müssen, daß sie dich zwang, dein *Tun* zu ändern."

“Welch schreckliche Vorstellung!” rief ich. “Und was, wenn ich nicht überlebe? ”

“Ein Krieger läßt sich nie so weit gehen, daß er so einen Gedanken denkt”, sagte er. “Wenn er mit seinen Mitmenschen zusammen handeln muß, befolgt der Krieger das *Tun* der Strategie, und bei diesem *Tun* gibt es keine Siege oder Niederlagen. Bei diesem *Tun* gibt es nur Handlungen.”

Ich fragte ihn, was das *Tun* der Strategie zur Folge habe.

“Es hat zur Folge, daß man den Menschen nicht ausgeliefert ist”, antwortete er. “Auf diesem Fest zum Beispiel warst du ein Clown, nicht weil es deinen Zwecken nützte, ein Clown zu sein, sondern weil du dich diesen Leuten ausliefertest. Du hattest nie die Kontrolle über die Situation, und deshalb mußtest du vor ihnen davonlaufen.”

“Was hätte ich tun sollen? ”

“Gar nicht hingehen, oder hingehen, um eine bestimmte Handlung zu vollbringen.

Nachdem du mit den Mexikanern herumgealbert hattest, warst du schwach, und die Catalina nutzte diese Gelegenheit. Daher postierte sie sich auf der Straße, um auf dich zu warten.

Dein Körper wußte immerhin, daß irgend etwas nicht in Ordnung war, und trotzdem sprachst du sie an. Das war unverzeihlich. Bei solchen Begegnungen darfst du zu deinem Gegner kein einziges Wort sagen. Dann wandtest du ihr den Rücken zu. Das war noch schlimmer. Du liefst vor ihr davon, und das war das Schlimmste, was du tun konntest! Anscheinend ist sie unbeholfen. Ein Zauberer, der sein Salz wert ist, hätte dich in dem Augenblick, als du dich umdrehtest und davonliefst, auf der Stelle niedergemacht.

Im Augenblick besteht deine einzige Verteidigung darin, stehenzubleiben und deinen Tanz aufzuführen.”

“Über welchen Tanz sprichst du? ” fragte ich.

Er sagte, das “Klopfen des Hasen”, das er mich gelehrt hatte, sei die erste Bewegung des Tanzes, den ein Krieger über sein ganzes Leben hin ausschmückt und erweitert und den er dann bei seiner letzten Begegnung auf Erden aufführt.

Ich erlebte einen Moment eigenartiger Klarheit, und mir gingen eine Reihe von Gedanken durch den Kopf. Einerseits stand fest, daß das, was zwischen mir und der Catalina stattgefunden hatte, als ich ihr das erstemal entgegentrat, durchaus real war. Die Catalina war real, und ich konnte die Möglichkeit nicht ausschließen, daß sie mich tatsächlich verfolgte. Andererseits konnte ich nicht begreifen, wie sie mich verfolgte, und das veranlaßte mich zu dem schwachen Verdacht, daß Don Juan mich überlistete und daß er diese unheimlichen Effekte, die ich beobachtet hatte, irgendwie selbst hervorbrachte.

Plötzlich sah Don Juan zum Himmel auf und meinte, es sei noch Zeit, hinzugehen und die Zauberin herauszufordern. Er beteuerte, daß wir uns dabei kaum einer Gefahr aussetzten, da wir nur an ihrem Haus vorbeifahren wollten.

"Du mußt dich davon überzeugen, ob es ihre Gestalt war", sagte Don Juan. "Dann wirst du jedenfalls Gewißheit haben."

Meine Hände fingen stark an zu schwitzen, und ich mußte sie wiederholt mit einem Handtuch abtrocknen. Wir stiegen in den Wagen, und Don Juan dirigierte mich zur Hauptstraße und dann auf eine breite, unbefestigte Nebenstraße. Ich fuhr in der Mitte zwischen den Fahrbahnen. Schwere Lastwagen und Traktoren hatten tiefe Spuren eingegraben, und mein Wagen hatte zu wenig Bodenfreiheit, um auf der rechten oder linken Seite der Straße zu fahren. So fuhren wir langsam inmitten einer Staubwolke dahin. Der grobe Sand, der als Straßenbelag diente, hatte sich durch die Regenfälle mit Erde vermischt, und so stießen immer wieder trockene Schlammklumpen gegen den Boden meines Wagens und verursachten laute, explosionsartige Geräusche.

Als wir eine kleine Brücke erreichten, hieß Don Juan mich langsamer fahren. Dort saßen vier Indianer und winkten uns zu. Ich war nicht sicher, ob ich sie kannte. Wir überquerten die Brücke, und die Straße machte einen leichten Bogen.

"Das ist das Haus der Frau", flüsterte Don Juan mir zu und wies mit den Augen auf ein weißes Haus, das von einem hohen Bambuszaun umgeben war.

Er forderte mich auf, einen U-förmigen Bogen zu fahren und in der Mitte der Straße anzuhalten und zu warten, ob die Frau so mißtrauisch werden würde, daß sie sich zeigte.

Wir standen dort etwa zehn Minuten. Mir kam es wie eine Ewigkeit vor. Don Juan sagte kein Wort. Er saß reglos da und blickte zum Haus hinüber.

"Dort ist sie", sagte er, und seinen Körper durchfuhr ein plötzlicher Ruck.

Ich sah den dunklen, unheilverkündenden Umriß einer Frau, die im Haus stand und durch die offene Tür hinausspähte. Der Innenraum war dunkel, und dadurch erschien der Umriß der Frau noch dunkler.

Nach ein paar Minuten trat die Frau aus der Dunkelheit hervor, blieb auf der Schwelle stehen und beobachtete uns. Wir betrachteten sie einige Zeit, und dann befahl mir Don Juan, loszufahren. Ich war sprachlos. Ich hätte schwören können, daß es die Frau war, die ich in der Dunkelheit neben der Straße hatte herhüpfen gesehen.

Etwa eine halbe Stunde später, als wir auf den befestigten Highway einbogen, begann Don Juan zu sprechen.

"Was meinst du nun? " fragte er. "Hast du ihre Figur erkannt? "

Ich zögerte lange mit der Antwort. Ich scheute die Verpflichtung, die ich einging, wenn ich ja sagte. Ich formulierte meine Antwort vorsichtig und meinte, es sei zu dunkel gewesen, um völlige Gewißheit zu haben.

Er lachte und klopfte mir leicht auf den Hut.

"Sie war es doch, nicht wahr? " sagte er.

Er ließ mir keine Zeit zu antworten. Er legte den Finger auf den Mund, um mir Schweigen zu bedeuten, und flüsterte mir ins Ohr, er erübrige sich, irgend etwas zu sagen, und ich müsse, um die Angriffe der Catalina zu überleben, all das anwenden, was er mich gelehrt hatte.

Zweiter Teil

Die Reise nach Ixtlan

18. Des Zauberers Ring der Kraft

Im Mai 1971 stattete ich Don Juan den letzten Besuch meiner Lehrzeit ab. Bei dieser Gelegenheit kam ich aus demselben Grund wie schon bei all den anderen Besuchen, die ich ihm in den zehn Jahren unserer Bekanntschaft gemacht hatte; das heißt, wieder einmal suchte ich ihn auf, um das Vergnügen seiner Gesellschaft zu genießen.

Sein Freund, Don Genaro, ein Mazatec-Indianer und Zauberer, war bei ihm. Ich hatte die beiden schon bei meinem letzten Besuch vor sechs Monaten getroffen. Ich erwog gerade, sie zu fragen, ob sie die ganze Zeit über zusammen gewesen seien, als Don Genaro erklärte, er liebe die Wüste des Nordens so sehr, daß er gerade rechtzeitig zurückgekehrt sei, um mich zu sehen. Beide lachten sie, als hätten sie ein Geheimnis miteinander.

"Ich bin nur deinetwegen zurückgekommen", sagte Don Genaro.

"Das ist wahr", echote Don Juan.

Ich erinnerte Don Genaro daran, daß bei meinem letzten Hiersein seine Versuche, mir beim "Anhalten der Welt" zu helfen, für mich katastrophal verlaufen waren. Damit wollte ich ihm freundlich zu verstehen geben, daß ich mich vor ihm fürchtete. Er geriet außer sich vor Lachen, schüttelte sich und warf wie ein Kind die Beine in die Luft. Don Juan vermied es, mich anzusehen, und lachte ebenfalls.

"Du wirst nicht mehr versuchen, mir zu helfen, nicht wahr, Don Genaro? " fragte ich.

Meine Frage löste bei den beiden einen Lachkrampf aus. Don Genaro wälzte sich lachend auf dem Boden, dann lag er auf dem Bauch und begann auf der Erde Schwimmbewegungen zu machen. Als ich dies sah, wußte ich, daß ich verloren war. In diesem Augenblick wurde mein Körper irgendwie gewahr, daß ich einen Endpunkt erreicht hatte. Ich wußte nicht, was dieses Ende war. Meine persönliche Neigung zur Übertreibung und meine früheren Erfahrungen mit Don Genaro ließen mich glauben, daß es das Ende meines Lebens sein könnte.

Bei meinem letzten Besuch bei den beiden hatte Don Genaro versucht, mich an die Schwelle des "Die-Welt-Anhaltens" zu stoßen. Seine Bemühungen waren so bizarr und direkt gewesen, daß selbst Don Juan mir hatte raten müssen, abzureisen. Don Genaros Demonstrationen der Kraft waren so außergewöhnlich und so verblüffend gewesen, daß sie mich zu einer völlig neuen Selbsteinschätzung gezwungen hatten. Ich war nach Hause gefahren, hatte meine Aufzeichnungen aus den Anfängen meiner Lehrzeit durchgesehen, und auf unerklärliche Weise hatte ein völlig neues Gefühl von mir Besitz ergriffen, obgleich dieses mir nicht voll bewußt geworden war, bis ich nun Don Genaro auf dem Boden schwimmen sah.

Der Akt des Auf-dem-Boden-Schwimmens, der anderen seltsamen, verblüffenden Taten, die er vor meinen Augen vollbracht hatte, in nichts nachstand, setzte in dem Augenblick ein, als er mit dem Gesicht nach unten lag. Zuerst lachte er so sehr, daß sein Körper wie in Krämpfen bebte, dann begann er mit den Beinen auszuschlagen, und schließlich koordinierte er seine Beinbewegungen mit einer rudernden Armbewegung – und Don Genaro begann über den Boden zu gleiten, als läge er auf einem mit Rollen versehenen Brett. Er wechselte mehrmals die Richtung und glitt über die ganze Fläche vor Don Juans Haus, wobei er mich und Don Juan umkreiste.

Don Genaro hatte solche Späße schon des öfteren vor mir aufgeführt, und jedesmal hatte Don Juan mir anschließend versichert, ich hätte mich an der Schwelle des "Sehens" befunden. Meine Unfähigkeit, zu "sehen", beteuerte er, sei eine Folge meines hartnäckigen Bemühens, jede der Handlungen Don Genaros unter rationalen Gesichtspunkten zu erklären. Diesmal war ich auf der Hut, und als er anfing zu schwimmen, machte ich keinen Versuch, den Vorgang verstehen oder erklären zu wollen. Ich beobachtete ihn ganz einfach. Doch ich konnte nicht verhindern, daß ich vor Staunen sprachlos war. Er glitt tatsächlich auf Bauch und Brust dahin. Während ich ihn beobachtete, begannen meine Augen zu schielen. Eine dunkle Ahnung stieg in mir auf. Ich war überzeugt, wenn ich mir das Geschehen nicht erklärte, so würde ich "sehen", und dieser Gedanke erfüllte mich mit ungewöhnlicher Besorgnis. Meine Nervosität und meine Erwartungen waren so stark, daß ich mich irgendwie auf den Ausgangspunkt zurückgeworfen fühlte – abermals war ich in meine rationalen Bemühungen verstrickt.

Don Juan mußte mich beobachtet haben. Plötzlich stieß er mich an; automatisch kehrte ich mich ihm zu und wandte einen Moment den Blick von Don Genaro ab. Als ich wieder zu ihm hinschaute, stand er mit leicht geneigtem Kopf neben mir, sein Kinn ruhte fast auf meiner rechten Schulter. Ich hatte eine verzögerte Schreckreaktion. Ich starrte ihn eine Sekunde an und sprang zurück.

Seine Miene gespielter Überraschung war so komisch, daß ich hysterisch lachen mußte. Ich konnte jedoch nicht umhin zu bemerken, daß mein Lachen ungewöhnlich war. Mein Körper bebte unter nervösen Krämpfen, die von der Leibesmitte ausgingen. Don Genaro legte mir die Hand auf den Bauch, und das krampfartige Zittern hörte auf.

"Der kleine Carlos übertreibt immer maßlos!" sagte er im Ton gespielter Entrüstung.

Dann fügte er, Don Juans Stimme und Gebahren nachahmend, hinzu: "Du weißt wohl nicht, daß ein Krieger niemals so lacht?"

Er parodierte Don Juan so vollkommen, daß ich noch mehr lachen mußte.

Die beiden gingen miteinander fort und kehrten erst nach gut zwei Stunden gegen Mittag wieder. Als sie zurückkamen, setzten sie sich vor Don Juans Haus. Sie sprachen kein Wort. Sie schienen schläfrig, müde, beinah geistesabwesend zu sein. So verharrten sie lange Zeit bewegungslos, doch sie erschienen ungemein entspannt und ungezwungen. Don Juans Mund stand ein wenig offen, als schliefe er wirklich, doch an seinen im Schoß gefalteten Händen bewegten sich die Daumen rhythmisch.

Eine Zeit lang war mir unbehaglich, und ich rückte auf meinem Platz hin und her, doch dann kam eine wohlige Gelassenheit über mich. Ich mußte wohl eingeschlafen sein. Don Juans Kichern weckte mich. Ich öffnete die Augen. Beide starrten mich an.

"Wenn du nicht redest, schläfst du ein", sagte Don Juan lachend.

"Ich fürchte, das stimmt", sagte ich.

Don Genaro warf sich auf den Rücken und fing an, mit den Beinen in der Luft zu strampeln. Einen Augenblick glaubte ich, er beginne wieder mit seinen beunruhigenden Clownereien, aber schon saß er wieder mit gekreuzten Beinen da.

"Es gibt etwas, das du inzwischen kennen solltest", sagte Don Juan. "Ich will es den Kubikzentimeter Möglichkeit nennen. Wir alle, ganz gleich, ob wir Krieger sind oder nicht, haben einen Kubikzentimeter Möglichkeit, der von Zeit zu Zeit vor unseren Augen auftaucht. Der Unterschied zwischen einem normalen Menschen und einem Krieger besteht darin, daß der Krieger sich dessen bewußt ist, und es ist eine seiner Aufgaben, wachsam zu sein und besonnen zu warten, damit er, wenn sein Kubikzentimeter auftaucht, die nötige Geschwindigkeit und Geschicklichkeit hat, ihn zu fassen.

Möglichkeit, Glück, persönliche Kraft oder wie immer du es nennen willst, ist ein eigenartiger Zustand. Es ist wie ein winziges Stäbchen, das vor uns im Boden steckt und uns einlädt, es herauszuziehen. Normalerweise sind wir zu geschäftig, zu geistesabwesend oder einfach zu dumm und zu faul, um zu erkennen, daß dies unser Kubikzentimeter Glück ist. Ein Krieger ist immer wachsam und fest und hat die Energie, die Geistesgegenwart und den nötigen Mut, ihn zu packen.

"Ist dein Leben ganz fest? " fragte Don Juan mich unvermittelt.

"Ich glaube schon", sagte ich überzeugt.

"Glaubst du, daß du deinen Kubikzentimeter Glück ergreifen kannst? " fragte Don Juan mit ungläubiger Stimme.

"Ich glaube, das tue ich die ganze Zeit", sagte ich.

"Ich glaube du bist nur wachsam in bezug auf Dinge, die du kennst", sagte Don Juan.

"Vielleicht mache ich mir was vor, aber ich glaube, daß ich heute bewußter bin als zu irgendeiner Zeit meines Lebens", sagte ich und meinte es wirklich.

Don Genaro nickte billigend mit dem Kopf.

"Ja", sagte er leise, als spräche er zu sich selbst, "der kleine Carlos ist wirklich fest und absolut auf Draht."

Ich glaubte, er verspotte mich. Vielleicht, meinte ich, hatten meine Behauptungen über meine angebliche Festigkeit die beiden verärgert.

"Ich wollte nicht prahlen", sagte ich.

Don Genaro wölbte die Augenbrauen und riß die Nasenlöcher auf. Er warf einen Blick auf mein Notizbuch und tat so, als wollte er schreiben.

“Ich glaube, Carlos ist fester denn je”, sagte Don Juan zu Don Genaro.

“Vielleicht ist er zu fest”, warf Don Genaro ein.

“Das kann gut sein”, räumte Don Juan ein.

Ich wußte nicht, was ich an diesem Punkt noch beisteuern sollte, daher schwieg ich.

“Erinnerst du dich daran, wie ich damals dein Auto blokkierte? ” fragte Don Juan beiläufig.

Diese Frage kam unverhofft und hatte nichts mit dem zu tun, worüber wir gesprochen hatten. Er bezog sich auf eine Gelegenheit, als es mir nicht gelungen war, den Motor meines Wagens anzulassen, bis er sagte, nunmehr ginge es.

Ich entgegnete, niemand könne so ein Erlebnis vergessen.

“Das war noch garnichts”, sagte Don Juan in sachlichem Ton.

“Überhaupt nichts, nicht wahr, Genaro? ”

“Stimmt”, sagte Don Genaro unbeteiligt.

“Was willst du damit sagen? ” protestierte ich. “Was du damals getan hast, überstieg wirklich meine Vorstellungskraft.”

“Das will nicht viel besagen”, konterte Don Genaro.

Beide lachten laut, und Don Juan klopfte mir auf den Rücken.

“Genaro kann etwas viel Besseres, als dein Auto blockieren”, fuhr er fort. “Nicht wahr, Genaro? ”

“Stimmt”, antwortete Don Genaro und spitzte wie ein Kind den Mund.

“Was kann er denn? ” fragte ich und versuchte unbefangen zu wirken.

“Genaro kann dein ganzes Auto verschwinden lassen!” rief Don Juan dröhnend. Im selben Ton fügte er hinzu: “Nicht wahr, Genaro? ”

“Stimmt!” erwiderte Don Genaro mit der lautesten Stimme, die ich je bei einem Menschen gehört hatte.

Ich sprang unwillkürlich auf. Mein Körper verkrampfte sich in drei oder vier nervösen Zuckungen.

“Was meinst du damit, daß er mein ganzes Auto verschwinden lassen kann? ” fragte ich.

“Was meinte ich, Genaro? ” fragte Don Juan.

“Du meintest, daß ich in das Auto steigen, den Motor anlassen und davon fahren kann", antwortete Don Genaro mit wenig überzeugendem Ernst.

"Laß das Auto verschwinden, Genaro", drängte Don Juan ihn in scherzhaftem Ton.

"Schon gemacht!" sagte Don Genaro, runzelte die Stirn und sah mich schief an.

Ich bemerkte, daß er seine Augenbrauen wellenförmig runzelte, was ihm einen bösen, stechenden Blick verlieh.

"Na gut!" sagte Don Juan ruhig. "Gehen wir und schauen wir nach dem Auto."

"Ja", echote Don Genaro. "Gehen wir hin und schauen wir nach dem Auto."

Sie standen sehr langsam auf. Einen Moment wußte ich nicht, was ich tun sollte, aber Don Juan bedeutete mir, ebenfalls aufzustehen.

Sie gingen den kleinen Hügel vor Don Juans Haus hinauf. Die beiden flankierten mich, Don Juan ging zu meiner Rechten und Don Genaro zu meiner Linken. Sie gingen etwa drei Meter vor mir, immer so, daß ich sie sehen konnte.

"Laßt uns nach dem Auto sehen", sagte Don Genaro nochmals.

Don Juan bewegte die Hände, als spönne er einen unsichtbaren Faden. Don Genaro tat dasselbe und wiederholte: "Laßt uns nach dem Auto sehen." Sie bewegten sich irgendwie in Sprüngen. Ihre Schritte waren länger als normal und sie bewegten die Hände, als peitschten oder dröschen sie auf irgendwelche unsichtbaren Gegenstände vor ihnen ein. Nie hatte ich Don Juan solche Kapriolen aufführen sehen, und fast war es mir peinlich, ihn anzusehen.

Als wir oben anlangten, schaute ich zu der etwa fünfzig Meter entfernten Stelle am Fuß des Hügels hinab, an der ich das Auto geparkt hatte. Mein Magen krampfte sich zusammen. Der Wagen stand nicht dort. Ich lief den Hügel hinab. Das Auto war auch sonst nirgends zu sehen. Für einen Moment stürzte ich in tiefe Verwirrung. Ich war desorientiert.

Mein Wagen hatte dort geparkt, seit ich am frühen Morgen angekommen war. Etwa vor einer halben Stunde erst war ich noch hinuntergegangen, um einen neuen Block Schreibpapier zu holen. Bei dieser Gelegenheit hatte ich daran gedacht, wegen der extremen Hitze die Fenster offenstehen zu lassen, doch die vielen Moskitos und anderen fliegenden Insekten, die es in dieser Gegend in Mengen gab, veranlaßten mich, meinen Vorsatz aufzugeben, und so hatte ich den Wagen wie üblich verschlossen gelassen.

Wieder schaute ich mich überall um. Ich weigerte mich zu glauben, daß er fort war. Ich ging bis an den Rand der gerodeten Fläche. Don Juan und Don Genaro kamen mir nach und stellten sich neben mich, wobei sie dasselbe taten wie ich – nämlich in die Ferne spähen, ob das Auto irgendwo zu sehen sei. Ich erlebte einen Moment der Euphorie, der einem beunruhigenden Wutgefühl wich. Sie schienen dies bemerkt zu haben und begannen mich zu umkreisen, wobei sie die Hände bewegten, als kneteten sie Teig.

"Was, glaubst du, ist mit dem Auto geschehen, Genaro? " fragte Don Juan mit lammfrommer Stimme.

"Es ist wohl weggefahren", sagte Don Genaro und ahmte verblüffend die Bewegung des Gänge-Schaltens und Steuerns nach. Er winkelte die Beine an, als säße er, und verharrte einige Sekunden in dieser Haltung, offenbar nur durch seine Beinmuskeln in der Schwebe gehalten. Dann verlagerte er sein Gewicht auf das rechte Bein und streckte den linken Fuß, das Durchtreten der Kupplung imitierend. Mit den Lippen machte er das Brummen eines Motors nach. Und schließlich, als Krönung, tat er so, als sei er durch ein Schlagloch gefahren und wippte auf und ab, wobei er das vollkommene Bild eines ungeschickten Fahrers bot, der auf dem Sitz herumgeschleudert wird und sich am Steuerrad festklammert.

Don Genaros Pantomime war umwerfend. Don Juan lachte, bis er außer Atem war. Ich wollte in ihre Heiterkeit einstimmen, aber ich konnte mich nicht entspannen. Eine in meinem Leben beispiellose Befangenheit überkam mich. Ich glaubte innerlich zu verbrennen und begann, mit den Füßen kleine Steine zu treten, und schließlich schleuderte ich sie in bewußtloser, unberechneter Wut in die Gegend. Es war, als sei der Zorn tatsächlich außerhalb meiner selbst und habe mich plötzlich eingehüllt. Dann fiel die Wut so plötzlich von mir ab, wie sie mich befallen hatte. Ich tat einen tiefen Atemzug und fühlte mich besser.

Ich wagte nicht, Don Juan anzusehen. Ich war verlegen, weil

ich meinen Ärger gezeigt hatte, doch gleichzeitig war mir nach Lachen zumute. Don Juan trat neben mich und klopfte mir den Rücken. Don Genaro legte seinen Arm um meine Schulter.

"Ist schon gut", sagte Don Genaro. "Laß dich nur gehen. Hau dir auf die Nase, bis sie blutet. Nimm einen Stein und schlag dir die Zähne aus. Das tut gut. Und wenn das nicht reicht, kannst du dir mit dem gleichen Stein auf diesem Felsblock da drüben die Eier zu Brei schlagen."

Don Juan kicherte. Ich sagte ihnen, daß ich mich schämte, weil ich mich so schlecht benommen hatte. Ich wußte nicht, was in mich gefahren war. Don Juan sagte, er sei sicher, ich wisse genau, was vorgehe, ich täte nur so, als wisse ich es nicht, und gerade dieses So-tun-als-ob sei es, was mich wütend mache.

Don Genaro zeigte sich ungewöhnlich mitfühlend; immer wieder klopfte er mir den Rücken.

"Sowas passiert uns allen einmal", sagte Don Juan.

"Was willst du damit sagen, Don Juan? " fragte Don Genaro, wobei er meine Stimme imitierte und sich über meine Art, Don Juan Fragen zu stellen, belustigte.

Don Juan sagte ein paar Absurditäten, wie etwa: "Wenn die Welt durcheinander ist, dann sind wir in Ordnung, aber wenn die Welt in Ordnung ist, dann sind wir durcheinander. Wenn also die Welt und wir in Ordnung sind, dann glauben wir, wir seien durcheinander. . . " Mit solchem Kauderwelsch fuhr er fort, während Don Genaro meine Art, Notizen zu machen, nachäffte. Er schrieb auf einem unsichtbaren Schreibblock, wobei er, während er die Hand bewegte, die Nasenlöcher aufriß und Don Juan mit weit geöffneten Augen ansah. Damit traf Don Genaro mein Bemühen zu schreiben, ohne dabei auf den Block zu schauen, um eine Beeinträchtigung des natürlichen Gesprächsflusses zu vermeiden. Sein Porträt war unerhört komisch.

Plötzlich fühlte ich mich sehr wohl, ja glücklich. Ihr Lachen war so tröstlich. Einen Augenblick vergaß ich mich und lachte von Herzen mit. Doch dann tauchte ich erneut in einen Zustand der Besorgnis, Verwirrung und Wut ein. Was hier stattfand, dachte ich, war unmöglich. Nach den logischen Maßstäben, die ich an die Realität anzulegen gewöhnt war, war dies ganz ausgeschlossen. Doch als Beobachter sah ich, daß das

Auto nicht da war. Wie immer, wenn Don Juan mich mit unerklärlichen Phänomenen konfrontierte, kam mir der Gedanke, daß ich mit Hilfe gewöhnlicher Mittel überlistet wurde. Unter Streß griff mein Verstand mit konstanter Beharrlichkeit und ohne mein Wollen immer wieder auf dieselben Methoden zurück. Ich überlegte, wie viele Gehilfen Don Juan und Don Genaro wohl benötigt hatten, um das Auto hochzuheben und von dort, wo ich es geparkt hatte, fortzutragen. Ich war absolut sicher, daß ich gewohnheitsmäßig die Türen verriegelt hatte; die Handbremse war angezogen; der Gang war eingelegt und das Lenkrad war blockiert. Um das Auto fortzuschaffen, hätten sie es mit Muskelkraft hochheben müssen. Dafür wären so viele Helfer nötig gewesen, wie sie meiner Überzeugung nach keiner von ihnen hätte auftreiben können. Eine andere Möglichkeit war, daß sie sich mit jemand abgesprochen hatten, der das Auto aufgebrochen, kurzgeschlossen und weggefahren hatte. Das jedoch hätte Spezialkenntnisse erfordert, über die sie nicht verfügten. Die einzige weitere mögliche Erklärung war, daß sie mich vielleicht hypnotisierten. Ihre Bewegungen waren für mich so neu und kamen mir so verdächtig vor, daß ich anfing, eine Kette von Rationalisierungen anzustellen. Wenn sie mich hypnotisierten, so dachte ich, dann war ich in einem veränderten Bewußtseinszustand. Bei meinen Erfahrungen mit Don Juan hatte ich festgestellt, daß man in einem solchen Zustand unfähig ist, sich den Zeitablauf zusammenhängend zu vergegenwärtigen. In all den Zuständen einer anderen Realität, die ich erlebt hatte, hatte es, was den Zeitablauf betraf, nie eine kontinuierliche Ordnung gegeben, und ich folgerte daraus, daß, wenn ich wachsam blieb, ein Punkt kommen mußte, an dem ich meine übliche Zeitordnung verlor. So etwa, wenn ich in einem bestimmten Augenblick einen Berg anschaute und im nächsten bewußten Moment feststellte, daß ich in entgegengesetzter Richtung ins Tal schaute, ohne daß ich mich erinnerte, mich umgedreht zu haben. Wenn nun etwas dieser Art mit mir geschehen sein sollte, so folgerte ich, dann könnte ich das, was hier mit meinem Auto passiert war, vielleicht als einen Fall von Hypnose erklären. Ich fand, daß ich nichts anderes tun konnte, als jede Einzelheit mit peinlicher Genauigkeit zu beobachten.

“Wo ist mein Atuo? ” fragte ich, mich an beide wendend.

“Wo ist das Auto, Genaro? ” fragte Don Juan mit todernstem Gesicht.

Don Genaro fing an, kleine Steine umzuwenden und darunter zu suchen. Er arbeitete sich fieberhaft über die ganze Fläche vor, an der mein Auto gestanden hatte. Er drehte jeden einzelnen Stein um. Von Zeit zu Zeit tat er so, als würde er wütend, und schleuderte den Stein ins Gebüsch.

Don Juan schien unbeschreibliches Vergnügen an dem Schauspiel zu finden. Er kicherte und lachte und schien meine Anwesenheit fast vergessen zu haben.

Don Genaro hatte soeben in einem Anfall von gespielter Frustration einen Stein weggeschleudert, als er sich einem ziemlich großen Felsblock zuwandte – dem einzigen großen, schweren Stein auf der Parkfläche. Er versuchte ihn umzudrehen, der war aber zu schwer und zu tief im Boden verankert. Er kämpfte und keuchte, bis er in Schweiß geriet. Dann setzte er sich auf den Stein und rief Don Juan zu Hilfe.

Don Juan drehte sich mit strahlendem Lächeln nach mir um und sagte: “Komm, wir wollen Genaro zur Hand gehen.”

“Was tut er denn? ” fragte ich.

“Er sucht nach deinem Auto”, sagte Don Juan in beiläufigem, sachlichem Ton.

“Um Himmels willen! Wie will er es unter den Steinen finden? ” protestierte ich.

“Um Himmels willen, warum nicht? ” erwiderte Don Genaro, und beide lachten schallend.

Wir konnten den Stein nicht von der Stelle rücken. Don Juan schlug vor, wir sollten zu seinem Haus gehen und einen soliden Holzbalken holen, um ihn als Hebel einzusetzen.

Auf dem Weg zum Haus sagte ich ihnen, ihr Tun sei absurd, und alles, was sie für mich täten, sei unnötig.

Don Genaro schaute zu mir herüber.

“Genaro ist ein sehr gründlicher Mann”, sagte Don Juan mit ernster Miene. Er ist genauso gründlich und peinlich genau wie du. Du selbst sagtest, daß du nie vergißt, einen Stein umzuwenden. Er tut dasselbe.”

Don Genaro klopfte mir auf die Schulter und meinte, Don Juan habe völlig recht, und er wolle wirklich so sein wie ich.

Er sah mich mit einem törichten Blinzeln an und riß die Nasenlöcher auf.

Don Juan schlug die Hände zusammen und warf seinen Hut auf den Boden.

Nachdem wir lange hinter dem Haus nach einem soliden Balken gesucht hatten, fand Don Genaro einen langen, ziemlich dicken Baumstamm, ein Stück von einem Dachbalken. Er legte ihn über die Schulter, und wir machten uns wieder zu dem Platz auf, wo mein Auto gewesen war.

Als wir den kleinen Hügel hinaufstiegen und kurz vor der Wegbiegung waren, von der aus man die ebene Parkfläche sehen konnte, hatte ich plötzlich eine Idee. Ich glaubte, ich könnte ihnen zuvorkommen und das Auto finden, aber als ich hinabschaute, war am Fuß des Hügels kein Auto zu sehen.

Don Juan und Don Genaro hatten wohl begriffen, was ich vorhatte und liefen schallend lachend hinter mir her.

Sobald wir am Fuß des Hügels anlangten, machten sie sich sofort an die Arbeit. Ich beobachtete sie einige Zeit. Ihr Tun war mir unbegreiflich. Sie gaben nicht etwa nur vor zu arbeiten, sie waren tatsächlich ganz in die Aufgabe vertieft, einen Felsblock umzuwenden, um nachzusehen, ob mein Auto sich darunter befände. Das war zu viel für mich, und ich ging zu ihnen hinüber. Sie keuchten und schrien, und Don Genaro heulte wie ein Coyote. Sie waren schweißgebadet. Ich stellte fest, welch gewaltige Körperkräfte sie hatten, besonders Don Juan. Neben ihm war ich ein schlapper junger Mann.

Bald floß auch bei mir der Schweiß in Strömen. Schließlich gelang es uns, den Felsblock umzuwenden, und Don Genaro untersuchte die Erde unter dem Stein mit aufreizender Geduld und Hingabe.

"Nein, es ist nicht da", verkündete er. Auf diese Feststellung hin fielen die beiden förmlich um vor Lachen.

Ich lachte nervös. Don Juan hatte offenbar richtig schmerzhafte Krämpfe; er bedeckte das Gesicht mit den Händen und lag, von Lachen geschüttelt, auf dem Boden.

"Wohin gehen wir jetzt? " fragte Don Genaro nach langer Pause.

Don Juan wies mit einem Kopfnicken die Richtung.

"Wohin gehen wir? " fragte ich.

"Nach deinem Auto suchen!" sagte Don Juan, ohne die geringste Andeutung eines Lächelns.

Wieder flankierten die beiden mich, während wir durchs Gebüsch schritten. Wir hatten kaum ein paar Meter zurückgelegt, als Don Genaro uns ein Zeichen gab, stehenzubleiben. Auf Zehenspitzen schlich er um einen wenige Schritte entfernten Busch herum, spähte einige Sekunden durch dessen innere Zweige und sagte, das Auto sei nicht dort.

Wir gingen einige Zeit weiter, und dann bedeutete uns Don Genaro durch eine Handbewegung, leise zu sein. Auf den Zehenspitzen stehend, beugte er den Rücken und streckte die Arme über den Kopf. Seine Finger waren krallenförmig gekrümmt. Aus meiner Perspektive bildete Don Genaros Körper die Form eines 'S'. Einen Moment verharrte er in dieser Haltung, und dann stürzte er sich buchstäblich kopfüber auf einen langen Ast, an dem trockene Blätter hingen. Er hob ihn vorsichtig auf, untersuchte ihn und stellte wieder fest, daß das Auto nicht dort sei.

Während wir tief in den Chaparral hineingingen, spähte er hinter Büsche, kletterte auf kleine Paloverde-Bäume und untersuchte ihr Laub, nur um festzustellen, daß das Auto auch dort nicht war.

Indessen prägte ich mir peinlich genau alles ein, was ich berührte oder sah. Die Zeitfolge und die Ordnung der Welt um mich her waren so kontinuierlich wie immer. Ich berührte Steine, Büsche, Bäume. Ich ließ den Blick von der Nähe in die Ferne schweifen, wobei ich erst mit einem Auge, dann mit dem anderen schaute. Alle Überlegungen besagten, daß ich nicht anders durch den Chaparral wanderte, als ich es zahllose Male im normalen Leben getan hatte.

Als nächstes legte sich Don Genaro auf den Bauch und forderte uns auf, es ihm gleichzutun. Er stützte das Kinn auf die gefalteten Hände. Don Juan tat dasselbe. Beide starrten eine Gruppe kleiner Bodenerhebungen an, die wie winzige Hügel aussahen. Plötzlich machte Don Genaro mit der Hand eine raffende Bewegung und umklammerte irgend etwas. Er stand hastig auf, und Don Juan tat das gleiche. Don Genaro hielt uns seine geschlossene Faust hin und bedeutete uns, näherzukommen und zu schauen. Dann öffnete er langsam die Hand.

Als sie halb offen stand, flog ein großes, schwarzes Etwas davon. Diese Bewegung war so plötzlich, und das fliegende Etwas war so groß, daß ich zurücksprang und beinah das Gleichgewicht verlor. Don Juan fing mich auf.

“Das war nicht dein Auto”, bedauerte Don Genaro. “Es war eine elende Fliege. Schade!”

Beide musterten mich. Sie standen vor mir und blickten mich nicht direkt, sondern aus den Augenwinkeln an. Es war ein langer Blick.

“Es war doch eine Fliege, nicht wahr? ” fragte mich Don Genaro.

“Ich glaube wohl”, sagte ich.

“Du sollst nicht glauben”, herrschte Don Juan mich an. “Was hast du gesehen? ”

“Ich sah etwas, groß wie eine Krähe, aus seiner Hand fliegen.”

Diese Feststellung entsprach dem, was ich gesehen hatte, und sollte kein Scherz sein, aber sie faßten es als die wohl spaßigste Bemerkung auf, die an diesem Tag gefallen war. Die beiden sprangen auf und ab und lachten, bis sie nach Luft rangen.

“Ich glaube, Carlos hat eins abgekriegt”, sagte Don Juan. Seine Stimme war heiser vor Lachen.

Don Genaro sagte, er werde mein Auto bald finden, er fühle es immer heißer und heißer. Don Juan sagte, wir befänden uns hier in einer zerklüfteten Gegend, und es sei nicht eben wünschenswert, das Auto hier zu finden. Don Genaro nahm den Hut ab und verlängerte die Kinnstrippe mit einem Stück Schnur aus seinem Beutel, und dann band er seinen Gürtel an eine von seiner Hutkrempe herabhängende gelbe Quaste.

“Ich mache aus meinem Hut einen Drachen”, verriet er mir.

Ich beobachtete ihn und wußte, daß er scherzte. Ich hatte mich immer für einen Experten im Drachenbauen gehalten. Als Kind hatte ich die kompliziertesten Drachen gebastelt, und ich wußte, daß die Krempe des Strohhutes zu durchlässig war, um dem Wind Widerstand zu leisten. Das Kopfteil des Hutes dagegen war zu tief, der Wind würde sich darin verfangen und es unmöglich machen, daß der Hut vom Boden abhob.

"Du glaubst nicht im Ernst, daß er fliegen wird, nicht wahr?" fragte mich Don Juan.

"Ich weiß, daß er es nicht wird", sagte ich.

Don Genaro kümmerte sich nicht darum und vollendete seinen Hut-Drachen, indem er ihn mit einer langen Schnur verband.

Es war ein windiger Tag, und Don Genaro lief den Hügel hinab, während Don Juan den Hut festhielt. Dann zog Don Genaro an der Schnur, und das verflixte Ding flog tatsächlich. "Schau mal, schau dir den Drachen an!" schrie Don Genaro.

Er torkelte ein paarmal auf und ab, aber er blieb in der Luft.

"Laß den Drachen nicht aus den Augen", sagte Don Juan mit Nachdruck.

Einen Augenblick war mir schwindlig. Während ich den Drachen ansah, wurde ich völlig in eine andere Zeit versetzt; mir war, als ließe ich selbst einen Drachen steigen, wie ich es an windigen Tagen auf den Hügeln meiner Heimatstadt getan hatte.

Einen kurzen Augenblick überwältigte mich die Erinnerung, und ich verlor das Bewußtsein für den Zeitablauf.

Ich hörte Don Genaro etwas rufen und sah, wie der Hut auf und ab torkelte und dann zu Boden fiel – wo mein Auto stand. Dies alles spielte sich so schnell ab, daß ich kein klares Bild von dem Geschehen hatte. Mir wurde schwindlig, und ich war geistesabwesend. Vor meinem inneren Auge stand ein sehr verwirrendes Bild. Entweder sah ich, wie Don Genaros Hut sich in mein Auto verwandelte, oder ich sah den Hut auf das Auto fallen. Ich wollte letzteres glauben, nämlich, daß Don Genaro seinen Hut benutzt hatte, um mich auf das Auto hinzuweisen. Nicht daß es auf diesen Unterschied angekommen wäre, das eine war so unheimlich wie das andere, aber gleichwohl klammerte mein Bewußtsein sich an dieses willkürliche Detail, um mein seelisches Gleichgewicht aufrecht zu erhalten.

"Streite es nicht ab", hörte ich Don Juan sagen.

Ich spürte, daß irgend etwas in mir an die Oberfläche drängte. Gedanken und Bilder strömten in unkontrollierbaren Wogen auf mich ein, als wäre ich im Einschlafen begriffen. Verblüfft starrte ich das Auto an. Es stand auf einer felsigen flachen Stelle, etwa dreißig Meter entfernt. Es sah ganz so aus, als hätte jemand es dort abgestellt. Ich lief hinzu und fing an, es zu untersuchen.

"Gottverflucht!" schrie Don Juan. "Glotz nicht das Auto an. *Halte die Welt an*!"

Dann, wie im Traum, hörte ich ihn schreien: "Genaros Hut, Genaros Hut!"

Ich sah sie an. Sie starrten mich unverwandt an. Ihre Blicke waren stechend. Ich spürte einen Schmerz im Magen. Plötzlich bekam ich Kopfschmerzen und mußte mich übergeben.

Don Juan und Don Genaro sahen mich neugierig an. Ich saß eine Weile neben dem Auto, dann schloß ich ganz automatisch die Tür auf und ließ Don Genaro auf den Rücksitz einsteigen. Don Juan folgte und setzte sich neben ihn. Das kam mir eigenartig vor, denn normalerweise saß er auf dem Vordersitz.

Wie benebelt steuerte ich den Wagen zu Don Juans Haus. Ich war nicht mehr ich selbst. Mein Magen revoltierte, und die aufsteigende Übelkeit raubte mir den Verstand. Ich fuhr einfach mechanisch.

Ich hörte Don Juan und Don Genaro auf dem Rücksitz wie Kinder lachen und kichern. Ich hörte, wie Don Juan mich fragte: "Kommen wir schon näher?"

Nunmehr achtete ich erstmals bewußt auf die Straße. Tatsächlich waren wir ganz nah bei seinem Haus.

"Wir sind gleich dort", murmelte ich.

Sie brüllten vor Lachen. Sie schlugen die Hände zusammen und klatschten sich auf die Schenkel.

Als wir beim Haus anlangten, sprang ich automatisch aus dem Wagen und hielt ihnen die Tür auf. Don Genaro stieg als erster aus und gratulierte mir für die, wie er sagte, schönste und unbeschwerlichste Fahrt, die er im Leben gemacht hätte. Don Juan tat dasselbe. Ich achtete nicht weiter auf sie.

Ich schloß das Auto und schleppte mich mit knapper Not zum Haus. Ich hörte Don Juan und Don Genaro schallend lachen, bevor ich einschlief.

19. Die Welt anhalten

Sobald ich am nächsten Tag erwachte, begann ich, Don Juan Fragen zu stellen. Er hackte hinter dem Haus Feuerholz, Don Genaro aber war nirgends zu sehen. Er meinte, es gebe nichts zu besprechen. Ich wies ihn darauf hin, daß es mir gelungen sei, mich zu beherrschen und Don Genaros "Auf-dem-Boden-Schwimmen" zu beobachten, ohne irgendwelche Erklärungen zu wünschen oder zu verlangen, doch meine Zurückhaltung habe mir nicht geholfen, die Vorgänge zu verstehen. Ich erzählte ihm weiterhin, daß ich mich nach dem Verschwinden des Autos automatisch bemüht hätte, nach einer logischen Erklärung zu suchen, doch auch dies habe mir nichts genützt. Ich sagte Don Juan, daß dieses Beharren auf Erklärungen nichts sei, was ich mir eigenmächtig ausdachte, nur um Schwierigkeiten zu machen, sondern es sei mir so tief eingewurzelt, daß es alle anderen Erwägungen ausspielte.

"Es ist wie eine Krankheit", sagte ich.

"Es gibt keine Krankheiten", sagte Don Juan. "Es gibt nur ein Sich-Gehenlassen, und du läßt dich gehen, indem du versuchst, alles zu erklären. Erklärungen sind in unserem Fall nicht mehr nötig."

Ich bestand darauf, ich könne nur unter den Bedingungen von logischer Ordnung und Verstehen funktionieren. Ich erinnerte ihn daran, daß ich während der Zeit unserer Verbindung eine drastische Veränderung meiner Persönlichkeit durchgemacht hätte und daß diese Veränderung nur unter der Voraussetzung möglich gewesen sei, daß ich mir die Gründe dafür erklären konnte.

Don Juan lachte leise. Lange sagte er kein Wort.

"Du bist sehr klug", sagte er schließlich. "Du kehrst dorthin zurück, wo du immer schon warst. Diesmal aber bist du am Ende. Du hast nichts mehr, wohin du zurückgehen kannst. Ich werde dir nichts mehr erklären. Was Genaro gestern auch immer mit dir gemacht haben mag, er machte es mit deinem Körper, laß also deinen Körper entscheiden, was was ist."

Don Juans Ton war freundlich, aber ungewöhnlich gleichgültig, und dies bewirkte, daß ich eine überwältigende Einsamkeit empfand. Ich brachte meine Traurigkeit zum Ausdruck. Er lächelte. Behutsam berührte er meine Hand.

"Wir beide sind Wesen, die sterben werden", sagte er sanft. "Wir haben keine Zeit mehr für das, was wir bisher taten. Jetzt mußt du all das *Nicht-tun* anwenden, das ich dich lehrte, und *die Welt anhalten.*"

Wieder umfaßte er meine Hand. Seine Berührung war fest und freundlich; sie war wie eine Versicherung, daß er an mir Anteil nahm und mich gern hatte; gleichzeitig hinterließ sie bei mir den Eindruck unbeirrbarer Entschlossenheit.

"Dies ist mein Zeichen für dich", sagte er und hielt meine Hand einen Moment fest im Griff. "Jetzt mußt du allein in jene freundlichen Berge gehen." Er wies mit dem Kinn auf die ferne Bergkette im Südosten.

Er sagte, ich müsse dort bleiben, bis mein Körper mir befehlen würde, aufzubrechen und zu ihm zurückzukehren. Während er mich sanft zu meinem Auto schob, gab er mir zu verstehen, daß er nicht wünsche, daß ich noch etwas sagte oder mich noch länger aufhielte.

"Was soll ich dort tun? " fragte ich.

Er antwortete nicht, sondern sah mich kopfschüttelnd an.

"Nichts mehr davon", sagte er schließlich.

Dann wies er mit dem Finger nach Südosten.

"Geh dorthin", sagte er scharf.

Ich fuhr nach Süden und dann nach Osten, den Straßen folgend, die ich immer mit Don Juan gefahren war. Ich parkte den Wagen, an der Stelle, wo die Landstraße endete, und dann wanderte ich auf den bekannten Pfaden, bis ich ein Hochplateau erreichte. Ich hatte keine Ahnung, was ich hier tun sollte. Ich begann, nach einem Rastplatz suchend, umherzuwandern. Plötzlich gewahrte ich links von mir eine kleine flache Stelle. Sie sah so aus, als hätte der Boden dort eine andere chemische Zusammensetzung, doch wenn ich scharf hinschaute, dann war nichts zu erkennen, was den Unterschied verursacht haben konnte. Ich stand ein paar Meter entfernt und versuchte etwas zu "fühlen", wie Don Juan es mir immer empfohlen hatte.

Etwa eine Stunde lang stand ich reglos da. Mein Denken verebbte allmählich, bis ich schließlich nicht mehr mit mir selbst sprach. Dann hatte ich eine unangenehme Empfindung. Das Gefühl schien sich auf meinen Magen zu beschränken und wurde akuter, wenn ich mich der betreffenden Stelle zuwandte. Sie war mir widerwärtig, und ich spürte einen Zwang, mich zu entfernen. Ich begann, die Gegend mit schielenden Augen abzusuchen, und nach ein paar Schritten kam ich zu einem großen, flachen Stein. Ich blieb vor ihm stehen. An dem Stein gab es nichts besonderes, was mich hätte anziehen können. Ich konnte keine besondere Färbung oder irgendeinen Glanz an ihm feststellen, und doch mochte ich ihn. Mein Körper fühlte sich wohl. Ich empfand körperliches Wohlbehagen und setzte mich für eine Weile.

Den ganzen Tag wanderte ich auf dem Hochplateau und den angrenzenden Hügeln umher, ohne zu wissen, was ich tun oder erwarten sollte. In der Dämmerung kehrte ich zu dem flachen Stein zurück. Wenn ich dort die Nacht verbrächte, das wußte ich, dann wäre ich sicher.

Am nächsten Tag wagte ich mich weiter nach Osten in die hohen Berge. Gegen Spätnachmittag kam ich zu einem anderen, noch höheren Plateau. Ich glaubte, schon einmal hier gewesen zu sein. Ich sah mich um, um mich zu orientieren, aber ich erkannte keinen der angrenzenden Gipfel wieder. Nachdem ich sorgfältig einen geeigneten Platz ausgewählt hatte, setzte ich mich, um am Rande einer öden, felsigen Fläche zu rasten. Dort hatte ich eine warme, friedvolle Empfindung. Ich wollte etwas Nahrung aus meiner Kalebasse nehmen, aber sie war leer. Ich trank etwas Wasser. Es war warm und schal. Ich meinte nichts anderes tun zu können, als zu Don Juan zurückzukehren und überlegte, ob ich mich gleich auf den Rückweg machen sollte oder nicht. Ich legte mich auf den Bauch und stützte den Kopf auf den Arm. Ich fand es unbequem und wechselte mehrmals die Stellung, bis ich schließlich nach Westen blickte. Die Sonne stand schon niedrig. Meine Augen waren müde. Ich schaute zu Boden und entdeckte einen großen schwarzen Käfer. Er kam hinter einem kleinen Stein hervor und schleppte einen Dungballen, der doppelt so groß war wie er selbst. Lange verfolgte ich seine Bewegungen. Der Käfer schien sich um meine Anwesenheit nicht zu kümmern und schob seine Last über Steine, Wurzeln, Bodenvertiefungen und

-erhöhungen. Soviel ich wußte, war der Käfer meiner Gegenwart nicht gewahr. Dann kam mir der Gedanke, ich könne keinesfalls sicher sein, daß mich der Käfer nicht wahrnahm. Dies löste bei mir eine Kette rationaler Überlegungen in bezug auf die Natur der Welt des Käfers im Gegensatz zu der meinen aus. Der Käfer und ich befanden uns in derselben Welt, und offensichtlich war die Welt für uns beide nicht dieselbe. Ich wurde ganz davon in Anspruch genommen, ihn zu beobachten, und bewunderte die gewaltige Kraft, die er einsetzte, um seine Last über Steine und Ritzen zu schleppen.

Ich beobachtete den Käfer lange Zeit, und dann wurde mir die Stille um mich her bewußt. Nur der Wind raschelte in den Zweigen und Blättern des Chaparral. Ich blickte auf und wandte mich schnell und unwillkürlich nach links – da entdeckte ich auf einem ein paar Meter entfernten Stein einen schwachen Schatten oder ein Flimmern. Zuerst achtete ich nicht weiter darauf, aber dann wurde mir klar, daß das Flimmern sich links von mir befunden hatte. Ich wandte mich wieder um und konnte nun ganz deutlich den Schatten auf dem Stein wahrnehmen. Ich hatte das komische Gefühl, daß der Schatten augenblicklich zu Boden glitt und von der Erde aufgesaugt wurde, wie Tinte von einem Löschblatt. Ein Frösteln lief mir über den Rücken. Mir kam der Gedanke in den Sinn, den Käfer und mich beobachtete der Tod.

Ich schaute wieder nach dem Käfer, konnte ihn aber nicht finden. Er mußte wohl sein Ziel erreicht und seine Last in ein Loch im Boden verstaut haben. Ich bettete mein Gesicht auf den glatten Stein.

Der Käfer kam aus einem tiefen Loch zum Vorschein und blieb ein paar Zentimeter vor meinem Gesicht stehen. Er schien mich anzuschauen, und einen Augenblick meinte ich, er sei meiner Anwesenheit gewahr, vielleicht so, wie ich der Anwesenheit des Todes gewahr geworden war. Ich zitterte. Der Käfer und ich waren gar nicht so verschieden. Der Tod lauerte uns als Schatten hinter dem Felsen auf. Ich geriet für einen Augenblick in eine ungewöhnlich gehobene Stimmung. Der Käfer und ich standen auf gleicher Stufe. Keiner von uns war besser als der andere. Unser Tod machte uns gleich.

Meine gehobene Stimmung und meine Freude waren so

überwältigend, daß ich weinte. Don Juan hatte recht. Er hatte immer recht gehabt. Ich lebte in einer höchst geheimnisvollen Welt, und wie jeder andere war ich ein höchst geheimnisvolles Wesen, und doch war ich nicht wichtiger als ein Käfer. Ich rieb mir die Augen, und während ich mit dem Handrücken über sie strich, sah ich einen Mann oder etwas, das die Figur eines Mannes hatte. Es befand sich etwa fünfzig Meter entfernt zu meiner Rechten. Ich setzte mich auf und sah angestrengt hin. Die Sonne war fast am Horizont, und ihre gelbliche Glut hinderte mich, deutlich zu sehen. In diesem Augenblick hörte ich ein eigenartiges Grollen. Es war wie das Geräusch eines entfernt fliegenden Düsenflugzeugs. Als ich aufmerksam lauschte, steigerte sich das Grollen zu einem anhaltenden, scharfen, metallischen Pfeifen, dann wurde es leiser, bis es nur noch ein faszinierender, melodiöser Klang war. Die Melodie war wie die Vibration in elektrischen Leitungen. Das Bild, das mir in den Kopf kam, war das zweier elektrischer, sich überlagernder Felder oder zweier quadratischer Blöcke magnetisierten Metalls, die gegeneinander gerieben wurden und dann mit einem dumpfen Schlag aneinander stießen. Ich strengte meine Augen an, um die Person auszumachen, die sich anscheinend vor mir versteckte, aber ich konnte nur einen dunklen Umriß vor dem Gebüsch sehen. Ich schirmte meine Augen mit den Händen ab. In diesem Augenblick veränderte sich der Glanz des Sonnenlichts, und ich erkannte, daß das, was ich gesehen hatte, nur ein optisches Trugbild, ein Spiel der Schatten auf dem Laub gewesen war.

Ich wandte die Augen ab und sah einen Coyoten, der ruhig über das Feld trabte. Der Coyote befand sich etwa an der Stelle, wo ich den Mann zu sehen geglaubt hatte. Er lief etwa fünfzig Meter nach Süden, dann blieb er stehen, drehte sich um und lief auf mich zu. Ich schrie ein paarmal, um ihn zu verscheuchen, aber er kam immer näher. Einen Augenblick bekam ich Angst. Vielleicht hatte er Tollwut, dachte ich, und ich erwog sogar, Steine aufzuheben, um mich zu verteidigen, falls er mich angreifen sollte. Als das Tier drei bis fünf Meter entfernt war, bemerkte ich, daß es keineswegs erregt war. Im Gegenteil, es schien ruhig und furchtlos zu sein. Es verlangsamte seinen Schritt und blieb knapp ein oder zwei Meter vor mir stehen. Wir sahen einander an, dann kam der Coyote noch näher. Seine braunen Augen waren freundlich und klar. Ich setzte mich auf einen Stein, und der Coyote stand so nah, daß er mich fast berührte. Ich war verblüfft. Nie hatte ich einen wilden Coyoten aus solcher Nähe gesehen, und mir fiel in diesem Moment nichts anderes ein, als mit ihm zu sprechen. Ich tat es, wie man zu einem zutraulichen Hund spricht. Und dann meinte ich zu hören, wie der Coyote zu mir "sprach". Ich war absolut sicher, daß er etwas gesagt hatte. Ich war verwirrt, aber ich hatte nicht die Zeit, über meine Gefühle nachzudenken, denn der Coyote "sprach" abermals. Es war nicht so, als hätte das Tier Worte ausgesprochen, so wie ich gewöhnt war, Menschen in Worten sprechen zu hören, sondern es war eher ein Gefühl, als spräche er. Dieses Gefühl entsprach aber auch nicht dem, das man hat, wenn zum Beispiel Herr und Hund einen stummen Dialog zu führen scheinen. Der Coyote sagte wirklich etwas; er übermittelte einen Gedanken, und diese Mitteilung erreichte mich in einer Form, die einem Satz sehr ähnlich war. Ich sagte: "Wie geht es dir, kleiner Coyote", und meinte das Tier antworten zu hören: "Sehr gut, und dir?" Dann wiederholte der Coyote diesen Satz, und ich sprang auf. Das Tier machte nicht die geringste Bewegung. Es erschrak nicht einmal über mein plötzliches Aufspringen. Seine Augen waren immer noch freundlich und klar. Es legte sich auf den Bauch, neigte den Kopf und fragte: "Warum fürchtest du dich?" Ich setzte mich ihm gegenüber und setzte das Gespräch fort, das unheimlichste, das ich je geführt hatte. Schließlich fragte er mich, was ich hier täte, und ich sagte, ich sei gekommen, um die "Welt anzuhalten". Der Coyote sagte: "Que bueno" – wie gut –, und ich erkannte, daß es ein zweisprachiger Coyote war. Die Haupt- und Zeitwörter seiner Sätze waren englisch, aber die Bindewörter und Ausrufe waren spanisch. Ich dachte, vielleicht hatte ich einen Chicano-Coyoten* vor mir. Ich fing an, über die Absurdität der Situation zu lachen, und ich lachte so sehr, daß ich fast hysterisch wurde. Dann kam mir das Unmögliche meiner Lage mit voller Wucht zu Bewußtsein, und mein Verstand setzte aus. Der Coyote

* Chicanos – umgangsspr. für mexikanischen Bevölkerungsanteil der USA

stand auf, und unsere Blicke trafen sich. Ich starrte ihm fest in die Augen. Es war, als zögen sie mich an, und plötzlich wurde das Tier irisierend; es fing an zu leuchten. Vor meinem inneren Auge rollte noch einmal die Erinnerung an ein anderes Ereignis ab, das sich vor Jahren zugetragen hatte, als ich unter dem Einfluß von Peyote die Metamorphose eines gewöhnlichen Hundes in ein unvergeßliches, irisierendes Wesen erlebt hatte. Es war, als hätte der Coyote diesen Rückblick ausgelöst, und die Erinnerung an das frühere Ereignis raffte sich und überlagerte die Gestalt des Coyoten. Der Coyote war ein flüchtiges, glänzendes, leuchtendes Wesen. Sein Leuchten blendete mich. Ich wollte die Augen mit den Händen bedecken, um sie zu schützen, aber ich konnte mich nicht bewegen. Das leuchtende Wesen berührte mich an einer unbestimmten Stelle, und mein Körper erlebte ein so köstliches, unbeschreibliches Wärme- und Wohlgefühl, daß es war, als hätte die Berührung mich explodieren lassen. Ich erstarrte. Ich spürte weder meine Füße noch meine Beine noch einen anderen Teil meines Körpers, aber irgend etwas hielt mich aufrecht. Ich hatte keine Vorstellung, wie lange ich in dieser Haltung blieb. Inzwischen hatten der Coyote und der Hügel, auf dem ich stand, sich aufgelöst. Ich hatte keinerlei Gedanken oder Gefühle. Alles hatte aufgehört, und ich schwebte frei.

Plötzlich spürte ich, daß mein Körper angestoßen wurde, und dann wurde er von etwas eingehüllt, das ihn in Flammen setzte. Ich gewahrte, daß die Sonne mich beschien. Vage konnte ich die ferne Bergkette im Westen erkennen. Die Sonne berührte beinah den Horizont. Ich schaute direkt hinein – und dann sah ich die "Linien der Welt". Ich erblickte eine unendliche Fülle fluoreszierender weißer Linien, die alles um mich her kreuz und quer überzogen. Einen Moment glaubte ich, das, was ich erlebte, sei die Brechung des Sonnenlichts in meinen Wimpern. Ich zwinkerte und schaute wieder. Die Linien waren geblieben und überlagerten alles, das heißt, sie gingen durch alles hindurch, was sich in der Umgebung befand. Ich drehte mich um und nahm diese ungewöhnliche neue Welt in Augenschein. Die Linien blieben sichtbar und fest, auch wenn ich von der Sonne wegschaute.

So stand ich auf dem Hügel in einem Zustand der Ekstase, wie es mir erschien, für die Dauer einer Unendlichkeit, doch vielleicht währte der ganze Vorgang auch nur wenige Minuten, oder auch nur so lange, wie die Sonne schien, bevor sie den Horizont erreichte, mir jedoch kam diese Zeit endlos vor. Ich spürte etwas Warmes, Tröstendes aus der Welt und aus meinem Körper hervorquellen. Ich wußte, daß ich ein Geheimnis entdeckt hatte. Es war so einfach. Ich erlebte eine Flut unbekannter Gefühle. Nie im Leben hatte ich eine so göttliche Euphorie, einen solchen Frieden, ein so allumfassendes Begreifen erlebt, und doch konnte ich das offenbarte Geheimnis nicht in Worte, nicht einmal in Gedanken fassen, aber mein Körper wußte es.

Entweder schlief ich dann ein, oder ich wurde ohnmächtig. Als ich wieder zu mir kam, lag ich auf den Steinen. Ich stand auf. Die Welt war so, wie ich sie immer gesehen hatte. Es wurde dunkel, und ich machte mich automatisch auf den Rückweg zum Auto.

Als ich am nächsten Morgen ankam, war Don Juan allein im Haus. Ich fragte ihn nach Don Genaro, und er sagte, er sei irgendwo in der Nachbarschaft, eine Besorgung machen. Sofort begann ich, ihm von meinen ungewöhnlichen Erlebnissen zu erzählen. Er hörte mit sichtlichem Interesse zu.

"Ganz einfach, du hast *die Welt angehalten*", bemerkte er, nachdem ich meinen Bericht beendet hatte.

Wir schwiegen einen Augenblick, und dann sagte Don Juan, ich müsse Don Genaro dafür danken, daß er mir geholfen hatte. Er schien ungewöhnlich zufrieden mit mir. Wiederholt klopfte er mir auf den Rücken und lachte.

"Aber es ist mir unbegreiflich, daß ein Coyote sprechen kann", sagte ich.

"Das war kein Sprechen", entgegnete Don Juan.

"Was war es denn? "

"Dein Körper hat zum erstenmal verstanden. Aber du erkanntest nicht, daß es zum einen kein Coyote war, und daß er zum anderen ganz gewiß nicht so sprach wie wir beide sprechen."

"Aber der Coyote sprach wirklich, Don Juan."

"Wer spricht denn jetzt wie ein Idiot. Nach all den Jahren des Lernens solltest du es besser wissen. Gestern hast du *die Welt angehalten,* und vielleicht hast du sogar *gesehen.* Ein magisches Wesen sagte dir etwas, und dein Körper konnte es verstehen, weil die Welt aufgehört hatte zu bestehen."

"Die Welt war ganz so wie heute, Don Juan."

"Nein, das war sie nicht. Heute können die Coyoten dir nichts sagen, und du kannst nicht die Linien der Welt *sehen.* Gestern gelang dir dies alles, einfach weil etwas in dir aufgehört hatte."

"Was war es, das in mir aufhörte? "

"Was gestern in dir aufhörte, das war das, was die Leute dir über die Welt gesagt haben. Sieh mal, die Leute sagen uns von der Geburt an, die Welt sei so und so beschaffen, und natürlich bleibt uns nichts anderes übrig, als die Welt so zu sehen, wie die Leute uns sagen, daß sie sei."

Wir sahen einander an.

"Gestern wurde die Welt so, wie die Zauberer dir sagen, daß sie sei", fuhr er fort. "In dieser Welt sprechen die Coyoten und, wie ich dir einmal erzählte, die Rehe und die Klapperschlangen und die Bäume und alle Lebewesen. Doch was ich möchte, ist, daß du *sehen* lernst. Vielleicht weißt du, daß das *Sehen* nur geschieht, wenn man zwischen die Welten schlüpft, zwischen die Welt der normalen Menschen und die Welt der Zauberer. Du bist jetzt gerade im Mittelpunkt zwischen den beiden Welten. Gestern glaubtest du, ein Coyote spreche zu dir. Jeder Zauberer, der nicht *sieht,* würde dasselbe glauben, aber einer der *sieht,* weiß, daß so etwas glauben nichts anderes heißt, als im Reich der Zauberer festgenagelt zu sein. Und auf der anderen Seite bedeutet nicht zu glauben, daß Coyoten sprechen, daß man im Reich der normalen Menschen festgenagelt ist."

"Meinst du, daß keine der beiden Welten, weder die der normalen Menschen, noch die der Zauberer, real ist? "

"Sie sind reale Welten. Sie können auf dich einwirken. Zum Beispiel hättest du den Coyoten fragen können, was immer du gern wissen wolltest, und er wäre gezwungen gewesen, dir eine Antwort zu geben. Das Traurige daran ist nur, daß Coyoten nicht vertrauenswürdig sind. Sie sind Gauner. Es ist dein Schicksal, daß du kein vertrauenswürdiges Tier zum Begleiter hast."

Don Juan erklärte, daß der Coyote nun für mein ganzes

Leben mein Begleiter sein werde, und daß es in der Welt der Zauberer kein wünschenswerter Zustand sei, einen Coyoten zum Freund zu haben. Es wäre ideal gewesen, sagte er, wenn ich mit einer Klapperschlange gesprochen hätte, denn Klapperschlangen seien hervorragende Begleiter.

"Ich an deiner Stelle würde nie einem Coyoten trauen. Aber du bist anders als ich, und vielleicht wirst du sogar ein Coyoten-Zauberer."

"Was ist ein Coyoten-Zauberer?"

"Einer, der eine Menge von seinen Coyoten-Brüdern erfährt."

Ich wollte ihm weitere Fragen stellen, doch er gebot mir durch eine Geste Einhalt.

"Du hast die Linien der Welt gesehen", sagte er. "Du hast ein leuchtendes Wesen gesehen. Du bist nun fast so weit, dem Verbündeten zu begegnen. Natürlich weißt du, daß der Mann, den du im Gebüsch sahst, der Verbündete war. Du hörtest sein Brüllen wie das Geräusch eines Düsenjägers. Er wird dich am Rand einer Ebene erwarten, einer Ebene, zu der ich selbst dich führen werde."

Wir schwiegen lange. Don Juan hatte die Hände über dem Bauch gefaltet. Seine Daumen bewegten sich fast unmerklich.

"Genaro wird uns in dieses Tal begleiten müssen", sagte er plötzlich. "Er ist es, der dir half, *die Welt anzuhalten.*"

Don Juan sah mich mit einem durchdringenden Blick an.

"Ich will dir noch etwas sagen", sagte er und lachte. "Jetzt ist die richtige Gelegenheit dazu. Genaro hat damals dein Auto nie aus der Welt der normalen Menschen verschwinden lassen. Er zwang dich einfach, die Welt so zu sehen, wie die Zauberer sie sehen, und in dieser Welt war dein Auto nicht. Genaro wollte deine Sicherheit erschüttern. Seine Clownereien sagten deinem Körper, wie absurd es ist, zu versuchen, alles zu verstehen. Und als er seinen Drachen fliegen ließ, da hast du beinah *gesehen.* Du fandest dein Auto und warst in beiden Welten. Der Grund, warum wir uns beinah kaputt lachten, war, daß du wirklich glaubtest, du führst uns von dort, wo du meintest, das Auto gefunden zu haben, zurück zum Haus."

"Aber wie konnte er mich zwingen, die Welt so zu sehen, wie die Zauberer sie sehen?"

“Ich war bei ihm. Wir beide kennen diese Welt. Wenn man diese Welt einmal kennt, braucht man nichts anderes zu tun, als den Extra-Ring der Kraft zu benutzen, den, wie ich dir sagte, die Zauberer haben. Genaro macht das mit der Leichtigkeit eines Fingerschnippens. Er beschäftigte dich damit, Steine umzudrehen, um deine Gedanken abzulenken und deinem Körper das *Sehen* zu ermöglichen.”

Ich sagte ihm, daß die Ereignisse der letzten Tage meiner Vorstellung von der Welt einen irreparablen Schaden zugefügt hatten. Während der ganzen zehn Jahre unserer Verbindung, sagte ich, sei ich nie so aufgewühlt gewesen, nicht einmal, wenn ich psychotrope Pflanzen genommen hatte.

“Kraft-Pflanzen sind nur ein Hilfsmittel”, sagte Don Juan. “Das Wirkliche geschieht, wenn der Körper erkennt, daß er *sieht.* Nur dann ist man fähig zu erkennen, daß die Welt, die wir jeden Tag vor Augen haben, nur eine Beschreibung ist. Meine Absicht war, dir dies zu zeigen. Leider hast du nur noch wenig Zeit, bevor der Verbündete dich angreifen wird.”

“Muß der Verbündete mich angreifen? ”

“Es ist unvermeidlich. Um zu *sehen*, muß man lernen, die Welt so zu sehen, wie die Zauberer sie sehen, und deshalb muß der Verbündete herbeibeschworen werden – und wenn das geschafft ist, dann kommt es.”

“Hättest du mich nicht lehren können, zu *sehen,* ohne den Verbündeten herbeizubeschwören? ”

“Nein. Um zu *sehen,* muß man lernen, die Welt auf andere Art zu sehen, und die einzige andere Art, die ich kenne, ist die Art des Zauberers.”

20. Die Reise nach Ixtlan

Gegen Mittag kehrte Don Genaro zurück, und auf Don Juans Vorschlag hin fuhren wir drei zu der Bergkette hinüber, wo ich am Vortag gewesen war. Wir wanderten auf demselben Pfad, den ich eingeschlagen hatte, aber statt auf dem Hochplateau haltzumachen, wie ich es getan hatte, stiegen wir weiter auf, bis wir den Kamm der Vorgebirge erreichten, und dann stiegen wir in ein flaches Tal ab.

Auf der Kuppe eines hohen Hügels machten wir halt, um zu rasten. Don Juan wählte den Platz. Wie immer, wenn ich mit ihnen zusammen war, setzte ich mich automatisch so, daß Don Juan rechts und Don Genaro links von mir saßen und wir ein Dreieck bildeten.

Der Wüsten-Chaparral hatte einen köstlichen, saftigen Glanz angenommen. Nach einem kurzen Frühlingsregen stand er in strahlendem Grün.

"Genaro wird dir etwas erzählen", sagte Don Juan ganz unvermittelt. "Er wird dir die Geschichte seiner ersten Begegnung mit seinem Verbündeten erzählen. Nicht wahr, Genaro? "

In Don Juans Stimme klang etwas wie Überredung mit. Don Genaro sah mich an und kräuselte die Lippen, so daß sein Mund wie ein rundes Loch aussah. Er wölbte die Zunge gegen den Gaumen und öffnete und schloß den Mund, als litte er an Krämpfen.

Don Juan sah ihn an und lachte laut. Ich wußte nicht, was ich davon halten sollte.

"Was tut er da? " fragte ich Don Juan.

"Er ist ein Huhn", sagte er.

"Ein Huhn? "

"Schau nur, schau auf seinen Mund. Das ist der Hühnerarsch, und gleich wird er ein Ei legen."

Die Krämpfe um Don Genaros Mund schienen sich zu steigern. Er hatte einen befremdlichen, irren Blick in den Augen. Sein Mund öffnete sich, als erweiterten die Krämpfe das runde Loch. Mit der Kehle brachte er ein Krächzen hervor, verschränkte die Arme über der Brust mit einwärts gebogenen Händen und spuckte dann ganz unzeremoniell etwas Schleim aus.

"Verflucht, das war kein Ei!" sagte er mit besorgter Miene.

Seine Körperhaltung und sein Gesichtsausdruck waren so komisch, daß ich unwillkürlich lachen mußte.

"Nun, da Genaro beinah ein Ei gelegt hätte, wird er dir vielleicht von seiner ersten Begegnung mit seinem Verbündeten erzählen", drängte Don Juan.

"Vielleicht", sagte Don Genaro gleichgültig.

Ich bestürmte ihn, es mir zu erzählen.

Don Genaro stand auf und streckte die Arme und den Rükken. Seine Knochen knackten. Dann setzte er sich wieder.

“Ich war noch jung, als ich zum erstenmal meinen Verbündeten angriff”, sagte er schließlich. “Ich erinnere mich, es war am frühen Nachmittag. Ich war seit Tagesanbruch auf dem Feld gewesen und kehrte nach Hause zurück. Plötzlich trat der Verbündete hinter einem Busch hervor und verstellte mir den Weg. Er hatte mich erwartet und forderte mich auf, mit ihm zu ringen. Ich wollte mich umdrehen und ihn stehen lassen, aber dann dachte ich mir, daß ich stark genug sei, um es mit ihm aufzunehmen. Aber ich hatte Angst. Ein Schauder lief mir über den Rücken, mein Hals wurde steif wie ein Brett. Nebenbei bemerkt, das ist immer das Zeichen, daß du bereit bist; ich meine, wenn dein Genick steif wird.”

Er öffnete das Hemd und zeigte mir seinen Rücken. Er spannte die Nacken- und Armmuskeln an. Ich stellte fest, wie hervorragend seine Muskulatur beschaffen war. Es war, als hätte die Erinnerung an die Begegnung jeden Muskel seines Rumpfes aktiviert.

“In einer solchen Situation”, fuhr er fort, “muß man immer den Mund schließen.”

Er wandte ich an Don Juan und meinte: “Ist es nicht so? ”

“Ja”, sagte Don Juan ruhig. “Der Schlag, der einem versetzt wird, wenn man den Verbündeten packt, ist so stark, daß man sich die Zunge abbeißen oder die Zähne ausschlagen könnte. Der Körper muß aufgerichtet und gut im Gleichgewicht sein, die Füße müssen sich auf den Boden stemmen.”

Don Genaro stand auf und zeigte mir die richtige Haltung. Er hatte die Knie leicht gebeugt, die Arme hingen mit gekrümmten Fingern seitlich herab. Er schien entspannt und trotzdem fest am Boden verankert. In dieser Haltung verharrte er einen Augenblick, und als ich meinte, er würde sich hinsetzen, stürzte er sich plötzlich mit einem gewaltigen Satz nach vorn, als habe er Springfedern an den Fersen. Diese Bewegung geschah so plötzlich, daß ich rückwärts fiel. Aber im Fallen hatte ich deutlich den Eindruck, daß Don Genaro einen Mann oder etwas, das die Figur eines Mannes hatte, anpackte.

Ich setzte mich wieder auf. Don Genaros Körper stand immer noch unter einer ungeheuren Anspannung, dann lockerte er unvermittelt die Muskeln, ging an den Platz zurück, wo er gesessen hatte und ließ sich nieder.

“Carlos hat eben deinen Verbündeten *gesehen*”, bemerkte Don Juan beiläufig, “aber er ist immer noch schwach und fiel um.”

“Ist das wahr? ”, fragte Don Genaro in naivem Ton und riß die Nasenlöcher auf.

Don Juan versicherte, ich hätte ihn tatsächlich “gesehen”.

Don Genaro sprang erneut mit solcher Vehemenz nach vorn, daß ich zur Seite fiel. Sein Sprung war so plötzlich, daß ich beim besten Willen nicht wußte, wie er aus der sitzenden Haltung auf die Füße gesprungen war, um sich nach vorn zu stürzen.

Beide lachten laut, und dann schlug Don Genaros Lachen in ein Geheul um, das von dem eines Coyoten nicht zu unterscheiden war.

“Glaub nicht, daß du genau wie Genaro springen mußt, um deinen Verbündeten zu packen”, sagte Don Juan beschwichtigend. “Genaro springt so gut, weil ihm sein Verbündeter hilft. Du brauchst nichts anderes zu tun, als dir einen festen Stand zu sichern, um die Wucht auszuhalten. Du mußt so stehen wie Genaro, bevor er sprang, dann mußt du nach vorn springen und den Verbündeten packen.”

“Zuerst muß er sein Amulett küssen”, warf Don Genaro ein. In gespieltem Ernst sagte Don Juan, daß ich kein Amulett habe.

“Und seine Notizbücher? ” beharrte Don Genaro. “Er muß etwas mit den Notizbüchern machen – sie vielleicht irgendwo deponieren, bevor er springt, oder gar versuchen, mit ihnen auf den Verbündeten einzuschlagen.”

“Verflucht will ich sein”, sagte Don Juan, anscheinend echt überrascht. “Daran habe ich nicht gedacht. Ich wette, das ist das erstemal, daß ein Verbündeter mit Notizbüchern zu Boden geschlagen wird.”

Nachdem Don Juans Gelächter und Don Genaros Coyotengeheul sich gelegt hatten, waren wir alle sehr guter Laune.

“Was geschah, als du den Verbündeten packtest, Don Genaro? ”

“Es war ein gewaltiger Schlag”, sagte Don Genaro nach kurzem Zögern. Anscheinend hatte er nun seine Gedanken geordnet.

"Nie hätte ich mir vorgestellt, daß es so sein würde", fuhr er fort. "Es war etwas, etwas, etwas, das ich einfach nicht beschreiben kann. Nachdem ich ihn gepackt hatte, wirbelten wir umeinander. Der Verbündete schleuderte mich herum, doch ich ließ nicht von ihm ab. Wir wirbelten so schnell und mit solcher Gewalt durch die Luft, daß ich nichts mehr sah. Alles war neblig. Das Herumwirbeln ging weiter und weiter und weiter. Plötzlich spürte ich, daß ich wieder am Boden stand. Ich sah an mir hinab. Der Verbündete hatte mich nicht getötet. Ich war heil und ganz. Ich war noch ich selbst. Ich wußte, daß ich gesiegt hatte. Endlich hatte ich einen Verbündeten. Ich sprang vor Freude in die Luft. Welch ein Gefühl! Welch ein Gefühl das war!

Dann sah ich mich um, um festzustellen, wo ich war. Die Umgebung war mir unbekannt. Ich dachte, der Verbündete mußte mich wohl durch die Luft geführt und irgendwo abgesetzt haben, weit weg von der Stelle, wo unser Kreiseln angefangen hatte. Ich glaubte, meine Heimat müsse im Osten liegen, daher machte ich mich in diese Richtung auf. Es war noch früh am Tag. Die Begegnung mit dem Verbündeten hatte nicht sehr lange gedauert. Bald stieß ich auf einen Pfad, und dann sah ich eine Gruppe Männer und Frauen näherkommen. Es waren Indianer. Ich glaubte, es seien Mazatec-Indianer. Sie umringten mich und fragten, wohin ich ginge. 'Ich gehe heim nach Ixtlan', sagte ich. 'Hast du dich verirrt? ' fragte einer. 'Ja', sagte ich. 'Wieso fragst du? ' – 'Weil es hier nicht nach Ixtlan geht. Ixtlan liegt in der entgegengesetzten Richtung. Wir gehen selbst dorthin', sagte ein anderer. 'Komm mit uns mit', sagten sie. 'Wir haben Essen dabei!' "

Don Genaro hielt inne und sah mich an, als wartete er auf eine Frage von mir.

"Nun, und was geschah dann? " fragte ich. "Bist du mit ihnen mitgegangen? "

"Nein, bin ich nicht", sagte er. "Denn sie waren keine wirklichen Menschen. Ich wußte es sofort, im Augenblick als sie mir gegenüberstanden. Es war etwas an ihren Stimmen, an ihrer Freundlichkeit, das sie verriet, besonders als sie mich aufforderten, mit ihnen zu gehen. Darum rannte ich weg. Sie riefen mir nach und baten mich, zurückzukommen. Ihre Bitten wurden beschwörend, aber ich lief weiter vor ihnen davon."

“Wer waren Sie? ” fragte ich.

“Menschen”, antwortete Don Genaro scharf. “Nur, daß sie eben nicht wirklich waren.”

“Sie waren wie Erscheinungen”, erklärte Don Juan, “wie Phantome.”

“Nachdem ich eine Weile gewandert war”, fuhr Don Genaro fort, “wurde ich zuversichtlicher. Ich wußte, daß Ixtlan in der Richtung lag, in der ich ging. Und dann sah ich auf dem Weg zwei Männer näherkommen. Auch sie schienen Mazatec-Indianer zu sein. Sie führten einen mit Brennholz beladenen Esel mit sich. Sie gingen vorüber und murmelten: ‘Guten Tag’.

‘Guten Tag!’ sagte ich und ging weiter. Sie achteten nicht auf mich und gingen ihrer Wege. Ich verlangsamte meine Schritte und sah mich unauffällig nach ihnen um. Sie gingen, ohne sich weiter um mich zu kümmern. Sie schienen wirklich zu sein. Ich lief ihnen nach und rief: ‘Wartet, wartet!’

Sie hielten ihren Esel an und stellten sich zu beiden Seiten des Tieres auf, als wollten sie die Ladung schützen.

‘Ich habe mich in diesen Bergen verirrt’, sagte ich. ‘Wo geht der Weg nach Ixtlan!’ Sie wiesen in die Richtung, in die sie gingen. ‘Du hast einen weiten Weg vor dir’, sagte einer von ihnen. ‘Ixtland liegt auf der anderen Seite dieser Berge. Du wirst vier oder fünf Tage dorthin brauchen.’ Dann wandten sie sich ab und gingen weiter. Ich war sicher, daß sie wirkliche Indianer waren und bat sie, mit ihnen kommen zu dürfen.

Wir gingen einige Zeit miteinander, dann nahm einer von ihnen seinen Proviantbeutel und bot mir etwas an. Ich erstarrte auf dem Fleck. Die Art, wie er mir zu essen anbot, war irgendwie sehr eigenartig. Mein Körper fürchtete sich, darum sprang ich zurück und fing an, vor ihnen davonzulaufen. Die beiden sagten, ich würde in den Bergen umkommen, wenn ich nicht mit ihnen ginge, und versuchten mich zu überreden, mit ihnen zu kommen. Auch sie baten mich beschwörend, aber ich lief vor ihnen weg, so schnell ich konnte.

So ging ich weiter. Nun wußte ich, daß ich auf dem richtigen Weg nach Ixtlan war, und daß diese Phantome versuchten, mich von meinem Weg fortzulocken.

Ich begegnete noch acht weiteren; sie hatten wohl gewußt, daß ich unbeirrt entschlossen war. Sie standen neben der Straße und sahen mich mit flehenden Augen an. Die meisten von ihnen sagten nichts; die Frauen unter ihnen jedoch waren mutiger und versuchten, mich zu überreden. Einige von ihnen zeigten sogar Lebensmittel und andere Güter vor, die sie angeblich, wie unschuldige Händler am Straßenrand, verkauften. Ich blieb weder stehen noch schaute ich hin.

Am Spätnachmittag kam ich an ein Tal, das ich wiederzuerkennen meinte. Irgendwie war es mir vertraut. Ich glaubte, schon einmal hier gewesen zu sein, und wenn dies so war, dann befand ich mich tatsächlich südlich von Ixtlan. Ich suchte nach Marksteinen, um mich zu orientieren und meine Richtung zu korrigieren, da sah ich einen kleinen Indianerjungen, der ein paar Ziegen hütete. Er war etwa sieben Jahre alt und so gekleidet, wie ich es in seinem Alter gewesen war. Wirklich, er erinnerte mich an mich selbst, wie ich damals die zwei Ziegen meines Vaters hütete.

Ich beobachtete ihn eine Weile; der Junge sprach mit sich selbst, genau wie ich es getan hatte, dann sprach er zu seinen Ziegen. Soviel ich vom Ziegenhüten verstand, machte er seine Sache sehr gut. Er war aufmerksam und sorgfältig. Er verhätschelte die Ziegen nicht, aber er war auch nicht grob zu ihnen.

Ich beschloß, ihn anzusprechen. Als ich ihm mit lauter Stimme etwas zurief, sprang er auf und flüchtete zu einem Felssims und lugte hinter ein paar Steinen zu mir herüber. Er schien bereit, um sein Leben zu laufen. Ich mochte ihn. Er schien Angst zu haben, und trotzdem fand er noch die Zeit, die Ziegen von mir wegzutreiben.

Ich redete lange auf ihn ein; ich sagte ihm, daß ich mich verirrt hätte und den Weg nach Ixtlan nicht wisse. Ich fragte, wie der Ort hieß, an dem wir uns befanden, und er bestätigte, daß es der Ort war, an dem ich zu sein glaubte. Das machte mich sehr froh. Mir wurde klar, daß ich nicht mehr verirrt war, und ich staunte, welche Kraft mein Verbündeter hatte, daß er meinen ganzen Körper in kürzerer Zeit, als ein Augenzwinkern dauert, so weit befördern konnte.

Ich dankte dem Jungen und ging davon. Er kam vorsichtig aus seinem Versteck und trieb seine Ziegen auf einen kaum sichtbaren Pfad. Der Pfad führte anscheinend ins Tal hinab. Ich rief den Jungen an, und er lief nicht davon. Ich ging auf ihn zu, und als ich ihm zu nahe kam, sprang er ins Gebäusch.

Ich lobte ihn für seine Vorsicht und stellte ihm ein paar Fragen.

'Wohin führt dieser Pfad? ' fragte ich. 'Runter', sagte er. 'Wo wohnst du? ' – 'Da unten.' – 'Gibt es da unten viele Häuser? ' – 'Nein, nur eins.' – 'Wo sind die anderen Häuser? ' – Der Junge wies gleichgültig, wie Jungen in seinem Alter es so machen, nach der anderen Seite des Tals. Er begann, mit seinen Ziegen den Pfad hinabzusteigen.

'Warte', sagte ich zu dem Jungen. 'Ich bin sehr müde und hungrig. Nimm mich mit zu deinen Leuten.'

'Ich hab keine Leute', sagte der Junge, und das machte mich hellhörig. Ich wußte nicht warum, aber seine Stimme ließ mich zögern. Der Junge bemerkte mein Zögern , blieb stehen und wandte sich zu mir um. 'Zu Hause ist niemand!', sagte er. 'Mein Onkel ist fort, und seine Frau ist auf dem Feld. Es gibt reichlich zu essen. Komm mit mir mit.'

Ich wurde beinah traurig. Auch der Junge war ein Phantom. Der Klang seiner Stimme und sein Eifer verrieten ihn. Die Phantome waren hinter mir her, aber ich fürchtete mich nicht. Ich war immer noch betäubt von meiner Begegnung mit dem Verbündeten. Ich wollte auf den Verbündeten oder auf die Phantome böse werden, aber irgendwie konnte ich mich nicht ärgern, wie ich es gewohnt war, und so gab ich es auf. Dann wollte ich traurig werden, denn ich hatte den kleinen Jungen gemocht, aber auch das konnte ich nicht.

Plötzlich wurde mir bewußt, daß ich einen Verbündeten hatte und daß die Phantome mir nichts anhaben konnten. Ich folgte dem Jungen den Pfad hinab. Andere Phantome kamen geschwind herbei und versuchten, mich den Abhang hinunter zu stoßen, aber ich war stärker als sie. Das mußten sie wohl gespürt haben, denn sie hörten auf, mich zu belästigen. Nach einiger Zeit säumten sie nur noch meinen Weg. Von Zeit zu Zeit sprang einer auf mich los, aber ich hielt ihn mit meinem Willen zurück. Und dann hörten sie überhaupt auf, mich zu plagen."

Don Genaro schwieg lange.

Don Juan sah mich an.

"Und was geschah dann, Don Genaro? " fragte ich.

"Ich ging weiter", stellte er sachlich fest.

Anscheinend hatte er seine Erzählung beendet und wollte nichts mehr hinzufügen.

Ich fragte ihn, wieso die Tatsache, daß sie ihm zu essen anboten, ein Hinweis darauf gewesen sei, daß sie Phantome waren.

Er antwortete nicht. Ich drang weiter in ihn ein und fragte, ob es bei den Mazatec-Indianern üblich sei, zu leugnen, daß man etwas zu essen hat, oder ob Essen für sie generell ein vielbesprochenes Thema sei.

Er sagte, der Ton ihrer Stimmen, ihr Eifer, ihn zu verleiten, und die Art, wie die Phantome über das Essen sprachen, seien Hinweise gewesen – und er habe dies gewußt, weil sein Verbündeter ihm half. Er beteuerte, daß er von sich aus nie auf solche Einzelheiten geachtet hätte.

"Waren diese Phantome Verbündete, Don Genaro? " fragte ich.

"Nein, es waren Menschen."

"Menschen? Aber du nanntest sie doch Phantome."

"Ich sagte, daß sie nicht mehr wirklich waren. Nach meiner Begegnung mit dem Verbündeten war nichts mehr wirklich."

Wir schwiegen lange.

"Und wie endete dein Erlebnis schließlich, Don Genaro? " fragte ich.

"Endete? "

"Ich meine, wann und wie kamst du schließlich nach Ixtlan? "

Beide fingen gleichzeitig an zu lachen.

"Das also ist für dich das Ende", bemerkte Don Juan. "Nun, sagen wir's einmal so: Genaros Reise hatte kein Ende. Sie wird nie ein Ende haben. Genaro ist immer noch unterwegs nach Ixtlan!"

Don Genaro musterte mich mit durchdringendem Blick, dann wandte er den Kopf ab und blickte in die Ferne, nach Süden.

"Ich werde Ixtlan nie erreichen", sagte er.

Seine Stimme war fest, aber leise, beinah ein Murmeln.

"Aber in meinen Gefühlen . . . in meinen Gefühlen glaube ich manchmal, ich bin nur einen Schritt weit davon entfernt. Trotzdem werde ich es nie erreichen. Ich finde auf meiner Reise nicht einmal die vertrauten Wegmarken, die ich früher einmal kannte. Nichts ist mehr, wie es einmal war."

Don Juan und Don Genaro sahen einander an. In ihren Augen lag Trauer.

"Auf meiner Reise nach Ixtlan begegne ich nur Phantom-Reisenden", sagte er leise.

Ich sah Don Juan an. Ich hatte nicht verstanden, was Don Genaro meinte.

"Jeder, den Genaro auf seinem Weg nach Ixtlan trifft, ist nur ein ephemeres Wesen", erklärte Don Juan. "Du zum Beispiel, du bist ein Phantom. Deine Gefühle und dein Eifer gleichen denen jener Leute. Das ist der Grund, warum er sagt, daß er auf seiner Reise nur Phantom-Reisenden begegnet."

Plötzlich erkannte ich, daß Don Genaros Reise eine Metapher war.

"Deine Reise nach Ixtlan ist also nicht real? " fragte ich.

"Die ist real", warf Don Genaro ein. "Die Reisenden sind nicht real."

Er wies mit dem Kopf auf Don Juan und sagte mit Nachdruck: "Dieser da ist der einzige, der real ist. Die Welt ist nur real, wenn ich mit ihm zusammen bin."

Don Juan lächtelte.

"Genaro hat dir seine Geschichte erzählt", sagte Don Juan, "weil du gestern *die Welt angehalten* hast, und er glaubt, daß du auch *gesehen* hast, aber du bist so ein Narr, daß du es selbst nicht weißt. Ich sage ihm dauernd, daß du ein komischer Kerl bist, und daß du früher oder später *sehen* wirst. Auf jeden Fall wirst du das nächste Mal, wenn du dem Verbündeten begegnest, falls es ein nächstes Mal für dich gibt, mit ihm ringen und ihn zähmen müssen. Wenn du den Schock überlebst, und dessen bin ich sicher, denn du bist stark und lebst wie ein Krieger, dann wirst du dich in einem unbekannten Lande lebend wiederfinden. Als erstes wirst du dich dann, wie es bei uns allen ganz natürlich ist, auf den Weg zurück nach Los Angeles machen wollen. Aber es gibt keinen Weg zurück nach Los Angeles. Was du zurückgelassen hast, ist für immer verloren. Dann wirst du natürlich ein Zauberer sein, aber das hilft dir nichts; in einer Zeit wie dieser kommt es für uns alle einzig darauf an, daß alles, was wir lieben oder hassen oder wünschen, hinter uns liegt. Doch die Gefühle im Menschen sterben oder verändern sich nicht, und der Zauberer macht sich auf den Weg zurück nach Hause und weiß, daß er nie ankommen wird, weiß, daß keine Macht der Welt, nicht einmal sein Tod, ihn an den Ort, zu den Dingen, zu den Menschen zurückbringen wird, die er liebte. Das ist es, was Genaro dir erzählte."

Don Juans Erklärung wirkte auf mich wie ein Katalysator. Don Genaros Geschichte traf mich mit ihrem vollen Gewicht, als ich anfing seine Erzählung mit meinem eigenen Leben in Verbindung zu bringen.

"Und was ist mit den Menschen, die ich liebe?" fragte ich Don Juan. "Was geschieht mit ihnen?"

"Sie alle werden zurückbleiben", sagte er.

"Aber gibt es keinen Weg, um sie wiederzufinden? Könnte ich sie zurückholen und mit mir nehmen?"

"Nein. Dein Verbündeter wird dich, allein, in unbekannte Welten wirbeln."

"Aber ich könnte doch nach Los Angeles zurückkehren, nicht wahr? Ich könnte den Bus oder ein Flugzeug nehmen, und hinfahren? Los Angeles wäre doch noch da, nicht wahr?"

"Gewiß", sagte Don Juan lachend. "Desgleichen Manteca und Temecula und Tucson."

"Und Tecate", fügte Don Genaro völlig ernst hinzu.

"Und Piedras Negras und Tranquitas", sagte Don Juan lächelnd.

Don Genaro nannte noch weitere Namen, Don Juan ebenfalls; sie zählten geflissentlich eine Reihe höchst alberner, unwirklicher Städtenamen auf.

"Das Kreiseln mit deinem Verbündeten wird deine Vorstellung von der Welt verändert", sagte Don Juan. Diese Vorstellung ist alles; und wenn die sich verändert, dann verändert sich die Welt selbst."

Er erinnerte mich daran, daß ich ihm einmal ein Gedicht vorgelesen hatte und bat mich, es zu rezitieren. Er gab mir ein paar Stichworte und dann erinnerte ich mich, daß ich ihm einige Gedichte von Juan Ramon Jimenez vorgelesen hatte. Das eine, an das er gerade dachte, hieß "El Viaje Definitivo" (Die endgültige Reise). Ich rezitierte es.

Und ich werde gehen. Und die Vögel werden bleiben
und singen;
und bleiben wird mein Garten, mit seinem grünen Baum
und seinem weißen Brunnen.

Jeden Abend wird der Himmel blau und friedlich sein
und läuten werden, wie heute abend,
die Glocken vom Kirchturm.

Sterben werden jene, die mich liebten;
und das Dorf wird neu jedes Jahr;
und in jener Ecke meines weißblühenden Gartens
*wird mein Geist heimwehtrunken umherirren . . .**

“Das ist das Gefühl, von dem Genaro spricht”, sagte Don Juan. “Ein Mensch muß Leidenschaft haben, um ein Zauberer zu sein. Ein leidenschaftlicher Mensch hat irdische Habe und Dinge, die ihm lieb sind – und sei es nichts als der Weg, auf dem er wandert.

Genau das ist es, was Genaro dir mit seiner Geschichte sagen wollte. Genaro hat seine Leidenschaft in Ixtlan zurückgelassen: sein Heim, seine Leute, all die Dinge, die ihm etwas bedeuteten. Jetzt wandert er in seinen Gefühlen umher; und manchmal, wie er sagt, kommt er beinah in Ixtlan an. Dies ist uns allen gemeinsam. Für Genaro ist es Ixtlan; für dich wird es Los Angeles sein; für mich . . .”

Ich wollte nicht, daß Don Juan mir von sich selbst erzählte. Er hielt inne, als habe er in meinen Gedanken gelesen.

Genaro seufzte und griff die ersten Zeilen des Gedichts wieder auf.

“Und ich werde gehen. Und die Vögel werden bleiben und singen.”

Ich fühlte, wie eine Welle von Schmerz und unbeschreiblicher Einsamkeit uns drei verschlang. Ich sah Don Genaro an und wußte, daß er, ein so leidenschaftlicher Mann, viele, viele Bindungen des Herzens, viele, viele Dinge gehabt haben mußte,

*J.R. Jimenez, Herz, stirb oder singe, Gedichte, spanisch und deutsch, Auswahl und Übertragung: Hans Leopold Davi. Zürich: Diogenes, 1958.

die ihm etwas bedeuteten und die er zurückließ. Ich fühlte ganz deutlich, wie in diesem Augenblick die Erinnerung mit der Gewalt eines Erdrutsches auf ihn einstürzte, und daß Don Genaro nahe daran war, zu weinen.

Ich wandte schnell den Blick ab. Don Genaros Leidenschaft, seine äußerste Leidenschaft, machte mich weinen.

Ich blickte zu Don Juan. Er sah mich unverwandt an.

"Nur als Krieger kann man auf dem Pfad des Wissens überleben", sagte er. "Denn die Kunst des Kriegers ist es, den Schrecken, ein Mensch zu sein, und das Wunder, ein Mensch zu sein, miteinander im Gleichgewicht zu halten."

Ich sah die beiden an, einen nach dem anderen. Ihre Augen waren klar und voller Frieden. Eine Flut überwältigender Sehnsucht hatte sich in ihnen aufgestaut, und als sie nahe daran zu sein schienen, in leidenschaftliche Tränen auszubrechen, hielten sie die Flut zurück. Einen Augenblick glaubte ich zu *sehen*. Ich *sah* die Einsamkeit des Menschen als riesige, erstarrte Woge, zurückgehalten durch die unsichtbare Wand eines Sinnbildes.

Meine Trauer war so überwältigend, daß ich mich euphorisch fühlte. Ich umarmte sie.

Don Genaro lächelte und stand auf. Auch Don Juan stand auf und legte mir freundlich die Hand auf die Schulter.

"Wir werden dich hier verlassen", sagte er. "Tu, was du für richtig hältst. Der Verbündete wird dich am Rand dieser Ebene erwarten."

Er wies auf ein dunkles Tal in der Ferne.

"Wenn du glaubst, daß es für dich diesmal noch nicht an der Zeit ist, dann halte an deiner Verabredung nicht fest", fuhr er fort. "Es wird nichts gewonnen, wenn man etwas erzwingt. Wenn du überleben willst, mußt du kristallklar und deiner selbst tödlich sicher sein."

Don Juan ging fort, ohne sich nach mir umzusehen, aber Don Genaro wandte sich einige Male zu mir um und forderte mich winkend und durch eine Kopfbewegung auf, voranzugehen. Ich schaute ihnen nach, bis sie in der Ferne verschwanden, dann ging ich zu meinem Wagen und fuhr fort. Ich wußte, es war für mich noch nicht an der Zeit, noch nicht.

* * *